A História de Cima

Editora Appris Ltda.
1.ª Edição - Copyright© 2020 dos autores
Direitos de Edição Reservados à Editora Appris Ltda.

Nenhuma parte desta obra poderá ser utilizada indevidamente, sem estar de acordo com a Lei nº 9.610/98. Se incorreções forem encontradas, serão de exclusiva responsabilidade de seus organizadores. Foi realizado o Depósito Legal na Fundação Biblioteca Nacional, de acordo com as Leis nos 10.994, de 14/12/2004, e 12.192, de 14/01/2010.

Catalogação na Fonte
Elaborado por: Josefina A. S. Guedes
Bibliotecária CRB 9/870

S725h
2020
	Sousa, Luciano Lagares de
	    A história de cima / Luciano Lagares de Sousa. - 1. ed. – Curitiba : Appris, 2020.
	        233 p. ; 23 cm. – (Artêra).
	
	        Inclui bibliografias
	        ISBN 978-65-5523-397-1
	
	    1. Ficção brasileira. I. Título. II. Série.
	
	                                                    CDD – 869.3

Editora e Livraria Appris Ltda.
Av. Manoel Ribas, 2265 – Mercês
Curitiba/PR – CEP: 80810-002
Tel. (41) 3156 - 4731
www.editoraappris.com.br

Printed in Brazil
Impresso no Brasil

Luciano Lagares

A História de Cima

FICHA TÉCNICA

EDITORIAL	Augusto V. de A. Coelho
	Marli Caetano
	Sara C. de Andrade Coelho
COMITÊ EDITORIAL	Andréa Barbosa Gouveia (UFPR)
	Jacques de Lima Ferreira (UP)
	Marilda Aparecida Behrens (PUCPR)
	Ana El Achkar (UNIVERSO/RJ)
	Conrado Moreira Mendes (PUC-MG)
	Eliete Correia dos Santos (UEPB)
	Fabiano Santos (UERJ/IESP)
	Francinete Fernandes de Sousa (UEPB)
	Francisco Carlos Duarte (PUCPR)
	Francisco de Assis (Fiam-Faam, SP, Brasil)
	Juliana Reichert Assunção Tonelli (UEL)
	Maria Aparecida Barbosa (USP)
	Maria Helena Zamora (PUC-Rio)
	Maria Margarida de Andrade (Umack)
	Roque Ismael da Costa Güllich (UFFS)
	Toni Reis (UFPR)
	Valdomiro de Oliveira (UFPR)
	Valério Brusamolin (IFPR)
ASSESSORIA EDITORIAL	Lucas Casarini
REVISÃO	Cindy G. S. Luiz
PRODUÇÃO EDITORIAL	Jhonny Alves dos Reis
DIAGRAMAÇÃO	Daniela Baumguertner
CAPA	Luciano Lagares de Sousa
COMUNICAÇÃO	Carlos Eduardo Pereira
	Débora Nazário
	Kananda Ferreira
	Karla Pipolo Olegário
LIVRARIAS E EVENTOS	Estevão Misael
GERÊNCIA DE FINANÇAS	Selma Maria Fernandes do Valle
COORDENADORA COMERCIAL	Silvana Vicente

Dedico este livro à dona Elza Sant'Ana de Sousa, minha mãe, à Marli, minha esposa, e ao meu filho, Jonathan.

AGRADECIMENTOS

Agradecer nestas linhas é uma tarefa dolorida, já que tantas pessoas (e amigos bichinhos) estiveram tão presentes nos momentos mais importantes deste trabalho, que fico chateado só de imaginar a falta de não mencioná-los. Contudo quero registrar aqui, nesta página, que a gratidão real, aquela que não cobra créditos, está presente na alma deste autor e também na deste livro.

Enfim, agradeço àqueles de paciência inumana, que contribuíram grandemente para que estas páginas fossem esboçadas, reescritas, recontadas e, por fim, completadas.

Ao meu pai, José Lagares (1948-1999), que, de alguma forma que não consigo explicar, incutiu em minha cabeça as tentadoras ideias de aventura e da curiosidade ingênua.

À Marli Débora de Quadros, que viveu as situações deste livro de forma realística e devolveu-me o que testemunhou.

Ao Carlos Zaconeta, por acompanhar o texto mais finalizado e "aprová-lo" como obra.

Ao György Miklós Böhm, por ser o primeiro a me instruir sobre palavras traiçoeiras e por me apresentar autores que eu desconhecia.

Ao Nino (falecido dachshund), por ter caminhado comigo pela Avenida Sumaré, em São Paulo, onde tudo começaria a ganhar forma.

Ao Jonathan Lagares, por ter sido o adolescente na idade certa e na época certa.

Ao Sandro do Prado, que releu todas as versões do início até quase decorar.

À Rosimeire Garcia, por se deliciar com as ideias aqui contidas e por brilhar os olhos só de se imaginar num mundo acima.

PREFÁCIO

Você já se perguntou como deve ser difícil criar um filho sem pais? Vó Bella faz mais do que isso. Ela assume a responsabilidade de preparar o neto para a vida da única forma que conhece, com disciplina militar. Josué, inspirado pela força da avó – a quem tanto admira –, está pronto (como todo grande super-herói) e sabe que cedo ou tarde chegará a vez de mostrar do que ele é feito.

Nesta fantástica história, Luciano Lagares guia-nos em uma viagem literária cheia de aventuras, mas com elementos de realidade que fazem dela uma leitura intrigante, daquelas que sentimos bem perto de nossas vidas cotidianas e, ao mesmo tempo, longe num inacreditável mundo de fantasias, mas que cobra veracidade frente aos tempos caóticos que o homem vive. Até onde a imaginação é capaz de nos desafiar quebrando os limites do que é possível neste louco mundo moderno?

Relações de afeto, carinho, nostalgia e uma curiosidade sem controle levam Josué e suas companheiras a se descobrirem como pessoas, em que as mais profundas conexões familiares são testadas, num cenário que só pode ser criado através do olhar de um autor sonhador, que deixa a criatividade ser extraída ao máximo.

O texto foi inspirado nas ruas de São Paulo, com seus oásis de árvores verdes em meio ao concreto frio da cidade. Essas velhas, mas firmes, sentinelas, que só a terra pode entender, erguem-se no decorrer das avenidas principais, negando-se a se submeterem ao lugar que as pertence. Falsas seringueiras, que viraram o cenário diário no caminho do autor, converteram-se num portal secreto para outra realidade, aquela que só quem sonha está disposto a conhecer.

Convido vocês a se deleitarem com esta leitura e a descobrirem esse portal secreto sem nem mesmo saírem do lugar. *A História de cima* vai tirá-los da rotina, que muitas vezes segura-os na escuridão do estresse. Compartilhar essa aventura é uma necessidade e, desde já, expresso a minha gratidão ao autor pela oportunidade de viajar dentro do seu mundo repleto de fantasias.

Carlos Zaconeta

SUMÁRIO

Sou Josué..13

Um formigueiro de três formigas..15

Chuvas de fevereiro...19

A gripe da foca..23

A casa molhada de chuva...27

Uma fraqueza para o bem..39

O menino dentro da jaula...45

Um banho frio de águas antigas..55

Um homem solto na ponte..65

Treinando para ser super...71

Formigas expulsas de um formigueiro remexido..................81

A partida..91

Terras de Cima..107

A plantação...117

O moinho velho...123

Um exército de sapos..151

O Rio dos Sonhos..163

Um rebelde entre rebelados..167

O menino..173

A criatura-monstro-coisa..193

A grave gripe da foca..201

Bella e Oscar...207

O pequeno Josué contra o monstro fenomenal..................211

A velha mais corajosa de todos os viventes 217

Acima só o que é de Cima 223

Onde o começo termina 227

Carta de Bellarmina 231

Sou Josué.

Tenho guardado por bastante tempo imagens de um passado instável, embaralhado, disforme, cosido – e eu usaria mil adjetivos mais, só para ver despejadas no chão as entranhas dessa história. Um emaranhado de eventos que, por força de uma promessa imatura que o tempo fez dissipar, talvez eu consiga despir em palavras finalmente. E, assim, quem sabe, remontar essa história perturbadora na cabeça de outras pessoas, se assim o quiserem. O que vem a seguir revelará um passado de menos de um terço de tempo da minha vida. Um período tão duro e empedrado que fez meu espírito enrijecer-se até se tornar o que é hoje.

É possível que a memória tenha um limite de registros? Ou, talvez, dependendo da qualidade do que for armazenado, o espaço restante se tornaria danificado, impedindo precisão nas lembranças? Não sei, nem sou especialista. Talvez eu saiba menos que qualquer leigo nesse assunto. Domino apenas parte do conteúdo que foi gravado. Contar essa história é como descontar seu valor de lembrança nobre, rebaixando-a a mera casualidade. É um risco, bem sei. Por outro lado, essa é uma tarefa a qual devo minha existência.

Remendo a seguir em palavras unicamente minhas, embora destravadas por também palavras de minha avó que, sabiamente ou não, guardou para mim uma carta tão reveladora quanto os segredos da vida.

Quisera eu ter um limite na terra e no mar.
Um limite frente ao qual eu fosse barrado,
Que me incutisse dúvidas
Mas eu o transpusesse para continuar.

Eu era um Josué bem diferente quando tudo começou. Mais menino de entendimento que de físico, envergonho-me em dizer. Cresci rápido como bambu, mas amadureci lento como vinho superior. Morava, naquela época, com minha avó Bella e minha tia-avó Clotilde. Só descobri que as duas eram irmãs com 7 ou 8 anos de idade. Talvez porque já tivesse idade suficiente para entender certas coisas, ou talvez porque tenha mesmo demorado a compreender isso, sei lá. Basta olhar para dentro do saco da vida para só então descobrir coisas que sempre estiveram lá. A seu tempo, o cérebro amadurece os olhos.

Um formigueiro de três formigas

Vó Bella dedicou sua vida a mim. Ouvia os outros dizendo que ela era superprotetora, mas nunca dei atenção, talvez por comodidade, afinal o privilegiado era eu. Se ela me protegia, eu tentava revidar, com ela e com tia Clotilde. Éramos como um formigueiro de três formigas agressivas. Mantínhamos uma casta invisível tanto em casa quanto fora dela. Eu costumava achar que vó Bella era a rainha, tia Clotilde uma trabalhadeira e eu um soldado corajoso. Eu não poderia estar mais enganado. Só mesmo a distância do tempo para me fazer não apenas ver, mas entender que vó Bella era o general, tia Clotilde, a cigarra do violão, e eu não passava de uma larva mole esbranquiçada. Daquelas que tem que ser carregadas de lá para cá toda vez que alguém cutuca um formigueiro. Vó Bella quase não falava durante conversas. Segundo ela, "palavra dita sem cuidado é como linha de costura. Quem recebe nos ouvidos usa tanto para remendar vestes de casar quanto farda de guerrear". Quando falava era para dar ordens, portanto vó Bella dificilmente fazia amizades. Mesmo em casa era difícil aceitar suas ordenanças desmedidas. Mas, pelo menos, tínhamos mais motivos para suportá-la do que as outras pessoas. Além do mais, ela era o cerne de toda a questão. Se vó Bella desaparecesse, mesmo que por um só dia, nossa casa entraria num vórtice contínuo, desfazendo-se até sobrar apenas pó. Era ela quem administrava os produtos de limpeza, a faxina, a despensa, as contas, as entradas e saídas de tudo e de todos. Sem grandes ajudas da lembrança, soube que um dia tia Clotilde, ainda aventureira, prestava-se a fazer as comidas do dia e da noite. O sujeito que comesse limparia o prato, pediria mais e esperaria ansiosamente pela próxima refeição. Se dependesse de tia Clô, nosso formigueiro seria enorme. O que o tal sujeito ainda não sabia era que a satisfação era proporcional à penitência. Mal poderia conter as tempestades intestinais nem depois de se sentar no vaso, de onde não sairia antes de cravados 30 minutos. Evacuar só entrando em trabalho de parto. Rosto suando, gemidos concomitantes, pernas irrequietas, sangue represado por causa da pressão da perna contra a porcelana e cólicas insuportáveis premeditavam os estouros incontidos. Havia até quem chamasse o médico para assistir algo que, geralmente, faz-se em privacidade. Acho que isso equilibrava as coisas. Tantos eram os dízimos cobrados quando se comia qualquer dos pratos de tia Clô que as pessoas ensaiavam evitar os horários de comida, associando o efeito à causa. Falavam do excesso de manteiga, outros da banha de porco e até do tipo de panela. "Importem meus cuidados para os buchos e exportem suas doenças para as tubulações que não veem sol" – dizia ela – "pois não servem nem de adubo". Talvez o povo é que não estava acostumado com ingredientes saudáveis da terra. Tinham mais sujeira dentro de si que o chão onde pisavam. De repente, a infelicidade dos visitantes igualou-se à falta de estímulos de tia Clô para pratos. Só sei que, fora todo o trabalho que já era extra, vó Bella passou também a cozinhar. O jeito de quem aprende a fazer as coisas sozinha de vó Bella insossou a comida, desestimulou os gostos. Mas estancou o sofrimento. Como eu disse anteriormente, tudo era uma questão de balança. Vó Bella só não permitia bocas famintas além das que já moravam na casa. Sua sabedoria era ilimitada no tocante a espaço na mente para frases de fazer pensar. "Cada um come com sua boca, mas espreita com os olhos dos outros", dizia. Após tomar posse definitiva da cozinha, nem precisou se esforçar para evitar visitas.

    Tia Clô, como preferia ser chamada, sofreu um problema de circulação. Dizia que era trombose. Havia deixado de andar há bastante tempo. Os únicos obstáculos que denunciavam sua real fragilidade eram as pernas grossas imóveis e a dezena de comprimidos que ingeria pela manhã, tarde e noite. Mas, se por um lado tia Clô perdia a mobilidade, por outro, porém mantinha-se em constante atividade, quase a ponto de esquecer de comer. Não raro, ela me fazia ir à biblioteca pública levar e trazer livros duas ou três vezes por semana. No início, arrepiei-me todo quando a vi escrever algo com caneta em um dos livros. Afinal era eu quem iria devolver. Passei a entendê-la mais tarde sem, no entanto, nunca deixar de ficar ruborizado assim que deixava os livros no balcão, frente ao bibliotecário. Seu Toninho achava que minha alimentação era boa e me exibia como exemplo quando dizia às crianças do porquê de se comer vegetais. Para ficar com o rosto vermelho? Com certeza, ele não sabia que era possível ter bochechas realmente avermelhadas por motivos menos nobres.

    Tia Clô passava horas correndo os olhos aumentados pelas lentes de grau nas páginas dos livros. Por vezes eu ficava intrigado e passava a observá-la de longe, sem piscar, com a respiração controlada, pensando: "o que tem de errado com ela?" do mesmo modo como ela fazia com os textos. Só mesmo uma curiosidade desse tamanho para manter meu corpo fincado no chão como uma estaca. Certa vez, olhei para ela de modo tão incrédulo, que uma nuvem de questionamentos ofuscou minha visão. Demorei a perceber que ela me olhava de volta com seus olhos aumentados, procurando me acordar sem dizer nada ou simplesmente esperando que me cansasse.

– É um compromisso meu.

E, de forma espontânea, como se ela abrisse minha cabeça com abridor de latas e lesse meus pensamentos erráticos, saltou dela a explicação. De forma serena e apaziguadora, ela disse que as editoras contratavam revisores para evitar que erros indesejados fossem publicados por acidente. Quando um revisor deixava escapar um errinho, mínimo que fosse, sem saber, proporcionava o verdadeiro entretenimento de tia Clô: encontrar e reparar tais erros. Furtar nas hipnóticas linhas dos livros as palavras erradas era uma questão de vida para ela. Os erros pareciam saltar como cordeiros, fazendo sua mão inchada levar a caneta até os réus da grafia e laçá-los como novilhos no rodeio. Corrigia-os, aumentando sua importância, do mesmo modo que as lentes corrigiam sua visão. Tamanha conquista provocava em tia Clô apenas um sorrisinho, às vezes, tão sutil que eu me obrigava a perguntar se ela realmente havia desenterrado seu tesouro. Podia não parecer, mas era algo importante. Ela até ganhou um certificado de uma associação em reconhecimento a seu trabalho. Acho que isso a fez mergulhar ainda mais nesta tarefa maluca, pois agora eu tinha que enfrentar oito quarteirões de chuva por dia até a biblioteca. Nunca pensei que alguém ganharia algo por encontrar erros em livros já publicados. Para mim, era como ver um muro torto depois da casa construída, notar um desnível no asfalto pronto ou dar de cara com uma mancha no vidro recém-polido. Tentei provar que não era algo tão difícil assim, mas logo baixei a guarda (uma dica, se você um dia resolver buscar por um erro num livro, nunca leia o texto. Quero dizer, leia, mas evite ser atraído pelos encantamentos da escrita. Do contrário, terá que voltar diversas vezes ao ponto onde ainda estava consciente de sua verdadeira tarefa). Pensando melhor, acho que tia Clô mereceu o certificado. Mas insisto que não devia ser difícil para ela. Era bem provável que isso a fazia reviver os tempos em que dava aula na escola pública e, assiduamente, corrigia as provas e escritas sem sentido dos alunos enroladores.

Chuvas de fevereiro

Para o bem ou para o mal, fevereiro era mês de despejar chuva sobre a cidade. Aliás, muito mais que os meses vizinhos. Um pranto inconsolável cheio de mágoas de feridas acumuladas em favor do resto do ano. Enquanto soluços relampejavam no céu o lamento do clima choroso, as lágrimas torrenciais abusavam dos rios e córregos aposentados. Era mesmo um choro triste. Algo que se definia como uma quinta estação e, na realidade, dividia o verão ao meio: quente-seco e quente-molhado. Ao primeiro sinal de dia encoberto, dava-se de forma instantânea visibilidade aos produtos de chuva, quase até o lado de fora dos comércios de oportunidade. Habituava-se à efervescência humana nas lojinhas desde que, na boa distância de uma apanhada, sacasse guarda-chuvas, capas, bonés, galochas e sacos plásticos que serviriam de bolhas secas para os pertences, logo antes que janeiro deixasse o calendário. Panfletos, cartazes, anúncios nas rádios, televisão e internet alertavam até os desavisados. A época da chuva já vinha com moda, com design arrojado. Oferecia trajes dos mais elegantes aos funcionais. Estampas coloridas seguindo tendências, ou apenas um preto sóbrio, ou, quem sabe ainda, um cinza parco e tedioso como o próprio tempo, para combinar com o atual clima dos clientes.

Um ou outro comerciante insatisfeito já ensaiava em investir até na venda de barcos (para os mais afortunados), botes e caiaques (para os demais), como recurso extra para vencer as ruas alagadas. Em poucos dias, as lojas eram esvaziadas e repostas com mercadorias semelhantes, mas com preços diferentes.

Se comprasse só nos primeiros pingos, aumentava tanto o risco de não encontrar quanto o montante a ser pago. Jeito inapropriado de se aproveitar do povo, no entender dos clientes, que consumia apenas por necessidade. Para os comerciantes da chuva a culpa era de quem decidia ficar seco quando tudo já estava molhado, logo após bem vendido todo o estoque.

Ataques e acusações acaloravam quase todo o fevereiro molhado. O que acendia as cabeças revestidas era o apontamento especulativo de novos culpados. Bastavam duas ou três pessoas em concordância para que um grupo enorme se formasse. As mentes armadas de protesto; as mãos presas aos guarda-chuvas, ainda que fechados. De repente, a culpa era do "governo frouxo" que nada fazia para pôr fim à invasão de tanta água, suficiente para encher uns 20 estádios de futebol. Não que quisessem isso. Usar estádio de futebol como sistema de medida tornou-se comum para quase tudo.

 Contabilizada uma semana e meia de atraso, as tempestades se arrebanharam no céu. E, talvez, para gerar suspense (como em filmes de naves alienígenas), as águas se mantiveram adormecidas nas nuvens. O denso teto cinza, cujas sombras manchavam a cidade de um humor escuro e raivoso, comprimia o espaço que sobrava entre nuvens e desespero, sufocando as esperanças, eternizando o tempo presente. E de forma a não quebrar a promessa, quantidade suficiente de água descia do céu para amparar os alarmistas e, por causa do atraso, frustrar os otimistas. Quando as primeiras bátegas solitárias estreavam os novos acessórios contra encharque, havia quem deixasse fugir do rosto amarrado uma expressão curta de prazer, um lampejo de orgulho de estar preparado. Poucas horas sob o constante banho frio, no entanto, bastavam para que o clima interno das pessoas se alterasse. O humor geral escorregava de um tom de cor fria e pálida para um cinza sem graça e constante, igualando todo mundo. Rico e pobre, negro e branco, crente e descrente, mulher e homem, oriental e ocidental, baixo e alto, magro e gordo, cão e gato, empregado e desempregado, sim e não, solitário e enturmado, noiva e viúva, pais e filhos, direita e esquerda, todos apontavam os narizes para o chão. Toda e qualquer diferença simplesmente desaparecia como sujeira. A água parecia lavar os sulcos mais profundos. Levava para os bueiros o que as pessoas tinham de bom e de ruim. E, após uma chacoalhada no corpo, como fazem os cachorros, repetiam um para o outro: "fevereiro sempre chove", mesmo sabendo que o outro já sabia. Diziam isso ao pé de um abrigo, ou no ofício de fechar os guarda-chuvas, ou de tirar as capas ensopadas, ou após um espirro molhado, soando quase como um pedido de desculpas antes de ficar seco. E quem ouvisse a tal frase logo respondia: "se chove...". Era um cumprimento, um "amém" relembrado a cada fevereiro. Um batizar obrigatório, assentindo que o corpo e o espírito foram mesmo lavados pelas águas do céu.

 Poucos, no entanto, eram imunes ao conformismo cobrado pelas chuvas. Atrevo a dizer que eu era um desses solitários indomáveis. E embora as chuvas valessem-se de pesadas correntes d'água para açoitar os insurgentes, eu raramente usava guarda-chuvas. O uso de sacos plásticos para proteger livros e cadernos era o máximo que conseguiam de mim, afinal, precisava deles para o ano letivo. Admito que às vezes eu também, como os mortais (digo, conformistas), buscava me proteger de um resfriado e de calos. Enfiava os pés calçados de meias velhas em sacolas de mercado; enrolava as alças nas canelas antes de fazer um nó e só depois calçava os tênis. Mesmo ganhando apenas uma etapa a mais, arrumar-me para ir para a escola parecia levar uma eternidade. Fazia isso porque o dinheiro, que era considerado um amigo se fosse utilizado de forma sensata, não se multiplicava apenas por compaixão. Conservar meias para uns dois ou três dias mais de uso (apesar do cheiro insuportável de chulé úmido ao final do terceiro dia) evitava roçar meus pés nus contra os nós da costura no interior do tênis desgastado e molhado. Melhor chulé do que calos.

    – Esse ano é que tá um exagero! – devolvi com aspereza logo que ouvi o vômito em forma de frase anunciando alma limpa bem próximo a mim. Meu ineditismo fez crescer em mim uma esperança de um retorno amigável, ou quem sabe apenas uma assentida com a cabeça, logo que a tal pessoa constatasse minha destreza de raciocínio. Afinal eu desafiei a normalidade. Persegui a mulher recém-purificada com meus olhos suspensos e a pressão da soberba elevando meu queixo, enquanto ela ainda recolhia seu guarda-chuva colorido. A dona nem se dignou a olhar para o meu lado. Tornei-me invisível e esse foi o castigo por faltar com a resposta de arremate. "Se chove...", expeliu prontamente seu Toninho da biblioteca, armando um sorriso insatisfeito, porém persistente. Seu troco veio em seguida, na forma de sorriso de dentes tão brancos quanto conseguiam ser, emoldurados por alegres lábios da cor de sangue artificial. Nota do dia, menos presunção, mais namorada. Embora a mulher fosse bem mais velha do que eu, aquela situação explicava muito sobre minha condição de adolescente solitário.

    Voltando aos banhistas de rua, as pessoas evitavam confabulações simplesmente porque estavam certas. Ia chover de qualquer jeito, aceitando ou não. Era como se as nuvens, apenas de passagem, não conseguissem mais segurar suas enormes bexigas estufadas.

    Mas era das chuvas que eu falava. A escola ficava na parte baixa do bairro onde eu morava. A água, que caía paciente do céu, apressava-se em violentas corredeiras quando deslizava pelos asfaltos e declives, reunindo-se na região da escola. Teve uma quinta-feira que a aula foi suspensa. A água subiu até alcançar pouco mais de um metro de altura. Muitos alunos da pré-escola não atingiam esse tamanho. Quem estava dentro da escola não podia sair e quem estava fora não queria nem saber de entrar, a não ser os bombeiros.

– Seu tio tá junto? – perguntei a Felipe.

– Não. Ele é de outro batalhão – respondeu ele sem esticar.

A professora Rosa fez questão de alertar a todos para não entrar na água. Podíamos pegar uma doença e a mais temida era a leptospirose, que vem do xixi dos ratos de esgoto. Voltando ao assunto das bexigas cheias – e creio que todos saibam a que tipo de bexiga me refiro – nós, seres humanos civilizados, por razões diversas optamos – espero estar falando por todos – em fazer nossos xixis em locais apropriados. Os ratos, por outro lado, dão-se por satisfeitos ao urinar em qualquer canto, estando com vontade ou não. A chuva cai e, no caminho, mistura-se ao que pode. Num dia comum de chuva forte, como aquela quinta-feira, a mistura de água carregou e espalhou o xixi do rato, ou dos ratos, melhor dizendo, penetrando em todo lugar, como a água costuma fazer.

Mas, apesar de tudo, essa doença sabíamos como evitar. Sabíamos de onde vinha e como tratar, caso alguém a contraísse. O que ninguém ousou explicar era a tal da doença misteriosa que assombrava a cidade. Ao contrário da leptospirose, ninguém fazia a menor ideia de como ela espalhava-se, o que a provocava, e o pior, a tal doença parecia não ter cura. Tinha surgido do nada, como se o nada pudesse criar um monstro como aquele e usasse o vento como veículo de distribuição. E todo mundo sabe que o vento tem liberdade de alcançar lugares que a água não alcança.

A gripe da foca

Era raro ver um doente, já que precisava ser isolado com roupas especiais e levado em ambulância. A competência desenfreada (na falta de um termo melhor) nas operações de resgate acontecia de forma tão articulada, quase que instantaneamente após a denúncia de um doente, que logo emaranhou o rolo de fios em que se originam os boatos. Nunca antes na história do trânsito, ou do resgate médico, ou do país os serviços de socorro agiram de maneira tão rápida. Tão eficaz. Os familiares, proibidos de falar a respeito do caso, só eram liberados após cumprirem um período de quarentena determinado pelas autoridades sanitárias. À míngua, os canais de notícias sobrevoavam toda a cidade em busca de uma imagem que fosse, insistentes como abutres malogrados. Tanto que era comum haver acampamento de repórteres frente às casas de adoecidos. As câmeras apontadas, os microfones alinhados e as gargantas limpas para o furo. Todos queriam ser os primeiros ao mesmo tempo. Como se soube mais tarde, a doença não parecia ser contagiosa. Desse modo, de nada adiantava esperar vítimas frescas, mesmo sendo parente de alguém já (capturado?) resgatado. A despeito disso, todos sabiam um pouco, ainda que de forma desencontrada, que uma pessoa que contraía a tal doença, comportava-se como um animal. Como uma foca, precisamente falando. Esperneava e ressoava um vozerio rouco. Sintoma este que só vinha após outro mais perturbador. O pobre apetecia de uma alteração hormonal. Segundo alguns amadores a espertos, dados a casos de estranheza médica e biológica, tratava-se de uma mudança na estrutura genética, uma mutação biológica, embora não usassem a mesma técnica de esperteza para explicar como tudo acontecia. De sobressalto, um sortudo canal de TV ilustrava com realismo o que os boatos fizeram eclodir nas mentes mais céticas. Um menino, inocente quanto às consequências de sua revelação, apresentava ao vivo um desenho que fez de seu próprio pai, quando este adoeceu. Era a primeira testemunha de um caso histórico e talvez o mais bizarro na história da humanidade, portanto, estávamos todos à mercê do programa de televisão. Astuto e bem determinado, o apresentador fez suspense, divulgou todos os patrocinadores duas ou três vezes, fechou contrato com novos patrocinadores enquanto ainda mencionava o feito do garoto esperto; repetiu devagar seu próprio nome e sobrenome, anunciou a programação do canal para o mês todo e, não fosse o pequeno fone soprando aos berros em sua orelha, o desdenhoso apresentador teria esquecido o motivo de o menino estar sentado na ilustre poltrona vermelha. Àquela altura poderíamos acreditar em qualquer coisa, até mesmo que o homem, pai daquele menino desenhista, havia se transformado num leão-marinho.

– Uma foca? – O apresentador arregalava os olhos e avançava o queixo. Já cansado e um pouco intimidado com a agressividade do apresentador, o menino apertava o papel até quase amassar. Demorou um pouco para sua voz falha acompanhar o dedinho que contornava e ao mesmo tempo descrevia com detalhes os olhos grandes e brilhosos... o focinho proeminente... os bigodes longos e pontiagudos... as orelhas pequenas e afinadas... as abas da cauda abertas apoiadas no chão e as nadadeiras achatadas suportando o peso do animal, digo, do pai. E mesmo que os especialistas cansassem-se de explicar as diferenças entre morsa, lobo-marinho, elefante-marinho, foca e leão-marinho, e a despeito do fato de não ter ainda um diagnóstico médico nessa história, a doença adquiriu o apelido de "gripe da foca".

Como celebridade fresca, elevava-se de oportuno o ministro da saúde, assessorado pelo secretário também da saúde, ambos produzidos para o momento, engarrafados e rotulados, para se mostrarem mais políticos do que povo e serem mais ouvidos que entendidos. O ministro acalmava a população aflita de cidades e estados vizinhos com pré-textos de soberania, deixando a doença e os paulistas quase em segundo plano, pois a preocupação passou a ser outra. E se um infeliz retirante de São Paulo se aproximar? Aí entrou o secretário de segurança pública para avisar que nem um cidadão de regiões acometidas (somente São Paulo até então) teria contato com o resto do povo. Isso porque haveria um isolamento que ainda não existia, e todos sabíamos que muita gente já havia partido. Segundo ele, ninguém sairia de São Paulo sem ser examinado, outra balela de político. Depois de muito falar sem nada a declarar, sobrou tempo para a conclusão do senhor excelentíssimo ministro da saúde. Antes mesmo de levantar a voz, sua figura notória enchia as cabeças do povo de lembranças do motivo que o tornaram ministro. Enrolado num emaranhado de tramas de corrupção, até da luz de fósforo o homem escondia-se. Como era amigo de todos os figurões públicos (públicos?), usava sua influência positiva para adquirir vantagens negativas. E sobrava crédito entre políticos. Ocupou tudo que era cargo importante. Como ministro dos transportes, não deu. Da defesa, quase morreu. Do meio ambiente, quase matou. Dos esportes, fez feio. Da economia, por pouco não se suicidou. Sobraram alguns cargos que não interessavam ou por falta de apelo ou porque nem cara de pau consegue ocupar. A chance da saúde veio numa derrubada de outro poderoso. A trama, que se destrama onde quiser, foi desamarrada no colo do ministro anterior, deixado à míngua pelos amigos políticos, nem um pouco interessados em afundar junto num barco já a caminho do abismo. E lá estava ele, de pé, emoldurado por microfones, iluminado por piscas de flashes. A doença era a chance que ele pedira aos céus. Quem a dominasse seria um deus, um ser eleito nas emoções do povo para sempre. Pincelava na mente do povo esperançoso e carente a pintura de seu heroísmo. Seu pensamento pulsante e cheio de combustível percorreu os olhos, que quase lacrimejaram. Segurou. Transcorreu pelo nariz, que se encolheu para melhorar o fluxo de ar e, quando chegou à boca, desenhou no ar um sorriso tão longo que quis segurar sem falar. Mas a fala simplesmente explodiu. E como uma bomba poderosa, dizimou as incertezas com promessas vagas. De concreto mesmo só restou o nome da doença. Sem conhecimento de causa nem de efeito, o ministro da saúde nacionalizou o nome e o sobrenome de uma doença oriunda de mistérios. "Gripe da foca", estamparam os jornais. Tudo que houvesse a mais no noticiário era sumariamente descartado.

A fama, contudo, disseminou-se mais rápido do que a própria doença. A falta de informação coerente fez fechar escolas, parques, eventos, empresas e avenidas. Nenhuma outra cidade além das rotas de fuga aceitava receber moradores de São Paulo, quer fosse paulistano ou não. O caso estava longe de ser uma tragédia, já que ninguém sequer mencionou a palavra morte. Mas o medo era do bicho, de se tornar o bicho. Virar uma foca era o pesadelo de velhos e crianças. Os velhos queriam honrar os anos que trabalharam, que ensinaram, que cultivaram experiência. Acabar como um animal de circo era copular com o grotesco, afogar-se no hediondo. Seria o inferno antes da morte. A bem da verdade era que a tal doença vinha para compensar algo que a cidade havia muito, perdera; invadia suas vísceras para devolvê-la a seu estado original, pouco antes de ser lavada pelas águas do céu. A gripe da foca aflorava para sujar a cidade de medo, contaminá-la de vergonha, manchá-la de ansiedade, borrá-la de preocupações, enlameá-la de preconceito. Tirava fora a humanidade das pessoas para (quem sabe) devolvê-la (quem sabe, melhorada). Ninguém mais ousava importar-se com as chuvas.

A casa molhada de chuva

Passávamos por dificuldades financeiras e os remédios de tia Clô ficavam cada vez mais caros. Não que comprássemos em cima da hora, forçando as farmácias a obter mais lucros, como os comerciantes da chuva. Comecei a questionar se os laboratórios não estavam cobrando um valor adicional para cada ano que tia Clô completava, uma taxa de aniversário. Para piorar, a saúde da casa também definhava. Estava péssima. Muita coisa a gente até que suportava numa boa, menos os furos no telhado. As incessantes chuvas faziam questão de tornar as gotas em fios d'água que, dia após dia engrossavam em cordas. Tanta água assim só poderia causar destruição. E, com a destruição demasiada, vinha a humilhação. Era curioso pensar como aceitávamos facilmente a normalidade que rodeava nosso pequeno formigueiro. Se faltava água nas torneiras, reclamávamos até para as paredes. No entanto, quando tínhamos água até não poder mais, chegávamos ao absurdo de sentir saudades dos períodos de seca. De qualquer forma, não haveria quem dissesse que era agradável viver no banhado.

Vó Bella arrumou um jeito bem peculiar de salvar os móveis das enchentes. Certa vez, num dia forrado de nuvens cinzentas já engrossando (aliás, este era o período que mais se trabalhava, durante a chuva parte da cidade ficava paralisada), parou em frente a nossa porta um caminhão vindo de uma loja de materiais de construção. Descarregamos tijolos e cimento, como qualquer pessoa faria, mas o destino desses materiais era para algo inusitado. Ainda hoje os tijolos têm servido de pés adicionais para elevar mesa, cadeiras, armários, guarda-roupa, camas, sofás etc. Esses pés deram aos móveis cerca de 30 a 60 centímetros de altura a mais do que o normal, dependendo da resistência às águas. Ponto para vó Bella! Quando faltaram tijolos, latas de tinta cheias de cimento funcionaram da mesma maneira. Eu não tinha qualquer dificuldade para escalar uma cadeira quando ia almoçar. Mas era uma dura tarefa para as velhinhas.

A idade avançava de forma diferente sobre vó Bella e tia Clô, e suas forças pareciam esvair-se com a passagem dos dias. Ambas ganhavam aposentadoria. O curioso é que vó Bella ganhava dinheiro em razão dos esforços prestados por seu falecido marido quando era vivo. Tia Clô, por outro lado, recebia pelos próprios esforços, como professora aposentada. Não entendia direito como funcionava esse negócio de aposentadoria, mas sabia que era o que nos sustentava. Parte do dinheiro, vó Bella fazia questão de depositar numa conta bancária destinada unicamente a pagar meus estudos na faculdade. Eu só poderia sacar o dinheiro quando tivesse mais de 18 anos, segundo um acordo que ela fez com o gerente. Devia haver uma bolada naquela conta. Quando as coisas pioravam e corríamos risco de perder a casa, sentia-me culpado por fazer minha avó economizar tanto dinheiro para algo tão distante. Na verdade, eu não consideraria me comprometer com coisa alguma que não fosse a oportunidade de viajar por diversos lugares do mundo. Um genuíno clichê de adolescente sonhador, porém ainda genuíno. No entanto, minha vó estava tão certa do meu futuro brilhante que amornava em mim meu próprio instinto aventureiro. Precisava me mostrar homem, que delegava ao passado opiniões e comportamentos pouco aceitos de menino. Sendo homem, eu podia trabalhar, isso sim. E poderia seguramente ser na rua de cima. Minhas constantes visitas à farmácia para comprar os remédios de tia Clô me prestavam alguns conhecimentos básicos. Os remédios ficavam separados por ordem alfabética, os comprimidos para dor de cabeça mais vendidos eram espalhados por toda a farmácia, talvez para martelar na cabeça como a própria dor; e não se aplicava mais injeções em farmácias, só nos hospitais, prontos-socorros ou postos de atendimento. Viram? Daria ou não um excelente currículo? Tinha experiência de quase cinco anos e eu sabia diferenciar um bom atendimento de um mal e, até mesmo, de um péssimo atendimento. E ainda tinha mais! Eu iria trabalhar no mesmo lugar onde trabalhava Giovana. Muitos garotos da minha idade já "ficavam", e a cobrança aumentava para o meu lado. Às vezes eu pensava em Giovana, principalmente quando tomava um sorvete sozinho, ou quando viajava numa excursão da escola. Não seria legal se Giovana estivesse sentada ao meu lado em vez do Fabrício? Poderíamos passar a viagem toda conversando. Quem sabe não rolava pegar a mão dela? Quem sabe não rolava um beijinho? De uma coisa eu tinha certeza, Giovana era uma ótima atendente. Era legal quando ela estava atrás do balcão e me perguntava o que eu queria! Para dizer a verdade, era tão bom que eu achava que esse era o verdadeiro motivo de eu querer trabalhar lá. Poderia até dizer que trabalhando na farmácia eu me sentiria em casa, como se houvesse algum conforto lá em casa, onde até minhas lembranças alcançavam ninguém nunca perguntou: "o que você quer, Josué?".

De tudo, o maior desafio seria decifrar as escritas dos médicos nas receitas. Se tentasse simplesmente adivinhar, eu poderia vender um medicamento errado e as coisas ficariam de fato complicadas. Mas, pensando bem, seria difícil duvidar que os atendentes não se divertiam com aqueles rascunhos codificados dos médicos. Já notei um sorriso maroto no rosto de um atendente quando ele erguia a receita mais próxima do rosto, a uma distância que pudesse minuciar cada detalhe, o tipo de caneta, a textura do papel, o resquício aromático de álcool antisséptico, analisando cada pista que o levasse a descobrir o verdadeiro nome do remédio escondido sob aquelas linhas desorientadoras. Era realmente um desafio digno de um decodificador sênior. Uma vez um médico fez a receita para a tia Clô no computador. A impressora ronronou um tempinho antes de cuspir fora uma folha de papel tão bem impressa como página de livro. Levei a receita até Diego, um atendente da farmácia que já conhecia há algum tempo. Diego pegou o papel com certo desprezo e, sem nem ao menos olhar para ele, deu-me as costas, marchou alguns passos adiante suspirando com lentidão e voltou trazendo a medicação numa caixa e, debaixo de tudo, a receita toda amassada. Para piorar ainda perguntou: "Algo mais?" Percebi o quanto significou aquela pergunta quando ele torceu o nariz e ergueu uma sobrancelha por vez, até ficarem desalinhadas no meio da testa. Soava como se ele estivesse me desafiando a ser mais inteligente, mais aventureiro e menos ordinário. Talvez Diego nem tenha pensado exatamente isso, a não ser que ele estivesse mesmo ofendido a ponto de me atingir com um golpe decisivo, daqueles que amortiza a alma de qualquer infeliz. E aquilo me aborreceu de verdade. Chegou a doer como um soco no estômago. Nunca levei um soco no estômago, mas parecia doer muito nos filmes.

Para vó Bella, uma pessoa estar bem informada e ser velha eram as mesmas coisas. Se não o fosse, de que adiantaria vincular experiência à velhice? Além disso, vai que mudassem as regras da aposentadoria de novo. Os medicamentos de tia Clô poderiam ter desconto só no fim de semana. Ou a previsão do tempo poderia anunciar uma trégua, enfim mostrando um gráfico meteorológico sem figuras de nuvenzinhas gotejantes com raiozinhos. Ela poderia secar a roupa toda no varal em apenas uma tarde com uma ajudinha do sol (este sim todos queríamos ver no gráfico). Coisas da rotina dela, o que fazer... No entanto, vó Bella sempre foi de economizar, mesmo nos períodos raros de vacas de peso normal (gordas nunca). Éramos, talvez, as únicas pessoas a ter despertadores à corda. Aliás, nunca vi ninguém tão fissurado por alarmes de relógios como minha vó. Todos esgoelavam o mais alto que podiam para alertar algo que ela já sabia. Mesmo o que ela tinha no quarto, em cima do criado-mudo, não passava de um mero capricho, já que ela estava de pé pouco antes que ele alertasse o horário de acordar. Vó Bella zombava dos pobres aparelhos com um leve tapa no botão, e eles calavam-se de imediato. Ela exercia esse poder sobre tudo que a rodeava.

Começavam a se formar pequenas montanhas de entulhos em casa. Cada objeto que vó Bella encontrava e que julgava útil para uma eventualidade era guardado em caixas devidamente etiquetadas e fechadas com tampa. As caixas ainda abertas serviam para armazenar coisas sem importância ou objetos que precisavam de tempo para saber se seriam úteis ou não. Eram deixadas abertas para que os objetos não se tornassem invisíveis, que é o que acontece quando algo fica fora de vista por muito tempo.

O silêncio da manhã era rasgado de forma impiedosa pelos relógios despertadores, pelo som trinado do apito da chaleira que cuspia vapor e gotículas de água fervente e, começando baixinho, mas aumentando potencialmente à medida que se aproximava, o ruído agressivo do escapamento aberto da moto do entregador de jornais. Somados os três ruídos infernais, vó Bella parecia também ativar seu alarme interno sem, no entanto, emitir som algum. Seus olhos estatelavam, sua postura erigia-se o mais alto que sua coluna permitia sem estalar e suas mãos se esfregavam mutuamente até que seus dedos indomáveis abrissem a tampa da caixa de coisas importantes. Não era preciso mais que um anzol e uma linha de pesca para se ter em mãos as informações do dia. Bem, tudo acontecia muito rápido, mas vou explicar de forma didática. O jornal do vizinho chegava às seis, mas ele só o apanhava às sete e meia, pouco depois de acordar. Isso significava haver uma hora e meia de puro desperdício. Utilizando-se de um sistema de precisão de movimentos e horário, o vizinho jamais suspeitaria que seu precioso jornal da manhã fora sequestrado e devolvido intacto, a tempo de sua vida ordinária manter o curso. Mesmo se o motoqueiro atrasasse uma hora e 20 minutos porque tivesse furado o pneu da moto velha e rabugenta... mesmo que o jornal fosse levado por viajantes do tempo, retornando ao passado a fim de servir como fonte de informação que ajudasse a salvar o planeta, e que permitisse que nosso pequeno bairro fosse preservado...

e que prosperasse de forma amena, trazendo investimentos imobiliários, segurança e uma nova vizinhança metida e desagradável, o vizinho nunca saberia. Atividades ilícitas brandas e de baixa periculosidade como esta aguçavam a criatividade de vó Bella e a deixavam tão eufórica a ponto de eu não me lembrar de vê-la assim em outros momentos. Acreditava até que ela suprimia comportamentos como esses apenas para se servir de bom exemplo para mim. Por isso só fazia quando eu não estava em casa.

Como um atleta que arremessa uma tonelada, vó Bella lançou o anzol, que esticou o tempo e desenhou no céu um arco invisível ao sobrevoar a cerca. Amarrada ao anel, numa das extremidades do anzol, a linha de pesca fingiu acompanhar o movimento do anzol, mas parte do seu corpo ficava apertada entre os dedos de vó Bella. Ela aguardava paciente o desfecho, até que o fio deitasse inerte por sobre o chão dos dois quintais. Mal dava para ver o anzol sobre o plástico que abrigava o jornal, mas vó Bella estava certa de que o atingira. Bastava recolhê-lo em seguida, com movimentos leves e contínuos para que o jornal, ainda inteiro, trafegasse de um quintal ajardinado, passasse por sobre o piso de pedras frente à garagem, escalasse a cerca viva, transpusesse o muro de reboco descascado e tombasse no canteiro alicerçado por cimento fraco e desprezado, por falta de tempo de cuidar. A chuva obrigou haver muitas mudanças no comportamento de toda a sociedade. Tanto que as distribuidoras tinham que ensacar os jornais com pedaços de isopor dentro dos invólucros de plástico. Se houvesse uma enchente, o pacote flutuaria e seu conteúdo não seria perdido, embora o pacote em si pudesse perder-se quando levado pelas corredeiras de águas turbulentas. Muitos eram retirados das bocas dos bueiros entupidos. Enquanto arrematado, se acontecesse de o plástico romper-se, suas entranhas de isopor seriam espalhadas por todo o quintal, o que poderia levantar suspeitas e motivar uma investigação. Mas vó Bella era cuidadosa demais para tamanho fracasso. Como uma lembrança fresca, sua mente antevia a devolução do jornal para o dono, enquanto ainda puxava o fio. Precisava um pouco de força apenas, não mais do que a que fazia quando carregava o cesto de roupas sujas para lançar de volta o pacote por sobre a cerca. O ponto exato onde o jornal iria cair não importava, já que nem o motoqueiro entregador acertava o mesmo lugar duas vezes. Vó Bella sabia que o invólucro de plástico deixava o pacote susceptível à força do vento, e que, se no momento da entrega começasse a chover, talvez precisasse de força extra. Mas como ela teria a chance de ler o jornal tomando um café da manhã reforçado com ovos, força extra não seria problema. E com certeza não haveria maiores danos ao jornal do que os causados pelo entregador.

Em seu lugar frente à mesa, tia Clô aguardava ansiosa. Após uma exaustiva rampa vencida a fortes braços, a cadeira de rodas elevava-se até a altura do tampo da mesa. Antes de se abundar numa das únicas três cadeiras, vó Bella fez decolar nas mãos a bandeja devidamente estruturada com bules, xícaras, bolachas, ovos mexidos, adoçante e torradas e a aterrissou com delicadeza sobre o tampo da mesa alta. Tamanho foi o esforço para erguer a bandeja, que considerou comer um biscoito a mais só para repor a energia. Sem interromper os movimentos dos braços, apanhou o jornal e o lançou entre a bandeja e uma xícara que montava um pires. Em seguida sapateou por sobre uma pequena escada de três degraus que dava acesso à cadeira elevada. O aroma de café recém-passado fazia as velhinhas terem sonhos idílicos de nostalgia. Um momento além do pensar que precisava ser repetido todos os dias. Só após fundirem sonho com realidade é que elas estavam realmente prontas para abrir as portas dos olhos e desapontá-los. Por estas portas entrava aquilo que enchia os corpos de novo. E miravam à frente a mesa posta, a cada dia mais emagrecida, lembrete da dureza da vida. O maior interesse era pelo jornal e vó Bella rompia o invólucro com um carinho de causar arrepios. A cada escalpelada bem-sucedida, ela parava e estalava os lábios, como que memorizando o passo a passo que deveria fazer no sentido oposto quando fosse recompor o pacote. "Ele nem vai perceber", pensava parabenizando inconscientemente a si mesma assim que violou o saco plástico por completo. Estava claro que Vó Bella e tia Clô tinham suas preferências de leitura. E sete minutos passaram-se desde que o jornal fora raptado. De qualquer forma, nem todos os cadernos do jornal disputavam seus interesses. Economizava-se um tempo precioso desprezando-os. Mas se era notícia de alguém que havia sido pego com a boca na botija, aí sim elas envolviam-se. Ainda mais se fosse gente graúda. E tiravam sarro, e riam. Até arriscavam veredictos audaciosos. No fim acabavam certas de que não daria em nada mesmo. De que ninguém levaria tal caso à merecida justiça. Era justamente num daqueles momentos que se costumava não ver a hora passar. E era aí que poderia acontecer o pior. E se elas corressem o risco de ultrapassar o limite de 90 minutos e serem pegas com a boca na botija e ai, meu Deus, serem acusadas do infame crime de sequestro de jornal? Mas como eu disse, vó Bella pensava em tudo mesmo. Ela acionava um dos relógios de despertar sobre a mesa da cozinha, programado para soar às "7h25", deixando apenas cinco minutos para devolver o jornal exatamente no local de onde foi tirado. Como era só ensacar, caminhar até a divisa entre as casas e lançar o jornal na porta do vizinho, descontando-se um pequeno atraso ao descer da cadeira e abrir a porta, devia haver tempo suficiente. Meses atrás, pelo que soube, vó Bella deixava o despertador tocar 10 minutos antes. Como ainda sobrava tempo e algumas notícias ficavam inconclusas, ela foi reduzindo e reduzindo sua margem, até ficar nos cinco minutos. Pode ser que já tenha tentado menos e se dado mal, quem sabe.

A principal notícia da capa era sobre a gripe da foca. O título assustava logo nas primeiras palavras: CASOS HORRIPILANTES DA GRIPE DA FOCA PREOCUPAM MÉDICOS. Disputavam espaço a foto do ministro da saúde e a de um protesto de familiares cansados do mistério que envolvia qualquer assunto sobre a doença. Já que eram apenas manchetes, vó Bella apenas passava os olhos pela capa. Olhadela no relógio, "6h12".

– Toda hora uma doença nova – suspirou.

– É aquela gripe da foca, Bella? Mais alguém importante pegou? – A bisbilhotice coçava tia Clô quase por inteira. Não era segredo que algumas pessoas de divulgados nomes sumiam de repente. Era mais fácil revelar que adoeceram do que criar verdades avessadas. Na lista vinham empresários, jogadores de futebol, gente de filme e de novela. A notícia que estourou na atenção foi o adoecimento de uma apresentadora que encantava público numa rede de TV. Deixaram boatos escapar sem controle. O jeito foi revelar o verdadeiro acontecido, sem imagens para ilustrar. Repercutia o assunto porque nenhum substituto afirmava-se, tal era o medo do ambiente ou do programa ter causado o mal súbito, exigindo dos produtores uma mudança na grade da emissora. Mas isso já era notícia antiga.

Naquela manhã de sábado, o jornal teria um papel especial – com o perdão do trocadilho. Vó Bella dirigia-se como uma flecha para a seção de classificados. Já que o dono da casa não queria investir nas reformas e nem dar um abatimento no aluguel, caso os reparos fossem feitos e pagos com o precioso dinheiro das aposentadorias, não restava alternativa além de nos mudarmos. Não era uma coisa muito cômoda de se fazer, já que nem vó Bella nem tia Clô eram adeptas a qualquer tipo de mudança.

Fazia parte do cardápio matinal de vó Bella biscoitos de aveia e banana. Tia Clô acreditava que esse tipo de biscoito era saudável demais para seu paladar e para seu estômago. Entre seus preferidos estavam os biscoitos de manteiga com muito açúcar. Fazia algumas semanas que ela evitava doces por causa da nova dieta imposta pelo médico. Ordens médicas ela até que seguia como se fossem leis. E leis estão sujeitas a infrações, mesmo que leves. Tudo depende do valor da multa, pensava ela quando inclinada a fazer alguma molecagem. E àquela altura parecia injusto haver na mesa doses de açúcar apenas nos biscoitos saudáveis de vó Bella. Mas, para quem está sob controle intensivo, um biscoito de aveia e banana pode, deliberadamente, transformar-se num apetitoso biscoito adocicado e, sob uma forte crise de abstinência, um biscoito adocicado logo vira o proibido açúcar.

Os ponteiros do relógio avisavam que haviam transcorrido 22 minutos. Tranquilizada pelo tempo restante, vó Bella folheava o jornal na expectativa de encontrar a casa perfeita logo de cara, como se o negócio do século aparecesse num passe de mágica. No entanto, os altos valores dos aluguéis sugeridos nos anúncios curtos pareciam desafiar sua confiança. Injetavam em seu sangue uma dose de amolecimento que derretia qualquer atitude motivada por questões econômicas. Sem tirar os olhos dos anúncios, e com uma visão de dar inveja, vó Bella ergueu devagar a mão esquerda e... slap! Num bote certeiro, açoitou um tapa ardido na mão inchada de tia Clô, que fez soltar o biscoito, contrair o braço e levar a mão atingida à boca numa sequência quase teatral, exatamente como ela queria que fosse. Os beijos estalados na própria mão serviam de curativo para reprimir a ardência na pele e encobrir a vergonha por ter sido submetida a um castigo tão desprezível.

– Nem é gostoso... Como um biscoito desse aí pode fazer mal? – protestou tia Clô.

– O médico diz que não, eu digo que não. Quando ele disser que sim, eu compro uma caixa pra você – retornou vó Bella.

Quase sempre vó Bella e tia Clô brigavam para valer, independentemente de quem estivesse com a razão. Neste caso, acho que tia Clô sentia tanta culpa e vergonha que deixou passar.

– Só não compra desse aí. Você sabe qual eu gosto.

Vó Bella não dava atenção às choramingas de tia Clô. Naquele momento ela precisava manter o foco no jornal. E eram tantas páginas e cada página com tantos imóveis que parecia impossível não ter um feito especialmente para nós. Esse pensamento fez-lhe percorrer quase todo o jornal, até o último anúncio. Se a quantidade de esperança que ela tinha era proporcional à quantidade de páginas dos classificados, ambas terminaram juntas, extinguindo-se como chama de um palito de fósforo, daquela que insiste em avançar por quase todo o palito antes de se apagar por completo.

De súbito algo pareceu golpear suas costas. Seu alarme interno mais uma vez despertou. O tempo, em seguida, fez uma pausa, deixando seus olhos sem brilho e imóveis. As rugas nos extremos do seu rosto acentuaram-se e comprimiram-se, tentando encontrar uma forma adequada, parando ao desenhar uma nova feição para seu rosto sereno. Vó Bella não mais mexeu as mãos para folhear o jornal. Toda sua energia parecia ter sido sugada para seu peito. O motivo disso tudo continuou exposto diante de seus olhos, absorvendo sua complacência. De modo irônico, nas páginas do mesmo jornal que pretendia nos salvar, desabrochou frente a ela o título "Vida Nova, casa de repouso com atividade assistida". Estava planejadamente destacado, de modo a fazer perder o pensamento num horizonte que ia além da lua. O anunciante, objetivando apenas divulgar seu negócio, nunca imaginou que extrairia do cerne encrustado de vó Bella mais que um dilema. Eu mesmo, se visse aquele anúncio, pensaria comigo: "Lá vem mais um querendo dinheiro". Na verdade, prestaria mais atenção no mercado da chuva, que exibia anúncios divertidos, como desenhos de patos vestindo capas de chuva, figuras de gondoleiros navegando em botes por entre ruas alagadas... Para vó Bella, contudo, o anúncio ardia em intenso pesar, torturante, digno de revolta e desprezo. Uma rinha perturbadora que ela tentava afastar da mente havia alguns meses.

– O que foi? – perguntou tia Clô ao flagrar uma espécie de dor azeda escorrendo da face de vó Bella. – Bella?

– Hã? – faltou muito pouco para ela esquecer a pergunta. – Essas casas dos anúncios estão piores que essa aqui, e não tem nada que a gente possa pagar.

– Eu gosto daqui, por que temos que sair?

Vó Bella olhou o teto cheio de bolas luminosas que, diante da curta trégua da chuva, faziam ramificar compridos fachos de luz, só enfraquecidos após perceberem o ambiente insosso.

– Logo não vai ter teto para barrar a chuva – respondeu vó Bella.

– Podemos plantar uma árvore.

Tia Clô, às vezes, irritava-me quando parecia estar além deste mundo. Não raro ela adentrava um de seus livros e despedia-se da gente dizendo que estava partindo para a Colômbia de Gabriel, ou para a Argentina de Jorge. Tia Clô sempre sabia onde seu autor favorito morou, com quem ou não se casou e quando nasceu. No começo até me empolguei dizendo que iria com ela para a Inglaterra de Dickens e Shelley, a Nova Iorque de Melville, a Rússia de Gogol, Dostoiévski e Nabukov; e ao Rio de Janeiro de Assis. Foi aí que suas palavras revelaram a farsa da sua mente. Tia Clô já esteve no Rio, e não apenas uma vez. Percebi que suas viagens eram de origem ilusória, causadas talvez pela leitura que inebriava sua mente. Nada para se preocupar. Em geral, ela passava mais tempo sóbria. Talvez o tempo chuvoso criasse nuvens ofuscantes e confusas até dentro da cabeça de tia Clô.

– Me dá o jornal. Você já leu o suficiente – tia Clô pediu de um jeito até educado, se considerasse o tapa na mão.

Até então vó Bella havia esquecido o olhar sobre a mesa. Um longo suspiro, como um chacoalhar de cachorro molhado, a fez retomar o posto de general. Não pensou em "fevereiro" nem em "como chove", mas sim em como pôde ser tão egoísta. Logo deixou de se sentir culpada e a nova perspectiva remodelou suas rugas para onde deveriam ficar quando se sentia confiante. Afinal, esteve procurando um lugar melhor para os três morarem... e não só para ela, não foi? Onde no mundo isso poderia ser considerado egoísmo? Seus pensamentos pareciam ganhar a liberdade de pássaros soltos de gaiolas. Bastava regredir a um passado curto para vó Bella encontrar certo consolo. Não se pôs ela sempre em segundo plano quando decidiu cuidar da irmã doente? E as retorcidas nos gastos para manter tudo em ordem? Sem falar das extenuantes horas de treino físico para manter o neto forte como um touro. Mas se ousasse buscar saber o que aconteceria no futuro, sua alma escoava dentro do corpo e solidificava-se nos pés.

Por hora, vó Bella contentou-se com a vistoria dos classificados inúteis e de como se desvencilhou da desconfiança de tia Clô. Nenhuma notícia a mais no mundo iria alterar seu estado de ânimo agora. Mesmo que funcionasse como um remédio milagroso. Mas o tal remédio existia. E seu efeito colateral a perturbou profundamente a ponto de fazê-la esquecer da casa de repouso e de todos os outros problemas. Quando ainda estendia nas mãos o jornal para entregá-lo a tia Clô, vó Bella avistou uma foto que ela não gostaria de ter visto nem em um milhão de anos. Não que a foto fosse boa ou ruim. O fotógrafo deve ter pegado a cena em flagrante e, numa questão de segundos, fez o clique que deu ao jornal a chance de exibir ao público a foto de uma pessoa jovem mascarada e vestida como um super-herói (amador, para os invejosos). O cenário era o centro de São Paulo. O foco, um acidente onde dois carros incendiados faziam pulular labaredas de fogo dançantes. Frente a tudo isso, eis que se encontrava o confiante mascarado, segurando uma das vítimas no colo. A imagem começava a ficar duplicada diante dos olhos arregalados de vó Bella. Mal deu para ler o título "HERÓI ANÔNIMO salva vítimas de acidente". E como eu gostaria que ela tivesse lido! Tia Clô esticou os dedos até conseguir alcançar uma parte do jornal. Ela o puxava, mas vó Bella não queria largar. Até ter certeza de estar vendo o que estava vendo, o jornal seria seu. Foi quando começou uma daquelas disputas famosas lá em casa. Eu, pelo menos, nunca tinha visto duas senhoras idosas e aposentadas brigando por um jornal como crianças disputam um brinquedo. Os braços iam e vinham fazendo movimentos circulares e cada vez mais ofensivos. Nesta hora ninguém poderia duvidar de que eram mesmo irmãs, porque ninguém mais briga daquele jeito. O jornal despedaçou-se. Os pedaços de isopor esfacelaram-se em pequenas bolinhas brancas que, de tão leves, farreavam pelo chão da cozinha buscando frestas. Momento exato em que toca o despertador.

– O jornal! – gritou tia Clô.

– O vizinho! – rebateu vó Bella, já imaginando o veredito final: "PEGAS COM A BOCA NA BOTIJA".

Só mesmo adrenalina para fazer com que um corpo de mais de 60 anos sacudisse-se como um de 20. Vó Bella juntou folhas enroladas e amassadas com o que conseguiu pegar do isopor e enfiou no saco até formar uma bola disforme. Aquelas abaixadas custariam caro mais tarde, talvez mais do que o próprio jornal. Poucos minutos depois, o vizinho, que ainda se permitiu a ousadia de espreguiçar-se todo antes de se reclinar para pegar o jornal, ficou desnorteado ao ver aquele monte de folhas amontoadas dentro do saco. Chegou a fazer uma expressão de susto, levantando os ombros e dando uma piscada rápida. Chacoalhou o pacote em forma de balão, fazendo as bolinhas de isopor parecerem neve dentro de um globo de vidro. Mas logo seu rosto voltou a exibir o olhar pretensioso e barato de sempre e, como de costume, aquelas caretas de investigador esperto, o que na verdade não era, quando encontrou além do jornal, um biscoito mordido dentro do saco. "Pelo cheiro é de aveia e maçã. Não. Não é maçã, é banana. Aveia e banana", constatou. Isso sim ele conseguiu solucionar.

Na cozinha, vó Bella gesticulava e gaguejava algo que parecia um xingamento. Suas mãos só se afastavam da boca para gesticular impaciência e um pouco de revolta, mas logo voltavam para serem mordiscadas.

– É ele. Só pode ser. Tá aprontando de novo.

– Quem, o vizinho? – perguntou tia Clô.

– Não!

– Ele quem?

E, de maneira a manifestar-me para surpreender vó Bella uma segunda vez no mesmo dia, entrei na cozinha para o desjejum. Ainda tinha bolo de cenoura. Peguei um pedaço e depois um copo de leite. Pretendia fechar a porta da geladeira e subir o mais rápido possível para ver televisão e fuçar na internet, mas dei de cara com vó Bella e tia Clô me olhando como se eu fosse uma aparição da meia-noite.

– Josué! – juntas, uma exclamou e a outra respondeu à pergunta suspensa.

Vó Bella ficou estática, com pensamentos acusativos que se contorciam em sua cabeça até formarem um emaranhado difícil de encontrar o início e o fim.

– E a escola, menino? – perguntou tia Clô ex-professora, mas ainda fiel à profissão.

– Hoje não tem aula, tia. É sábado...? – Não era desculpa, eu jurava que era mesmo sábado, por isso iniciei a resposta de forma afirmativa, mas a terminei com a única certeza de que poderia ter me enganado nos dias.

Sentindo-me igual a um personagem urso de desenho animado, que não sabe para qual lado correr quando apavorado, também demorei a encontrar o caminho da escada. Assim que localizei meu trajeto no pequeno formigueiro, desapareci quase num instante, levando comigo o copo de leite e o pedaço de bolo entre os dentes. Vó Bella e tia Clô acompanharam-me com os ouvidos, escutando as passadas fortes reverberando no corredor de cima até meu quarto. Encerrei a música com um bater de porta que ecoou por alguns segundos antes de silenciar. Deixei a casa pela janela da frente, descendo a soleira até atingir o quintal num pulo que julguei elegante e talvez olímpico, caso alguém visse. Devo ter batido um recorde na corrida de longa distância. Normalmente, levo 20 minutos para chegar à escola quando vou caminhando. Hoje foram quatro.

– Este menino me dá tanto trabalho... – suspirou vó Bella.

Uma fraqueza para o bem

Não me recordava de ter sido criança alguma vez. Resquícios de ter passado por situações estranhas me acendiam na memória como piscadelas de luz. Hoje sei que pareciam estranhas justamente porque eu era criança. Tinha medo de um homem gigante com cabelos longos e opacos caracolando por trás do pescoço. A testa maior e mais lustrosa do que as de pessoas normais o fazia parecer um (martelo?), sei lá. Quando sorria, seus dentes amarelados brilhantes me hipnotizavam, causando em meu corpo um terror que só conheceria mais tarde assistindo a filmes. Com o passar do tempo o homem foi perdendo o tamanho e o encantamento de monstro. O nome Olavo deixou de ser sinônimo de medo. Fiquei curioso para vê-lo no caixão quando morreu. Não passava de um homem interiorano cujo rosto testemunhava um percurso de vida cansado e sofrido, porém celebrado com sorrisos reluzentes. Lembro-me também do tapa na bunda em outra ocasião. Algo que deve ter sido entalhado pelas mãos pesadas de vó Bella na região permanente da minha memória, que também não era muito boa. Na época eu parecia e me sentia mais leve que o normal. Subi um muro e ergui as mãos ao céu, certo de que meu corpo voaria. Senti um puxão. Vi rostos assustados, olhos arregalados, mãos na cabeça e dentes mordendo lábios. Despenquei do céu por uma força que me levou ao chão, fazendo-me ralar o joelho no cimento. Uma mão forte esmagava a minha. A outra acertava minha bunda. Foi há tanto tempo que eu mal enxergo a cena toda. Muitas coisas foram substituídas por sombras.

Outra memória, no entanto, fazia bastante sentido para mim. Talvez por causa do reforço diário. Algo que começou um dia e nunca mais parou. Tatuagens de cicatrizes ficaram gravadas em meu corpo. Eram os certificados de aprendizagem. Vó Bella me apresentou aquele quintal sujo e enlameado, onde havia um circuito amador e ao mesmo tempo militar feito de pneus, escadas de madeira velha, trincheiras cobertas de lama e uma corda estirada entre dois postes para se dependurar. Talvez ela esperasse ansiosa pela manifestação de um atleta corajoso e eu achei que podia simplesmente ignorar. Sendo apenas uma criança de cinco ou seis anos, sentia-me incapaz de ver naquilo algo divertido. E de fato não era. Não entendia o motivo de estar ali olhando para aquela tranqueira. Simulei desprezo, como toda criança sabe bem fazer. Mas minha avó estava determinada a me tornar um super-humano. Os motivos ela me disse uma única vez quando eu quase quebrei uma costela naquela barricada toda. Primeiro era que "Algo relevante vai acontecer um dia, você tem que estar preparado", mas essa eu não entendi muito bem. Depois "Você precisa ser forte como um touro. Assim vai sobreviver". Foi melhor que remédio. Embora não fizesse o menor sentido para mim, confesso que, quando ela disse que eu ia ficar forte como um touro, deixei de sentir dor. Cerrava os olhos e segurava ainda mais firme na corda suspensa a fim de me pendurar por um tempo maior. Nos dias que se seguiram, meu corpo ficou coberto de hematomas e machucados que não doíam mais na mente. Minha avó os tratava com muito cuidado. Dependendo do tamanho da ferida, eu via em seu olhar um orgulho tão grande que também me aumentava em importância.

Anos mais tarde, eu era o garoto mais forte da minha idade. Nunca fiz o tipo valentão que usa camisetas apertadas ou aquelas regatas sem mangas só para exibir músculos gratuitamente. Gostava de uma certa privacidade, mas, no fundo, sentia tanto orgulho de mim que exalava um calor de segurança. Se meu corpo evoluía, meus pensamentos, de certa forma, ultrapassaram-no. Vó Bella contribuiu para meu porte físico avantajado, isso posso afirmar. Alguma outra coisa, no entanto, dava-me a certeza de que eu deveria retribuir. Não exatamente à vó Bella. Mas a toda a humanidade. Eu queria fazer algo mais pelas pessoas, mesmo não tendo ideia de como ou o quê. Eu era apenas Josué, um adolescente pobre e com algumas chances de me tornar um "alguém" sob a perspectiva de minha avó. Às vezes eu pensava em mim, mas também pensava nas pessoas. Era um pingue-pongue de sentimentos de diferentes cores que juntei no mesmo balde e misturei até que o colorido ficasse cinza. Desisti de pensar. Ao contrário de vó Bella, eu gostava de intuições e deixei que elas me guiassem, transformassem-me por inteiro. Foi aí que me tornei *JetPunch*, o maior aspirante a super-herói mascarado e anônimo que eu tinha notícias. Na escola tinha aspirante a tudo. Modelo, cientista, programador, ator, atriz, engenheiro, lavador de carros, feirante e artista. Este último era o Gean. Foi ele quem fez os desenhos da máscara e do uniforme do *JetPunch*. Se eu conseguir o emprego na farmácia, mando fazer o uniforme, pensava, buscando um modo de realizá-lo. Do contrário, ficaria só com a máscara mesmo. Eu era aspirante a super-herói por um excelente motivo, pelo menos para mim. Para qualquer um tornar-se um herói, basta ajudar alguém a sair de um carro em chamas, evitar que uma pessoa seja levada pela enchente, ou até parar um táxi para uma mulher grávida em trabalho de parto. Eu não era assim. Quero dizer, eu poderia fazer isso, mas eu estava em busca de algo maior. Olha só. Fiz até uma lista das tarefas super-heroicas que precisava executar para me tornar um super-herói, digno de histórias em quadrinhos e filmes. Logo à frente das tarefas, eu precisaria preencher um número, para saber quantas vezes cumpriria a meta.

Quatro tarefas que alguém com habilidades especiais precisa cumprir para se tornar um super-herói de verdade:

1. Evitar um assalto – [0]

2. Salvar alguém em perigo de... qualquer coisa – [1] (contando com a situação noticiada no jornal).

3. Evitar um acidente de carro – [ ] (pode ser ônibus, caminhão, trem etc.).

4. Derrotar um supervilão ou algo perigoso – [ ] (algo que ainda não pensei).

Criar a lista foi até simples. Só precisei verificar a média de ocorrência de cada item e estabelecer um valor para cada um deles. Por exemplo, evitar um assalto é mais fácil do que evitar um acidente de carro, por motivos óbvios. Dá para prever algumas cenas de risco, como o dia em que os aposentados recebem seu dinheiro no banco, pessoas guiadas pelos celulares nas mãos enquanto caminham, lojas em lugares propensos a assaltos... Já para evitar um acidente de carro é preciso quase adivinhar onde vai acontecer. Sendo assim, a dificuldade é maior. Com isso, pude estabelecer uma ordem hierárquica de um a quatro. Deveriam existir supervilões, mas, como a gente não ficava sabendo deles em lugar nenhum, não se sabia exatamente como eles eram e o que faziam de verdade. Julguei quatro pontos mais do que suficiente para minha graduação. Nos filmes, os super-heróis enfrentam até três grandes desafios. Às vezes, esses três desafios unem-se no final, potencializando toda a vilania que desafiará o herói, quero dizer, o super-herói pela última vez. Mas o super-herói sempre vence.

Eu ainda tinha pouca certeza do que fazer e por onde começar, mas a ideia irradiava em meus pensamentos como uma mancha de tinta vermelha em água limpa. Ficava difícil enxergar além. Foi justamente o que me fez pensar que era sábado. Não que me sentisse desorientado com a vermelhidão, pelo contrário, sentia-me impelido a fazer alguma coisa. Era como uma bomba interna que explodia jatos de energia. Tamanha força precisava de espaço para se dissipar. Para extravasar. Na noite anterior me preparei para, com sorte, estrear o primeiro item da minha lista de tarefas. Mantinha, claro, a expectativa de que um supervilão pudesse atacar logo que eu debutasse, mas sabia que isso era fantasiar demais e eu precisava manter o planejado. Sendo um aprendizado em desenvolvimento, eu acreditava que eu não estaria preparado para enfrentar um supervilão ainda. Nunca me perdoaria se eu fosse vencido por causa de uma atitude precipitada. Enfiei a máscara no bolso de trás da calça e saí em silêncio pela janela do meu quarto.

    Vó Bella tinha o sono leve, então preferiu ficar com o quarto que dava para os fundos da casa, onde o barulho das ruas não incomodava tanto. Tia Clô preferiu o quarto pequeno de baixo, já que subir escadas e escalar as costas de um tiranossauro davam no mesmo para ela. Para mim, sobrava o quarto que ficava de frente para a rua. Entre segurar no parapeito, pular por cima do muro e descer pela grade do portão foram 20 segundos. Teria sido menos se eu não precisasse sair despercebido. Corri até quase o centro da cidade, onde as possibilidades de acontecer um assalto eram boas, e deixo claro que essa especulação ia de encontro às minhas metas de bom cidadão na época. Deparei-me com bêbados roncando nos becos, casais sorridentes e cambaleantes, totalmente alheios aos perigos noturnos, mulheres idosas passeando com seus cachorrinhos que, de tão pequenos, jamais dariam conta de um bandido mal-intencionado. Observei todos por um longo tempo. Cheguei a pensar que havia perdido algo após cochilar e, não fosse o cachorro ter destroçado um saco de lixo, estaria tudo na mais tediosa paz. Fevereiro chovia mais que os outros meses. Que azar o meu tentar ser um super-herói bem no mês que lava a alma das pessoas... Haveria mesmo o crime se calado? Estancara-se a sangria da ganância? Quem sabe a maldade não teria sido sufocada pelo incessante desejo de um mundo melhor? E o ódio, enfim, sido dilacerado pela paciência e tolerância. Tudo isso representaria mesmo um novo paraíso, cheguei a concordar com meus próprios devaneios, notavelmente enriquecidos no reino da pieguice pelo tédio. Mas era quase impossível controlar o fluxo de ideias correntes. Quase tão impossível quanto dominar meus olhos frenéticos. Meu cérebro não mais os controlava e sim o contrário.

A História de Cima

A costura ainda não estava legal, então não quis esperar com a máscara no rosto. Se ficasse colocando e tirando toda hora, ela iria se soltar. Sem falar que tinha a impressão de ter alergia quando a usava. Ai, não! Seria isso uma fraqueza? Daquelas que fazem o vilão vencer o herói, digo o super-herói, no final do segundo ato até quase o clímax? Minha ansiedade perdia força e comecei a duvidar de que algo aconteceria. Tudo estava fadado a ser levado pela enxurrada, comecei a pensar como vó Bella. Mas meus instintos inflamados eram céticos, assim como os do adestrador que olha para o leão antes de alimentá-lo, certo de que sua calmaria não passa de mero comodismo em razão da comida fácil. E assim como a previsão do tempo acertou sobre a chuva (que mérito. Era óbvio que ia chover), minha intuição também não falhou. Ouvi ruídos de motor queimando. O motorista errou a curva e entrou numa loja. Minha hora chegou. Sem tempo a perder, fui até o local e afastei as pessoas do perigo. Afastei do perigo não, salvei-as. Era a modéstia do primeiro item da lista. Pareceu até insignificante. Pouco antes, o lugar estava vazio, mas quando terminei, eu parecia estar no meio de um ginásio lotado. Vários jornalistas acotovelavam-se, rodeando o local do acidente. Não foi insignificante. Felizmente, ninguém se machucou com gravidade, disse eu a um repórter. Deixei o local com o peito estufado, imaginando se não poderia ter dito algo melhor ao jornalista. Aos poucos, pude sentir meu corpo quase se normalizar por completo. Os pensamentos arredios desceram ao nível do chão, baixando poeira ao se assentar. A clareza restante me deixou confuso. Lembra quando eu fiz uma breve diferença entre o que herói e super-herói fazem? O que exatamente eu tinha feito? Ou melhor, o que eu tinha representado de forma mais adequada? Pensei nisso por bastante tempo antes de chegar em casa, mas quando vi a lista, meu coração disparou. Não era a hora de salvar alguém em perigo e sim de evitar um assalto. Olhei fixamente a máscara até ela borrar e sumir. O que eu deveria ter feito? Não podia ficar alheio ao acidente por causa de uma questão técnica (poderia?). Mas tudo bem. Meus olhos voltaram a focar a máscara e pude guardá-la numa gaveta segura. Por sorte (já disse, não me entenda mal), acabei realizando a tarefa mais difícil logo de cara. Amanhã, eu tento resolver o problema do assalto, concluí. Geralmente, aos sábados, aconteciam mais roubos do que nos outros dias. Talvez porque as pessoas vão às compras com dinheiro no bolso, imaginei. Mas, por um lapso terrível, eu errei o dia e quase acabei entregando-me de bandeja no colo da minha avó.

O menino dentro da jaula

Sentava-me na segunda fileira do lado direito, na antepenúltima carteira da sala de aula. Naturalmente eu não dava muita atenção à escola. Talvez porque tudo parecesse comum e rotineiro. Levantava-me, ia para a escola, sentava-me na cadeira dura de compensado, ouvia uns blá-blá-blás, conversava no intervalo, fazia xixi, voltava para os blá-blá-blás, tocava o sino e voltava para casa; tudo para recomeçar do zero. Havia uma semana o assoalho de madeira acumulava sujeira entre as ripas. O grafite que tinha rodopiado pela minha carteira e despencado no chão ainda estava lá. A parede estava cheia de manchas em forma de mãos de lápis e de giz. Era estranho ninguém ter limpado aquilo, já que distraía a gente da aula. Mais tarde, soube que dona Eneida ficou doente. Falando em limpeza, bem que poderiam passar um pano úmido naqueles vidros das janelas. A não ser que fosse intencional, um modo rude de evitar que os alunos olhassem para fora. Afinal, qualquer coisa poderia atrair mais a atenção do que os assuntos acadêmicos. Quem sabe os alunos não encontrassem maior interesse naqueles sonidos das ambulâncias que perambulavam pelas ruas? Poderiam envolver-se mais com as sirenes dos carros de polícia que pareciam aumentar o volume para dizer olá, e depois reduziam aos poucos até desaparecerem por completo... do que nas aulas. Eu estava errado. Aconteciam mais ocorrências na semana, já que era sexta-feira comprovadamente. Começou a chover e as pancadas das gotas nos vidros me fizeram esquecer do mundo lá fora forçando-me a voltar para o pequeno mundo lá dentro.

– Olha que interessante.

O professor Mateus deixou escorregar sobre minha carteira a prova de Química. Passei os olhos e vi diversos X vermelhos. A nota era D. Mas como? Virei-me para contestar, quem sabe ele não entenderia meu verdadeiro objetivo nesta vida e não me daria uma nota melhor em consideração. Eu poderia salvar sua vida qualquer hora. Vi, no entanto, que ele parou frente a algumas carteiras vazias. O professor Mateus não era de dar sermão. Ele preferia o método do sarcasmo. Mesmo assim, notei que ele ficou um tanto perturbado com a ausência de três, não, quatro alunos.

– E aí, cadê o pessoal? – perguntei a Felipe.

– Estão doentes, eu acho. Ou tem alguém na família doente, sei lá – respondeu Felipe incerto, mais preocupado com sua prova do que com outra coisa.

– Todos de uma vez? – busquei conferir.

– Parece que é uma epidemia. Você não vê as notícias?

– Só as que me interessam – disse eu exibindo um sorriso orgulhoso. Abri o caderno para que Felipe visse minha primeira pontuação como super-herói, mas ele não pareceu se convencer.

– Um? É pouco até para um bombeiro! Se meu tio salvasse só uma pessoa ele poderia perder o emprego! – disse Felipe, referindo-se a seu tio Golias que havia salvado cerca de 10 pessoas em um naufrágio. Ele falava tanto nesse tio que eu até sentia um nó na garganta. Tá, é legal ter um tio assim, mas eu iria fazer algo tão heroico que o deixaria com cara de atravessador de idosos na rua.

– Eu tô começando, né? – respondi sem muita paciência. – Pode esperar que vou me esforçar muito e fazer o meu melhor.

Eu queria encerrar o assunto a meu favor, mas minha fala parecia ter saído de um serviço de autoatendimento. Só faltou o "posso ajudar em algo mais? Obrigado por ligar. Tenha um bom dia!". Após isso só consegui pensar em "ui!".

– Opa! Finalmente acertou uma! Que pena que não foi na prova – nem o professor Mateus perdoou minha frase infeliz. Baixei a cabeça, o que eu mesmo acabei interpretando como reverência para venerar seu brilhante sarcasmo antes de reclamar uma nota melhor, o que não era verdade. Queria sentir culpa, mas não consegui. Baixei a cabeça porque estava com uma vergonha profunda. Vergonha de existir. Principalmente por causa dos comentários do Felipe sobre seu tio. E o pior de tudo, vó Bella iria me matar. Eu era um adolescente morto.

– Deixa eu ver. Ai, essa era a resposta? Dã... Como você consegue? – escutei Camila adiante.

– Nem foi tão difícil – respondeu Melissa, com um ar tão superior que flutuava na altura do teto.

Três carteiras à frente, na fileira da esquerda, ficava Melissa. Como eu mal olhava para aquele lado, ficava imaginando que ela morasse lá. Só a notei naquele dia porque ela virou-se para trás a fim de exibir seu ótimo desempenho à amiga Camila. Sua voz atravessava a sala só para bagunçar minha mente, seus óculos eram igualmente invasivos e entorpecentes, já que atraíam minha atenção quase como um ímã, seus apetrechos coloridos eram de causar inveja num desfile carnavalesco brega. Fora de controle, meus olhos indisciplinados a percorreram de cima a baixo. Toda certinha, toda perfeita. De tão presos, seus cabelos até pareciam uma pele de fios sobre a cabeça. E as bochechas rosadas? Quem no mundo teria bochechas rosadas como aquelas? Ela devia comer muitos vegetais. Ou talvez usasse a maquiagem da mãe. Mas por que só nas bochechas? Não fazia ideia. Na verdade, nem me importava. E nem sei porque estava olhando se não me importava. Quando ela voltava o rosto para o meu lado, eu girava a cabeça como se gira um volante de carro. De repente – talvez por causa do efeito entorpecente - ela me fitou diretamente nos olhos e disparou um sorriso quente. Pelo menos acho que era um sorriso, vai saber. Só sei que meus olhos desviaram-se do alcance daquela flechada a tempo. Sendo assim, o sorriso não me atingiu. Tive medo de olhar para lá para descobrir se minha fuga obtivera realmente sucesso. Se ela atirasse outra vez eu poderia ficar cego de um olho. Não me lembrava de ter havido algum super-herói caolho. E não queria ser o primeiro. Gean, que colecionava revistas em quadrinhos, listou vários deles, desde um agente especial que usava um tapa-olhos de pirata até um ciclope que usava óculos tecnológicos. Mesmo assim, preferi continuar com minha visão saudável. Fiquei segurando o lápis a ponto de quebrá-lo ao meio até o sino tocar. Peguei minhas coisas o mais rápido que pude. Cheguei a me imaginar numa velocidade tão acelerada que ninguém fosse capaz de me ver desaparecendo. Todos se perguntariam como eu havia deixado a sala tão rápido. Sorri com a ideia, mas minha imaginação acabou sendo invadida pela voz penetrante de Melissa.

– Vou indo. Tenho uma parada para resolver – Melissa despediu-se de Camila.

– A gente vai ao *FreezeOne*, você não vem? – perguntou Camila. Pelo menos sua voz era normal.

– Não. A gente se vê amanhã. Beijinho – "melecou" Melissa.

Saí correndo, mais para evitar Melissa do que a chuva. Além do mais eu não podia perder tempo. Se tudo desse certo, nem mesmo Felipe teria a coragem de esfregar o heroísmo casual do tio na minha cara. O cara salvou 10 pessoas e ainda se deu por satisfeito! Nunca mais arriscou o pescoço. Para dizer a verdade, eu não sabia nada sobre isso, mas como Felipe só falava no caso do naufrágio, só pude imaginar que ele nunca mais fizera nada importante.

 Cheguei ao ponto de ônibus ensopado. Felizmente o ponto era coberto, o que também fez várias pessoas buscarem abrigo ali. Como eu era um dos últimos a chegar, fiquei entre a multidão e a chuva, fazendo exatamente o limite que separa gente de água. Se alguém erguesse o braço ou puxasse um pouco mais de ar para os pulmões, provavelmente me lançaria para fora da cobertura. Não podíamos proteger a parte de baixo do corpo, uma vez que as gotas que estouravam no chão subiam novamente para alcançar nossas pernas. Havíamos nos acostumados a isso. Vi a corredeira entre a rua e a calçada criando ondas e engolindo metade dos carros estacionados. Fiquei preocupado com a casa. Naquela hora, vó Bella estaria puxando com o rodo a água cheia de lama que teria invadido a casa. Imaginava também tia Clô dizendo a vó Bella para puxar mais rápido ou para pegar outro balde a fim de dar conta de reter as goteiras do teto. Sem dúvida, eu não me surpreenderia ao ver a figura colorida de Melissa atravessando a rua para chegar ao ponto de ônibus. Quem mais interromperia meus pensamentos de forma tão bem-sucedida? E quem mais se pareceria com um cogumelo rosado ao usar aquela sombrinha chamativa? Bem, suas cores destacavam-se naquele tempo cinza, mas pelo menos seus assuntos, cujo a importância só importava a ela, estaria abafado pela chuva, fiquei contente em constatar. E também Camila não estava junto para puxar conversa. Melissa nunca se dirigira a mim antes, uma vez que nunca dei chance. Só sei que Melissa não tinha porque falar com ninguém e isso, de certa forma, confortava-me. Confortava-me mais o fato de eu estar num lugar até perigoso, como eu disse, entre gente e água, ou melhor, entre gente e as corredeiras da piracema. Se, por um lado, Melissa causava tanto despeito de minha parte, por outro, ela parecia atrair e muito a simpatia das demais pessoas. Foi só ela aproximar-se do ponto de ônibus para as pessoas empurrarem-se para abrir espaço extra. Não demorou para que eu fosse lançado à chuva. Ficar fora de um abrigo era como estar no centro do Coliseu de Roma, quando este ainda dava espetáculos violentos. Lá estava a pequena dona de tudo, que nem se dignou a fechar sua sombrinha rosa. Se ela tinha seu próprio abrigo, por que fazer eu passar por aquilo? Queria gritar, xingar e dizer como eu me sentia, mas minha respiração ficou ofegante e meu corpo arqueou para frente a fim de proteger meu peito, calando minha voz. Acho até que as palavras ruins que eu queria dizer retornaram para dentro, fazendo doer meu estômago. Eu queria voltar para o abrigo e empurrar as pessoas para a chuva como uma forma de puni-las. Mas tudo que fiz foi sair do caminho do ônibus que se aproximava. A cena toda não poderia ser mais lenta. Enorme pneu fazendo onda, pernas afastando-se, porta abrindo, pernas mexendo-se uma a uma para entrar no ônibus. Esperei que fossem e liberassem espaço no abrigo e foi o que aconteceu. Para meu desgosto, Melissa ainda estava lá, imóvel. Passavam por ali umas cinco ou seis diferentes linhas de ônibus. Não ficaria surpreso se o ônibus que ela esperava fosse o próximo. Na pior das hipóteses, o outro depois do próximo. E tornou-se realidade quando outro ônibus partiu, levando mais gente, deixando de fora apenas Melissa. Só restamos nós dois naquele ponto de ônibus infeliz, um ao lado do outro. A sombrinha cobria seu rosto, sendo assim eu só precisava ficar quietinho. Coitada! Ela nem vai perceber que sou eu aqui, bem do seu ladinho. Pensei esboçando um sorriso malvado. Virei uma estátua, ignorando a torrente constante de água que escorria do tecido rosa da sombrinha e encontravam paz na minha calça. Nem a água queria ficar naquilo. Bom, mais molhado do que eu já estava só se mergulhasse. Mas o castigo devia ter sido pouco, pois Melissa me descobriu.

– Ai, não sabia que ia chover tanto – disse ela sem propósito.

– Por que trouxe guarda-chuva então? – falei meio baixo, com medo das palavras voltarem com raiva para meu estômago.

– Como? – perguntou ela. Acho que falei baixo demais.

– Perguntei por que trouxe guarda-chuva se não sabia que ia chover?

– Não é guarda-chuva. É uma sombrinha. Acredita que é a quarta sombrinha que eu uso esse mês?

Eu poderia estar errado, mas aquela resposta soara como um alarme para eu não falar com ela, definitivamente. Mas espera lá, ela me chamou de ignorante? Porque se foi, tenho que dar uma resposta à altura. No decorrer daquele pensamento, eu percebi que não estava nem um pouco interessado em propagar um assunto inútil sobre sexo dos guarda-chuvas.

– Ei, viu que reformaram a sorveteria? – Não sei o motivo, mas Melissa insistia em destruir qualquer coisa que eu imaginasse. – Tá a fim? – E lá vinha ela de novo.

A sorveteria da Dione ficou em reforma uns dois meses. Poderia ter sido um tremendo erro de cálculo, porque deixaram as portas fechadas nos meses de maior calor. Eu até tinha me esquecido de como era tomar um sorvete, embora houvesse outras sorveterias espalhadas pela cidade. Antes de pensar que o convite partira de Melissa, pus-me a imaginar como era transpor uma barreira de chuva que se interpunha bravamente entre a sorveteria e eu, mas que se estendia até o céu. Se eu tivesse que escalar, poderia ficar horas subindo até poder chegar ao topo e me virar para descer pelo outro lado. Aí seriam mais algumas horas para descer. Com certeza não seria tão difícil quanto os treinos paramilitares da vó Bella. Mas eu precisava estar atento para as consequências. Todo meu material escolar ficaria molhado e... eu iria com Melissa. Ela me ofereceria carona sob seu cogumelo, que é fêmea, por isso é rosa e por isso ela empunhava tão orgulhosa. Nesse caso, meu material escolar não ficaria mais molhado do que já estava.

– Ei! A sorveteria – insistia Melissa, tanto no sorvete quanto nos golpes a meus sonhos.

Naquele instante, meu sentido de super-herói foi facilmente atraído. Do outro lado da rua, perto da sorveteria, havia uma casa velha. Dois policiais saíram dela. Eles a lacraram com uma fita seccionada de cores amarela e preta. A casa parecia abandonada, mas algo poderia ter acontecido lá. Talvez as fitas fossem para alertar os invasores de que o local estava sendo vigiado pela polícia. Assim que terminaram a cerca de fita, os policiais entraram às pressas no carro.

– Hum... Acho que hoje não – respondi sem nem olhar para ela.

– Não? Ah! Por causa da chuva! – deduziu ela com relativo espanto. Quem em sã consciência recusaria um convite desses? Ela devia ter pensado.

Poucos metros atrás do ponto de ônibus, havia uma padaria. Era lá que as pessoas iam quando queriam comer um delicioso sanduíche de mortadela, ou bolos e doces feitos no dia. Os preços também eram bons. E foi lá que os policiais entraram. A viatura era bastante modesta. Acho que não tinha nem ar-condicionado porque o policial teve que deixar a janela aberta para evitar que os vidros embaçassem. Melissa fez um movimento esquisito, parecendo querer entrar em sua mochila. Ela procurava algo que não encontrava ou que simplesmente estava difícil manobrar, já que ela segurava a sombrinha, a mochila e ainda tentava separar seus apetrechos, os quais não me convinham nomear em razão de tanto rosa. Ui.

— Olha. Fiz para você — disse Melissa enquanto estendia um embrulho rosa.

— O que é isso?

— Os desenhos são do computador. Não sei desenhar — ela me lançou certo brilho nos olhos, que mal podiam ser vistos em razão do cogumelo rosa que lhe cobria a cabeça.

Nunca soube o real motivo de minhas mãos hesitarem tanto em pegar aquela carta. Por puro instinto, desviei a carta dos filetes de água que caíam de sua sombrinha. Vi que os olhos dela acompanharam todo o meu movimento. Percebi também um leve sorriso. Era tarde demais, mas a impressão que ela deve ter tido era a de que eu protegia a carta. Essa interpretação era totalmente falsa, eu juro ainda hoje.

— Você está usando a sombrinha debaixo do abrigo — disse eu num tom acusativo. Assim, ela entenderia que a culpa era dela e que eu só reagi.

— Ai... Desculpa. Eu... eu nem... — foi até divertido vê-la constrangida.

— Eu estava molhando você esse tempo todo e nem vi — Melissa sentiu-se culpada pelo motivo errado. Eu queria que ela dissesse "Ai, eu quase molhei a carta! Ainda bem que você foi rápido!" ou "Nossa, como você é ágil! Eu que sou uma tonta!". Mas não deu certo. O bobo era eu. Tinha a carta na mão e não sabia o que fazer com ela. Num rápido movimento, abri o zíper da mochila e joguei a carta perto dos materiais que estavam dentro de sacos plásticos. A carta não teve o mesmo privilégio. Depois subi o zíper tão forte que fiz ecoar um som parecido com o de uma serra dividindo um tronco ao meio, seguido de estalos de tecido rasgando.

— Leio depois... Para não molhar — só consegui dizer.

Ao fechar a sombrinha, algumas gotas de água cristalina atingiram as lentes de seus óculos. Um sorriso maroto estourou do meu peito para minha boca, mudando sua forma grosseiramente. Não sei por que fiz isso, nem foi tão engraçado assim. Bem naquele momento ela, Melissa... — eu não sabia seu sobrenome — retirou os óculos que — juro pelo que há de mais sagrado — ocultavam uma outra face. Foi como descer um portão de uma masmorra e libertar uma... não sabia ainda como descrevê-la. Meus olhos festejaram quase gravando o que refletia naquelas íris de cor marrom-clara com tons de verde e mel. Senti o tempo parar. As gotas de chuva pareciam cair como plumas de tanto que demoravam encontrar o chão. Era como se chovesse ovos em câmera lenta. Eu me virava para não ser surpreendido por ela, mas minha mente estava conectada à dela. Aquela não era Melissa, tinha certeza disso. Seus olhos delineavam um contorno que eu jamais imaginei haver em uma pessoa. Aqueles óculos lhe configuravam uma outra personalidade. Escondiam a verdadeira pessoa dona daquele corpo. Quem sabe Melissa não seria uma bruxa má, que se apossou daquele corpo através dos óculos. Fiquei com vontade de falar com ela, perguntar seu nome verdadeiro e descobrir como eu poderia desfazer o feitiço. Ela limpou os óculos com tanto cuidado que eu não pude simplesmente tirá-los de suas mãos e quebrá-los em pedacinhos. Quem sabe não pioraria a situação? Não dizem que quebrar um espelho dá sete anos de azar? Não imagino o que poderia acontecer se uma das lentes daqueles óculos amaldiçoados fosse destruída. Talvez a maldição fosse dobrada se as duas lentes partissem-se.

Um ônibus despontava a cabeça por sobre o topo dos carros. Devagar as delicadas mãos daquela menina encantada retornavam para o rosto os óculos amaldiçoados. Contemplei a bela garota desaparecer por completo. E eu mal a conhecera! Fiquei desorientado, dominado por uma estranha sensação de querer mais. Mais o quê? Era só isso? Ela só apareceu para me atormentar e foi embora? E, mais aterrorizante que isso, ela surgiu no rosto de Melissa, a quem tanto desprezava! Eu não sabia direito o que aconteceu, mas precisava vê-la novamente. Talvez, se eu pedisse com jeito, quem sabe Melissa não tirasse os óculos uma outra vez? Ao menos eu teria a chance de me despedir. Melissa deu dois passos adiante e afastou-se. Ela sinalizou para o motorista, que fez o ônibus parar. Demos três ou quatro passinhos bem acelerados para trás a fim de evitar a onda de água criada pelos pneus. Não sei por que a palavra dança atravessou minha mente como um raio.

– A gente deixa o sorvete para outro dia, tá bom? – passei a ter dúvidas se era Melissa quem falava. Não reconheci mais sua voz.

– Pode ser. Mas valeu pelo convite – respondi por obrigação, ainda segurando a esperança de ver a doce menina, minha doce Dulcineia, outra vez.

Melissa venceu os degraus do ônibus, mas me esperava lá em cima, quase ao lado do motorista. Ambos me olhavam como se eu devesse alguma coisa.

– Não vai entrar? – perguntou Melissa. Sua voz destoava, como se fosse dublada. Imaginei que a bela menina pudesse estar lutando para sair e talvez estivesse vencendo em alguns momentos. A primeira conquista foi decair a presunção. Eles continuavam a me olhar. Já impaciente, o motorista engatou a marcha. Lembrei-me de já não ter comigo o dinheiro para o ônibus. A escola não era tão longe de casa e geralmente eu ia e voltava caminhando. Mas quando chovia assim o trajeto tornava-se perigoso, e vó Bella exigia que eu andasse de ônibus. Poderia haver enchentes e muitas árvores velhas deixavam despencar galhos pelas ruas. Mas como eu achei que fosse sábado, e estava já me sentindo um idiota com essa história, usei o dinheiro para comprar um refrigerante quando fazia tocaia para pegar bandidos na noite passada.

– Não – quando respondi, o motorista já tinha fechado a porta e pisado tão firme no acelerador que o ônibus fez o urro que ele queria fazer. Fiquei parado olhando Melissa abrir o vidro da janela e botar a cabeça para fora.

– Eu sei que dia é hoje! – gritou ela para todos ouvirem. Envergonhei-me porque o grito foi dirigido a mim – É seu aniversário! – ela gritou ainda mais alto.

Dessa vez fiquei perplexo. Era mesmo... Era meu aniversário! Mas como ela poderia saber? Nem eu, que era o dono do aniversário, sabia! Vó Bella nunca fora de gastar um centavo que fosse com algo não planejado. Nada a deixava mais zangada do que uma bela surpresa. Acho que ela me fez acreditar que não adiantava comemorar o ciclo completo de um ano de vida, se não fosse com o que valia a pena. Como, por exemplo, ser independente no pensamento, não precisar da ajuda de ninguém e, sobretudo, não se envolver com ninguém. Segundo ela, a dor de uma perda pela separação era insuportavelmente destrutiva. E ela dizia isso com tamanha sabedoria, que sua convicção se tornou a minha. Pensar no meu aniversário me causou uma profunda tristeza. Infelizmente, Melissa não estava perto para tirar aquele emaranhado de minha cabeça. Pensando bem, ela não seria capaz de tal façanha, já que fora ela a causadora de tudo aquilo. Eu precisava de algo animador, mesmo que trágico. Torcia por isso e me sentia mal em pensar assim naquele momento. Mas aconteceu. O carro da polícia emitiu um alerta para um acidente com vítimas na ponte. "Suspeita-se que um homem esteja em situação de perigo. O acidente é grave e tem vítimas. Mandem reforços."

Um banho frio de águas antigas

Sou mero mortal.
Festejarei a morte após ter me fartado de vida.
Sou mero mortal. Sou completo.

Em casa, o chão estava tão encharcado que qualquer um pensaria que construíamos uma piscina. A ideia era ótima. Só achava que a piscina deveria ficar do lado de fora. Não queria nem imaginar tia Clô com sua cadeira de rodas perdendo o controle e caindo dentro da piscina ao se levantar da cama. Ela pesava quase 100 quilos, seria um desafio tirá-la de lá, isso sim.

Vó Bella tentava encontrar mais vasilhas para conter as goteiras infinitas do teto. O telefone tocava, mas ela temia atender. Poucas pessoas telefonavam para nossa casa e a que mais tinha ligado aqueles dias era o administrador do aluguel.

– Preciso de mais uma semana. Eu sei, são algumas pendências, mas estamos fazendo o possível.

Vó Bella falava ao telefone num tom solícito bastante incomum para sua figura. Talvez por isso ela odiasse atender aquela pessoa.

– Moramos aqui há quase 10 anos e sempre pagamos em dia – A cada pausa na conversa, vó Bella parecia menos disposta a fingir mesura.

– Aumentou? (Pausa.) Quanto mais ele quer pelo aluguel? (Pausa.) Não dá, nem temos como pagar o valor atual. (Pausa.) Se eu quero comprar esta casa? Mocinho, semana que vem eu acerto o que devo e nada a mais. Tenha um bom dia!

A distância entre a mesa do corredor, onde ficava o telefone, e o sofá era de uns cinco metros, ou seis passos. Mesmo assim, vó Bella parecia fazer questão que tia Clô ouvisse a conversa toda. Era como se antecipasse alguma coisa.

– Minhas pernas doem – reclamou tia Clô.

– Seus remédios! Passou da hora! – lembrou vó Bella.

Tia Clô segurava um livro cheio de anotações. Este parecia ter erros até na capa. Geralmente ela terminava um livro a cada 15 dias, dependendo do conteúdo e da quantidade de páginas. Porém já se foram 30 dias desde que ela começou a trabalhar neste mesmo livro. Ir à biblioteca deixou de ser uma rotina para mim. Vó Bella, que entendia muito bem de velhice, percebia as caretas constantes que tia Clô fazia ao esfolar a vista nas páginas. Notou também o estado de exaustão que tia Clô ficava quando balançava a cabeça de forma desordenada antes de pressionar nas pontas dos dedos a parte do nariz que se inicia entre as sobrancelhas. Suas suspeitas se confirmaram assim que viu tia Clô derrubar uma xícara de chá, que ela tanto apreciava, por não ter visto. A xícara estava no lugar de sempre, ao seu lado sobre a mesinha. Com o aumento das contas e a redução da renda, foi consenso diminuir os gastos gerais com energia elétrica, incluindo o uso de lâmpadas. Os tempos chuvosos deixavam a casa ainda mais escura. Fazer leitura forçando a visão daquele jeito poderia, quem sabe, trazer transtornos visuais a tia Clô. Vó Bella começou a se preocupar de verdade. Ela passou a acreditar que a decisão de reduzir o consumo de luz elétrica para cortar gastos não passou de um grande erro. Seria até bom se fosse apenas isso. Outras doenças da vista, como catarata ou glaucoma, trariam complicações para ambas. Afinal, ninguém queria ver tia Clô incapacitada de exercer uma atividade que a deixava tão animada. Tão viva. Não me lembro de tê-la visto de outro modo desde que começou a fazer isso. Na verdade, não me lembro quando ela começou a fazer isso.

Vó Bella entregou a tia Clô um pires com um copo de água e seis comprimidos de cores diferentes. Sempre achei um absurdo alguém tomar tanto remédio assim, mas tia Clô os engolia como uma criança devora gelatina. Parecia até gostar. E fazia tudo sem largar o livro.

– Se eu fosse paga para achar palavra errada neste livro daria para juntar um bom dinheiro, não acha?

Todos, inclusive tia Clô, imaginavam um jeito de aliviar a situação do aluguel. Esperando pelo retorno do copo quase vazio, vó Bella limpou a garganta como um pombo e, como quem aguarda um sinal antes de agir, puxou rapidamente o ar para os pulmões que até fez ruído.

– Andei vendo umas casas de repouso, sabe. Me surpreendi com algumas. Não que eu vá para um lugar desses, mas, se eu precisar um dia... – nunca foi do feitio de vó Bella fazer rodeios antes de deixar claro um assunto. Tia Clô sabia disso e se calou como estivesse se preparando para receber a palmada.

– Até pensei comigo, se eu fosse para uma casa de repouso, essa aqui não seria ruim – vó Bella terminou a frase erguendo o panfleto com a fotografia de uma bonita casa de campo.

– Você conhece alguma casa de repouso? – insistiu ela, apesar do silêncio repentino de tia Clô.

– Um asilo – espetou tia Clô, deixando o rodeio de lado.

– Não é asilo, não. É um lugar onde você, quer dizer, as pessoas moram. Eles têm profissionais lá para cuidar de quem precisa. E os moradores recebem visitas quase todos os dias – vó Bella parecia ter decorado o panfleto.

– Asilo. Não, obrigada. Não conheço nenhum e também não quero conhecer – tia Clô encerrou o assunto.

Vó Bella até fez clarear argumentos persuasivos em sua mente, porém resolveu abandoná-los. Talvez ela estivesse sendo precipitada e quem sabe até mesquinha. Além do mais, havia coisas a fazer.

Quase todos os móveis da casa eram elevados sobre tijolos, como eu já disse, amarrados sob os pés. Se a chuva tinha dificuldade de alcançá-los, as velhinhas também. Novamente vó Bella empurrava a escadinha de três degraus para perto da cadeira a fim de subir até a mesa. Semanalmente ela pegava suas economias e as contava antes de depositar no banco. Era a maneira mais prática de transformar parte do dinheiro da aposentadoria em parte do dinheiro para meus futuros estudos. Sentou-se ela à mesa, estalou e lambeu os dedos e começou a separação. O ruído do arrastar de moedas com a ponta dos dedos sobre o tampo de madeira deixaria qualquer um em transe. Faria os olhos encontrarem paz e as pálpebras iniciarem uma dança suave com o único intuito de se unirem. Já flagrei momentos em que vó Bella se irritava quando era obrigada a recomeçar a contagem por ter cochilado. Demorei a ver que não se tratava de um ritual de contar moedas. Era o jeito de se certificar de que estava tudo sob controle.

– Bella, eu estava pensando... – interrompeu tia Clô. – Josué é bastante forte para a idade dele. Muitos lugares precisam de meninos corpulentos e bem-dispostos.

– Não – respondeu vó Bella de forma ríspida para não desviar o pensamento da contagem.

– Pode ser um trabalho de meio período!

Vó Bella juntou todo o dinheiro e o colocou num envelope branco. Na parte externa do envelope, ela escreveu o destinatário à caneta. Nome completo e endereço, como se preparasse uma carta para ser enviado pelo correio. Pouco depois, ergueu o envelope até a altura da boca e carinhosamente lambeu toda a borda antes de lacrá-lo de uma vez. Não via segurança nisso, só algo nojento. Mas era ela quem carregaria o envelope e não eu.

– Josué está se dedicando aos estudos. A isso e aos treinos. Quero que ele cresça e fique forte como um touro – respondeu tardiamente vó Bella.

– Não parece difícil reformar esta casa... – disse tia Clô com sua infalível capacidade de desviar assuntos.

– Olha que nisso eu concordo! – rebateu vó Bella – eu mesma posso consertar. Depois peço ao dono um desconto no aluguel.

– Você quer consertar? Você não tem condições de fazer isso, Bella. Vai se machucar.

– Nada. Compro material mais barato. A gente faz bem parceladinho. Assim não fica caro a ponto de o dono não querer fazer as reformas.

Vó Bella ficou animada e, quando ela ficava assim, seu corpo tornava-se ágil, dinâmico, alegre. Ela apanhou a bolsa e um guarda-chuva, tudo num só golpe.

– Clotilde, já volto.

– Onde você vai?

– Ao banco.

– Com essa chuva toda, Bella?

– Tem que ser hoje. Amanhã o dinheiro pode não ser suficiente.

Tamanha euforia não pareceu lhe fazer bem. Antes mesmo de deixar o corredor, vó Bella sentiu tonturas e apoiou os braços na parede. Seus sentidos dividiram-se, e suas pernas tentaram desaparecer. Condenariam o corpo à iminente queda, não fosse a parede. A tontura permaneceu alguns segundos até que ela conseguisse identificar no chão o quadro que deixou cair da parede. Sua respiração, aos poucos, retornava ao estado normal e suas pernas bambas ganhavam força o suficiente para sustentar o resto do corpo novamente. Vó Bella suspeitava que algo não estava certo. Uma primeira vez poderia ser qualquer coisa, se não acontecesse mais. A terceira já determinava uma frequência e o destino final não poderia ser nada além do outro canto do sofá. O lado vazio, que agora parecia reservado a ela. Ainda trêmula, vó Bella deu uma leve espiada para saber se tia Clô a havia visto naquela condição. A força que ainda lhe restava nos braços a fez se distanciar da parede. O único pensamento que vó Bella conseguiu reter ao enxergar as pernas paralisadas de tia Clô foi sobre seu futuro sombrio. O que seria de tia Clô se suas pernas ficassem daquele jeito também? O que seria de ambas? Josué tinha que manter os estudos, nem que fosse necessário esquecer aquelas duas velhas que já viveram mais que o suficiente, pensava ela. As coisas, definitivamente, pareciam rebelar-se do curso estabelecido por ela. Num movimento quase natural, vó Bella deixou a cabeça pender com a gravidade e dirigiu a atenção para o quadro no chão. Era uma fotografia antiga, de quando ela era jovem, agora suportando o peso de pequenos triângulos de cacos de vidro estilhaçados. Havia ela afixado um broche de metal com algumas pedras de brilhante na parte da moldura de madeira. Não era nada extravagante, só pedras que vó Bella nunca soube identificar. Melhor assim. É mais fácil imaginar-se em posse de ametistas, diamantes, safiras, rubis, jades quando não se sabe que tipo de pedra tem. Do contrário seriam apenas pedras, sem apreço, sem espaço algum para a imaginação. Vó Bella não costumava ter este tipo de apego. Mas este broche trazia algo especialmente vivo em suas lembranças. Com o broche entre os dedos sua visão pareceu turvar-se novamente. Dessa vez, ela estava calma. Suas pernas fracas, que há pouco desencontraram o chão, firmaram-se em outro solo. Em 1972. Sempre achei estranho voltar no tempo com fotografias, tinha minhas ressalvas. Via as fotos de vó Bella ainda jovem e me desconcertava. Como poderia chamá-la de vó após ver aquilo? Seu rosto tão suave, seu corpo tão esguio e curvo. Se não fossem aquelas roupas estranhas, eu poderia facilmente confundi-la com alguma de minhas colegas da escola. E vó Bella seria a mais bonita. Mas não a conheci de outra forma a não ser como minha avó. Para mim, ela sempre será vó Bella e assim a chamava mesmo diante das fotos, mesmo sabendo que nesta época não tínhamos vínculo algum. Ao olhar a fotografia, eu vislumbrava um passado. E a relação que aquele passado tinha com o futuro, ou talvez com o presente, no qual eu estava no momento, era justamente o fato de ambos não terem uma ligação coerente. Algumas coisas precisavam ser esclarecidas. Para que os fatos fossem coesos, eu deveria ver uma foto comum de família, onde estariam os avós, os pais, os filhos e os netos. Não ali. Havia uma lacuna. Que tipo de família era formada por duas irmãs e um neto? Mas aquilo não me incomodava por muito tempo. Acostumei-me a ver as fotos do mesmo modo como via a jarra de porcelana no armário. Um enfeite. Lembranças de alguém. Não minhas. Fora tudo isso, aquela foto testemunhava outra discrepância notável. Vó Bella parecia feliz, o que tornava a foto ainda mais fictícia, tão distante quanto uma vida. Eu poderia dizer com certeza que aquela felicidade estampada em seu rosto havia se apagado para sempre em algum momento. Quem sabe a fotografia não ficasse ali exposta para que vó Bella recuperasse, de alguma forma, o segredo que a deixava feliz. Mas, como acontecia com as caixas de quinquilharias fechadas que ela guardava, com o tempo a foto tornou-se invisível. Mais para ela que para mim. Sendo necessário que o vidro fosse quebrado para que o espírito do passado ressurgisse.

E, como quando plugamos uma tomada na rede elétrica para fazer funcionar um aparelho, as imagens do passado revoavam pelo interior da cabeça de vó Bella e começaram a exibir o filme de sua vida. Ela junto ao marido Oscar conversando na parte aberta de um restaurante à beira-mar. A farda da marinha, que ele ostentava com orgulho fazia de vó Bella uma jovem tímida, mas segura. Oscar brincava com o guardanapo simulando uma fragata branca, que navegava sobre a mesa rumo ao vaso de flor. Ainda em curso, ele apanhou uma gérbera e a embarcou dentro do barco pequenino, cujo motor eram suas mãos. Curiosamente a gérbera é uma flor que precisa de clima seco para se desenvolver. Talvez em 1972 não chovesse tanto quanto agora. A florista disse que a gérbera pode ter cerca de 20 tonalidades de cores diferentes. Aquela manhã, vó Bella ganhou uma gérbera tão amarela quanto o sol. Oscar a colocou gentilmente sob as mechas de cabelos escuros de vó Bella que pareciam acender à luz do seu próprio pôr do sol. Vó Bella era puro deleite. Como se não bastasse, Oscar navegou ainda mais longe e tirou da fragata de guardanapos um broche de pedras brilhantes, fazendo vó Bella recolher a pupila dos olhos e consequentemente reluzir as marejadas íris castanho-amareladas. Após enlevado almoço, o apaixonado casal fazia uma caminhada tão apaziguadora, que poderia acabar com qualquer guerra. Chegaram a frente de uma casa com vista para o mar. Ele pediu a um rapaz que tirasse a foto e logo em seguida correu e puxou vó Bella gentilmente, embalando-a contra seu corpo. Oscar nunca pôde sequer imaginar que aquela fotografia se tornaria uma das únicas lembranças de sua real existência para mim. Nem ao menos passava por sua cabeça que um dia, ao quebrar acidentalmente o vidro que tão bem a protegera, a foto funcionaria como uma máquina do tempo, capaz de transportar vó Bella e a segurar dentro de um bolha protetora, mas que ao mesmo tempo a proibia de tocar o momento exato que ela queria preservar para sempre. Lá de longe, em sua própria órbita, ela podia contemplar também a minha existência. Minha pequena e confusa lua ao lado do seu gigantesco planeta de memórias, onde morava Oscar e toda sua juventude. Ela quase tinha o poder de escolher em qual deles queria ficar. Mas não conseguiu.

– Bella! Bella? – tia Clô a tirava do sonho do mesmo modo que Melissa fazia comigo.

– Que foi?

– Tá tudo bem? Ouvi um barulho.

– Tá tudo bem, sim. Foi só o vento. Acho que a chuva vai passar – vó Bella botava fim à conversa com um assunto ordinário antes de deixar a casa.

O estreito rio que cortava a cidade tinha água muito além do seu limite. Era como se o rio reclamasse posse de ruas e calçadas que dominava, dando-lhe maior poder enquanto apagava o chão. De estreito ele já não tinha nada. Quando acontecia, as pessoas tardavam a sair, esperando melhorar. O arrastar das pernas na água tornava a caminhada lenta e dolorida. Vó Bella navegava os pés carregando a bolsa como se fosse um apêndice frágil de seu corpo. Pelo modo como se reclinava sobre ela dava para ver que carregava algo importante. Afinal tratava-se do dinheiro do mês e não se deve dar sopa para o azar, como ela costumava dizer. Ao virar a esquina, vó Bella deu de cara com um homem de vestimentas escuras, usando um boné que cobria suas sobrancelhas e escurecia seus olhos, configurando nele um aspecto ameaçador. Temendo um assalto, vó Bella acelerou os passos e atravessou a rua. O homem cruzou seu caminho e continuou seu percurso, distanciando-se. Vez ou outra, ela ainda olhava para trás para ter certeza de que o tal sujeito não a seguia. O banco ficava há apenas três quarteirões nas costas de casa. De onde vó Bella estava, já era possível avistá-lo. Bastava uma corridinha e tudo estaria resolvido. Havia policiais movimentando-se à frente, indicando que o caminho era seguro. Era comum vó Bella fazer este mesmo trajeto todo mês para depositar dinheiro. Quando chovia daquele, jeito a cidade ficava sinistramente vazia. Vó Bella esperaria um pouco mais, mas ela temia que a chuva insistisse em cobrir seus horizontes durante o dia todo. Se o dinheiro não fosse depositado naquele mesmo dia, só o seria na segunda-feira. Poucos metros antes de chegar ao banco, vó Bella deparou-se com duas figuras ainda mais sinistras do que o homem que havia cruzado seu caminho. Duas enormes criaturas saídas de documentários de animais. Dois leões-marinhos estacionaram seus corpos enormes exatamente em sua frente. Vó Bella voltou a sentir o chão desaparecer e seu tronco fez leves balanços para os lados, mesmo porque os policiais haviam sumido de repente. Acreditar que os animais estivessem querendo seu dinheiro era no mínimo duvidoso. Então por que motivo aqueles bichos esperavam daquele jeito? Ela os viu se mexer, jurava que sim. E os movimentos desengonçados logo evoluíram para estranhas passadas em sua direção. Só então vó Bella entendeu o verdadeiro interesse dos leões-marinhos. Eles estavam na calçada e, coincidentemente, no lado oposto ao do rio. O que ela fazia bem no meio do caminho? Vó Bella tentou liberar a passagem a tempo, mas a água do chão segurou seus pés acostumados à firmeza e os pobres animais fugitivos chocaram-se contra ela e derrubaram-na. Em dias como aqueles, a água podia subir cerca de 20 centímetros do chão, o que tornava a recomposição bastante demorada. A roupa molhada abraçou seu corpo e endureceu suas juntas.

– A bolsa! Onde está? – havia real desespero em seus olhos.

Ela avistou a bolsa ao longe, com a alça presa ao corpo de um dos leões-marinhos, ondulando em razão dos pulos desengonçados, como se estivesse dizendo adeus. Não era adeus. Era um pedido de socorro, pensou vó Bella. Um sinal para que pudesse ser localizada. De súbito, ela pôs-se a correr, como se suas pernas fossem novas em folha, mas não eram. Corra, Forrest! Corra, Lola! Corram, pernas velhas! Afinal, era vó Bella quem respondia de imediato a pedidos de ajuda. Era ela quem tirava proveito de situações adversas. E foi ela quem quase alcançou os leões-marinhos antes dos policiais segundos antes que se lançassem ao rio e submergissem em fuga, juntamente com a bolsa. Era mesmo um adeus. As coisas já iam mal sem um desfalque daqueles, pensava Bella enquanto os policiais dispersavam-se em duplas. Nem queixa ela podia fazer. Se mal puderam conter dois animais indefesos, como recuperariam sua bolsa? Além do mais, nem roubo foi. Apenas um acidente infeliz. De repente, todos se foram. Só sobrou uma casca vazia envolvendo uma velha cansada. Olhar o rio raivoso só demonstrou o verdadeiro curso de sua vida. Não podia mais acompanhar nem com os olhos. Tudo o que prezava era engolido ao seu redor. Estava sendo arrastada para um lugar muito além de sua compreensão. De repente, algo brotou da água, isso ela pôde ver. Era sua bolsa. Os bichos subiram contra a torrente, assim, a bolsa desceu quando se soltou. Então vó Bella correu muito mais do que achava possível, até encontrar um cano de abastecimento. Ignorando qualquer alerta de perigo, ela subiu e caminhou sobre o cano de ferro, equilibrando o corpo para não cair nas águas famintas. A bolsa aproximava-se, mas não havia como alcançá-la. Às vezes, eu tinha a certeza de ter herdado seu dom de fazer burrices em momentos assim, mas que faziam sentido quando não se tinha nada a perder. Estava dentro de mim, não podia negar. Vinha aquela força que fazia o pensamento sumir e o corpo agir em questão de segundos. E era exatamente isso que ela queria suprimir de mim, dizendo que era perigoso e que eu poderia até morrer. Mas foi exatamente o que ela fez quando se pendurou de cabeça para baixo nas hastes de ferro, esticando o braço livre o máximo que pôde para alcançar a bolsa. Seu esforço extra lhe garantiu agarrar a alça com a ponta dos dedos. O sucesso total só dependia que vó Bella deixasse o cano em segurança. Mas ela não pensava nisso. Como eu disse, a burrice apagou os pensamentos para que o corpo fizesse seu trabalho. Já trêmulos, seus braços fraquejaram um pouco.

– É o dinheiro do mês! – pensou alto. Pensamento que despejou vigor em seu corpo e que este respondeu misteriosamente. No entanto, o mesmo não aconteceu com a bolsa. O fundo dilacerado deixou escapar tudo que havia dentro. Suas entranhas tornaram-se as do rio. O que vó Bella pensou ser força extra vindo do nada era apenas a diminuição do peso da bolsa. Por apenas um instante, tudo teria se restabelecido. E, por apenas um instante, ela bem que pensou em deixar seu corpo seguir o fluxo do rio. Escorregaria sem culpa. A forte gravidade do planeta de lembranças atrairia seu desejo. Ela poderia até alcançar o dinheiro, mas não teria importância. Foi por um breve momento. Tão breve que restou apenas vergonha. *Deixar meu neto numa situação dessas seria uma tremenda covardia*, pensou. Com certeza, ela pensou também em tia Clô doente, na casa caindo aos pedaços e nas contas que vinham crescendo a cada mês. Os motivos que quase a fizeram desejar ser levada foram os mesmos que a fizeram querer salvar-se, porém vistos de outro ângulo.

Um homem solto na ponte

A chuva deu uma trégua, talvez para que pudéssemos ter também um pouco de ar entrando pelas narinas. Mas tudo estava molhado. Consegui chegar até a ponte onde um homem enlouquecido lançava objetos na água. Havia um engarrafamento tão quilométrico que me alegrei por faltar dinheiro para o ônibus. De relance, vi o que causara o trânsito. Um homem parecia ter feito um carro capotar e bater num ônibus, criando um verdadeiro muro de proteção (que ironia!). Dessa forma, ele estava livre para fazer o que bem entendesse sem que ninguém se aproximasse demais. Havia mesmo pessoas feridas como anunciado no rádio da polícia. Comecei a agir. Meus pensamentos aquietaram-se e, depois, silenciaram. Meu coração e meus pulmões trabalhavam num outro ritmo, indescritível para mim naquele momento. Medo não era. Esgueirei-me por entre os carros, evitando o alcance da visão dos policiais. Forcei uma porta e entrei num carro tombado no acidente. O teto solar fez uma boa portinhola, garantindo acesso à janela de outro carro. Até então, tudo tranquilo. Avancei bem mais que a polícia. Avistei o homem lançando um computador no rio. Depois ele apanhou papéis, pastas, aparelhos diversos e jogou tudo rio abaixo. As folhas de papel fingiram cair, mas buscaram carona no vento e espalharam-se por toda a ponte. O homem tirou a roupa. As pessoas que assistiam gritaram quase que simultaneamente. Ficou clara sua intenção. Ele subiu na amurada da ponte e começou a dançar. Dançava como se fosse despedida da chuva que cessou. Dançava como se estivesse despedindo-se do mundo. Minha hora havia chegado. Cobri meu rosto com a máscara. Eu não era mais Josué fazia alguns minutos, eu não me sentia ele. Meu nome era *JetPunch*. Pisei sem querer na haste do câmbio automático antes de deixar o carro. Saí em direção ao homem numa velocidade estonteante. Ele vai pular. Não tenho certeza, mas ele vai pular, pensava o trajeto todo com um medo profundo de perdê-lo. O carro que deixei também se moveu. A pisada moveu a marcha do câmbio da posição neutra para a de movimento. O carro empurrava um outro veículo para o rio. Infelizmente, neste outro havia uma passageira. Eu nem notei. Só corri. A mulher gritava desesperada. Por sorte, ali estava agrupada a maioria de policiais e bombeiros mobilizados para este chamado. Faziam os resgates antes de se importarem com o homem. Não fosse isso eu estaria completamente arruinado quando o noticiário denunciasse uma tragédia na ponte causada por um mascarado. Se não existia um supervilão, eu me tornaria um. Mas a polícia e os bombeiros estavam lá. Sempre precisarei deles, mesmo depois que eu me tornasse um grande super-herói. Pensamentos fortuitos desviaram minha atenção. Mas as pernas do homem ainda dançavam. Abracei-as fortemente, certo de que o restante do seu corpo estaria também seguro. O impacto de nosso encontro empurrou o homem frágil para fora da ponte. Seu corpo pendia e, não fossem meus braços avantajados, não fosse vó Bella e todo seu empenho em me tornar forte como um touro aquele pobre homem estaria mergulhando a uma altura de 20 metros antes de ser engolido pelo rio furioso. Não era vó Bella. Era somente eu. Eu decidira agir, e tão somente eu me tornara *JetPunch*. Vó Bella (engoli seco) não tinha (engoli novamente) nada a ver com isso. Embora prisioneiro do meu corpo, acorrentado por meus braços, o homem gritava, debatia-se. Suas pernas pulsavam de uma forma estranha. Pareciam chicotear. Seu corpo era pesado e começava a deslizar como uma pedra de sabão enorme e molhada.

– Hoje você não vai cair – disse para mim e para ele com a voz presa na garganta, enquanto eu comprimia os olhos com a força das pálpebras.

– Sabe por que não? Porque hoje é meu ANIVERSÁRIO!

Libertei do peito o que eu segurava desde o ponto de ônibus. Os policiais forçaram uma passagem e correram na minha direção. Iriam estragar tudo. Fui tão longe para ser impedido de me tornar quem eu realmente era, um super-herói! Como última tentativa de salvar de vez aquela pobre alma, enchi os pulmões de todo o ar que podia inspirar. Apertei os braços a ponto de esmagar suas pernas. Segurei a respiração e o catapultei para cima. Mal pude enxergar o vulto que arqueava no céu, mas pude ver que o que caiu na ponte não era o homem que eu abraçava. Cambaleei a tempo de restaurar a visão e nada mais me impediu de ver um leão-marinho debatendo-se no asfalto. Olhei ao redor à procura do homem desaparecido. Muita gente aproximava-se também tentando entender. Os policiais cercavam o animal e faziam carrancas. Eles deram pequenos passos para reduzir o diâmetro do círculo buscando capturá-lo, mas só o assustaram ainda mais. O animal correu em direção ao rio, mas quem estava entre o rio e o leão-marinho apavorado? Ele chocou-se contra meu corpo e lançou-me fora da ponte, quase como para retribuir o favor. Consegui agarrar-me numa barra de ferro sob a estrutura. Lugar privilegiado para ver a criatura mergulhar como uma lança e nadar como ninguém para longe de todos. Acima, os policiais estenderam seus pescoços como hastes e encontraram-me.

– Preciso de ajuda! – chamei. Recebi, em troca, olhares acusativos. Eu não queria ser visto como *JetPunch* numa situação dessas. Não era bom para um super-herói. Quando eu era Josué, tudo bem. Até estava acostumado. Gostaria de reverter, mas minhas mãos estavam ocupadas e não pude tirar a máscara a tempo. Orgulhava-me de tê-la usado até há pouco. Agora era diferente.

Depois de vários sermões, os policiais levaram-me para casa. Viajei no banco de trás do carro onde tudo era tão silencioso que meus pensamentos alcançavam a velocidade da luz. Antes de chegar em casa, minha mente teria encontrado estrelas de cores ainda não vistas, nebulosas rodopiando, buracos negros famintos e até vida em planetas distantes que orbitariam sóis exatamente como o nosso. Leão-marinho? Retornei para a Terra quando estávamos já bem perto de casa. Imaginava a cara da vó Bella quando soubesse do leão-marinho. O cara transformou-se na minha frente! Mas, naquele instante, minha condição não era de impressionar. Eu estava sendo escoltado por policiais carrancudos. Vó Bella não iria gostar disso, com certeza. Ainda mais porque aqueles policiais tinham coisas a dizer sobre mim que eu afirmaria serem mentiras se não se tratasse da lei. Apesar das caras amarradas, os homens fardados até que eram legais, mas davam a entender nos sermões que eu não tinha idade para ir para a cadeia, mas que havia outras instituições em que menores de 18 anos cumpriam pena. Pena de quê? Sei que todo mundo diz isso, mas eu era inocente. E se isso é o que os culpados diziam, o que um inocente deveria dizer? Pois era exatamente o que eu precisava dizer naquele momento. Vó Bella atendeu a porta sem demora. Seu rosto resignado esperava o pior. Os policiais chamaram-na para conversar enquanto eu me refugiava na sala. Sentei-me na cadeira de rodas de tia Clô, já que ela ocupava o sofá. Parecia bem apropriado. Escutei vó Bella exaltar-se um pouco, o que me deixou nervoso.

– Tô ferrado – deixei escapar.

Tia Clô mal dava atenção. Ela esticava-se e passava a mão no cabelo, como se estivesse brincando de maquiagem. Não vi maquiagem alguma, então, só poderia ser algo de sua imaginação. Depois, contorceu-se, esforçando-se para enfiar a borda da blusa dentro da calça. Ao se virar, notei uma mancha desbotada em sua perna.

– Tia Clô, tem uma coisa aí atrás.

– Onde? Estou desarrumada? – respondeu ela, preocupada com outra coisa que eu não sabia o que era.

– Na sua perna, na parte de trás.

Tia Clô afastou a meia e ergueu a barra da calça de tecido mole.

– É uma tatuagem, uma bobeira – disse ela já escondendo a tatuagem como sempre fizera.

Para mim, não fazia o menor sentido, mas poderia dizer que aquilo me deixou eufórico. Tia Clô tinha uma tatuagem! Era incrível! Ela incomodou-se com o brilho intenso nos meus olhos e forçou-se a continuar.

– Digamos que eu tenha sido uma menina rebelde um dia – justificou.

– Se rebelou tatuando um coração?

– Parece coisa pouca, mas foi suficiente. Menina não podia fazer essas coisas naquela época.

– E quando descobriram?

– Tive um castigo que jamais vou esquecer. Mas mantive meus ideais – respondeu tia Clô, fazendo um mistério desnecessário.

– Ideais?

– Sim. Mostrei que eu era livre, portanto poderia fazer o que me desse na telha. Acho que exagerei um pouco, mas foi o que pude fazer na ocasião.

– Quem te castigou?

– Meu pai não aceitava esse tipo de coisa em casa. Nem no que eu estava me tornando. Ele queria que eu me casasse com o dono da padaria. Isso jamais – sua irreverência me fez rir. Mas só por um instante. Ouvi um bater de portas de carro. Foi um longo tempo de conversa com minha avó lá na cozinha. Eu poderia apostar que eles estavam agora mais preparados que nunca para enfrentar o crime lá fora. Vó Bella poderia ter ensinado técnicas de sobrevivência que eles nem imaginavam existir. Ela entrou na sala. Seu olhar me deu a certeza de que este não fora o assunto.

– Cadê os homens, Bella? Não acredito que você mandou os policiais embora sem me apresentar – disse tia Clô, um tanto ofendida, mas a tensão de olhares deixara surdos vó Bella e a mim.

Vó Bella parecia-se mais com um touro furioso do que eu pretendia ser, quando pensava no que ela dizia sobre ser forte como um touro. Ela ergueu a máscara. Lembrei-me. Fui obrigado a tirá-la do rosto e a entregá-la a um dos policiais.

– Peraí, vó! Aconteceu uma coisa... nossa... incrível hoje! – antecipei-me.

– Seus amigos da polícia me contaram tudo.

– Então! Era um homem que estava na ponte, querendo pular no rio... Eu peguei ele, e ele começou a se contorcer... – eu não conseguia encontrar um rumo para o que estava dizendo. Parecia fora de ordem. Mas era vó Bella que me intimidava com seu olhar refletor. Minhas palavras chocavam-se contra um campo de força ao seu redor e voltavam para o meu estômago.

– Tem algo a com isso? – disse ela mais uma vez erguendo a máscara.

Vó Bella não estava nem aí para o homem que virou leão-marinho, nem a fim de nada que eu pudesse dizer. Do mesmo modo que aquela máscara significava liberdade e independência para mim, para ela era um martírio. O resultado fracassado de tentar seu melhor. Não estava em jogo meu futuro, mas sim suas qualidades como treinadora. E ela não passava disso. Por mais que eu me esforçasse, não me lembrava de uma única vez em que ela me deu um abraço, ou me confortou. Um simples "parabéns" ou um "feliz aniversário" estavam fora de questão naquele relacionamento. Ela era apenas uma treinadora. Este pensamento durou cerca de 20 segundos, mas vó Bella não interrompeu. Ela esperou que cada visão e que cada névoa dissipasse-se por completo. Vó Bella parecia compartilhar tudo o que passava em minha mente. Eu precisava surpreendê-la.

– Vou manter meus ideais – repeti a frase de tia Clô como se fosse a salvação. Se bem que, no fundo eu me apeguei ao que ela representava.

– Ideais? De onde você tirou tanta estupidez? – ela ficou realmente irritada. Por mero reflexo, olhei rapidamente para tia Clô, que apenas virou o rosto para o outro lado, esquivando-se da situação.

– Só peço que seja mais responsável. Mas você se arrisca por aí como uma criança tola e inconsequente – vó Bella começou um desabafo amargo e ácido, que ardia do ouvido à compreensão. Calei-me completamente, tentando retribuir o compartilhar dos pensamentos dela. Com certeza não herdei essa habilidade.

– Você está atrasado para o treino – eis a sentença.

– Mas, vó, tá tudo molhado! E tem sujeira em todo o quintal! – reclamei por uma retaliação menos lamacenta, já que o quintal parecia um playground para porcos.

– E ainda não almocei – apelei erroneamente para seus instintos maternos.

– Já para o quintal – vó Bella fez até o vento se calar.

Seu braço esticado apontava para os fundos da casa e assim ficou. Eu sempre soube onde o quintal ficava, mas me recusei a questionar. Ao contrário de vó Bella, faltou-me força para juntar palavras e me defender melhor. Faltou-me coragem. Não. Definitivamente coragem não era o termo correto. Vó Bella mantinha a casa com a ajuda da aposentadoria de tia Clô, claro. Ela preocupava-se com meu futuro depositando dinheiro no banco que serviria apenas para meus estudos na faculdade e, se não fosse aquele treinamento maluco que ela criou, eu não teria a chance de me tornar um super-herói. Era bom ter isso guardado lá no fundo, quase abaixo do estômago e não na memória incerta. O que faria me rebelar não seria coragem, e sim, a saída dos fundos dela, onde a porta é estreita e baixa e a claridade é feita de réstia de luz. Outra coisa que vó Bella sabia muito bem era que, se eu almoçasse, não poderia fazer os exercícios. Mesmo tendo um superorganismo, meu corpo não seria capaz de juntar forças para digerir a comida e irrigar meus músculos com sangue ao mesmo tempo. Pensar em tudo isso me acalmou um pouco. Foi melhor que respirar fundo, que no fim acabei fazendo também.

Treinando para ser super

Comecei a fazer um alongamento obrigatório. Depois aqueci os músculos para que pudessem suportar tamanhos desafios físicos. Olhei ao redor já antecipando a ordem da maratona. Primeiro, correria em volta do quintal enlameado por cerca de 40 minutos. Depois, transporia os obstáculos fazendo meus pés saltitarem rapidamente entre os buracos dos pneus. Em terceiro lugar vinha a escalada na armação de madeira e cordas trançadas, esse era bem difícil. Em seguida, eu teria que me pendurar e me mover como macaco-aranha nas cordas suspensas e, por fim, me arrastaria no chão sob uma grade de arame. Espero que até chegar neste a água tenha baixado um pouco. Do contrário, vou ficar com metade do corpo submerso. O descanso final seria durante as séries de abdominais e flexão de braços. Comecei a correr com o corpo ainda endurecido. Mas sabia que lá pela décima volta haveria endorfina suficiente para me fazer sorrir com a exaustão. E torcia para que meu sistema endócrino a providenciasse logo, porque a lama tornou-se um problema. Escorregava algumas vezes e noutras sugava meus tênis velhos prendendo minhas pernas. Era mesmo um ótimo castigo.

– Hoje não devia ser o dia de folga dele? – mesmo com parte do corpo sobre o sofá, tia Clô conseguia me espreitar pela janela.

– Ontem foi o dia de folga desse menino. Ele precisa treinar. Precisa ficar forte. Forte como um homem de verdade para poder se virar quando... – vó Bella não conseguiu terminar a frase da forma como deveria. Soluçou, bufou e continuou. – Algo relevante está para acontecer qualquer dia destes. Esse menino tem que aprender a se virar – terminou, deixando o meio da frase na penumbra.

Justamente naquele minuto infortuno, vó Bella virou a cabeça para o quintal bem a tempo de me ver fazendo uma bela trapalhada. Irritei-me com um galho que devia ter caído da árvore por causa da chuva e do vento forte. Chutei-o com força, resmungando alguma coisa feia, mas prendi a perna numa forquilha e me desequilibrei. Foi uma queda das mais vergonhosas. Sorri, pensando em alguém vendo aquilo. Levei a mão às costas, momento em que avistei vó Bella me olhando de longe. A vergonha ficou ainda maior.

– Vó, acho que me machuquei – disse sem pensar, sabendo que já não tinha idade para os cuidados carinhosos dela.

– Ah, depois de terminar, limpe toda essa sujeira! – e veio outro castigo. Este era porque, diante dela, eu ainda não passava de um novilho.

O que mais eu queria? Ela não dizia, mas eu sabia que tanto uma como outra estava adoecendo. Logo me deixariam só. Vó Bella pretendia garantir que eu tivesse o suficiente e que eu cuidasse para que o pouco se transformasse em muito. Mas eu ainda estava longe disso. Longe dos planos de estudo dela. Como me senti mal por ter sido tão frágil naquele momento...

Minha roupa já não se prendia ao corpo. Estavam menos molhadas. Era pouco comum naqueles dias ver o asfalto da rua seco. Como também o era ver o sol brilhando tão baixo, a ponto de incendiar de tons ocre e laranja os galhos floridos de um ipê. Fazia parte de nossa rotina, contudo, os sons de sirenes. Havia ambulâncias e carros de polícia por toda parte. O caminhão de lixo passaria às nove da noite. Antes de amarrar o último saco de lixo para deixá-lo junto aos outros na calçada, encontrei dentro um papel rosa todo amassado e molhado. Era a carta da Melissa. Devia ter caído da mochila e agora parecia estar no lugar certo. Mas, por alguma razão, não consegui amarrar o saco com a carta lá dentro. Comecei a imaginar se a menina presa sob os óculos de Melissa não teria uma participação naquela carta. Senti-me uma besta ao pensar nisso. Encontrei também a prova, cuja nota o professor Mateus fez questão de ressaltar em sala de aula com tamanho sarcasmo. Como saíram da mochila assim? Lembrei-me de ter flagrado um rasgo entre o trilho do zíper e a costura que o mantém preso à mochila. Talvez por isso eu viesse perdendo coisas, mas logo estes dois papéis salvaram-se. Eu queria uma mochila nova, mas a minha ainda aguentaria alguns meses, segundo vó Bella. Lá de fora, avistei o interior da casa iluminado por uma luz incandescente. Embora as lâmpadas fluorescentes fossem mais econômicas – e eu já estava começando a ficar experiente nessa coisa de fazer economias – tia Clô vivia insistindo que o efeito estroboscópico a deixava com dores de cabeça quando fazia suas leituras. Lembro-me bem porque foi motivo de uma discussão acalorada no passado. E parecia estar acontecendo de novo, mas duvido que seja em razão do tipo de lâmpada. O corpo arqueado de vó Bella pendia para a frente com a cabeça enterrada entre os ombros, mais do que de costume, e o modo rígido com o qual ela gesticulava os braços fazia parecer uma briga séria. Antes de correr para dentro fiz uma pausa para colocar a prova e a carta, uma em cada bolso de trás da calça. Pulei a cerca assim que um dos vultos tombou ao chão. O corpo de vó Bella estirado no assoalho me deixou sem reação e quase soluçando. Ao lado, um copo fez água ensanguentar o chão e comprimidos salpicaram ao redor. Tia Clô lamentava alguma coisa que não entrava em meus ouvidos. Vó Bella estava respirando, isso eu pude sentir. Seus olhos, ainda fechados, pareciam procurar a saída e de repente encontraram, mas ficaram decepcionados. Ela olhou para mim com uma expressão cansada, cheia de mágoa e dor. Ou talvez eu tenha interpretado isso por nunca tê-la visto neste ângulo antes. Ajudei-a a se levantar e a coloquei no sofá, bem ao lado de tia Clô.

– Viu só? É o que dá – agora pude escutar tia Clô. Parecia ofendida com a discussão.

– Vó! Melhorou? Você está bem?

– Estou, sim. Me deixe. Eu posso me virar sozinha.

Vó Bella e tia Clô não se olhavam, embora, de tão perto uma da outra, faltava pouco para se abraçarem. Ironicamente, nenhuma delas poderia se mexer e sair andando. Talvez eu tenha feito de propósito. Não gostava quando discutiam assim. Levantei-me e fiquei em frente as duas meninas birrentas.

– Então... O que aconteceu? – indaguei como um investigador criminal.

– Essa sua vó! Ela quer me botar num asilo – tia Clô respondeu de forma rápida e cítrica.

– Me deixem em paz – exigiu vó Bella.

– E olha só, não sou só eu quem está com problemas nas pernas, viu? – tia Clô não podia ignorar o desmaio de vó Bella. Mas aquilo nem eu conseguiria engolir assim tão fácil.

– Que história é essa, vó?

– Que história é essa!? É castigo! – tia Clô atreveu-se a dar uma sentença.

– Não ficou claro? – retrucou vó Bella. – Não consigo mais cuidar dela. Tentei esconder, sabendo que hora ou outra não ia poder mais.

– Mas não precisa mandar ela para um asilo – isso me incomodou bastante.

– Daqui a pouco não vou poder cuidar nem de mim. E o que vai ser? – enquanto vó Bella falava, toda aquela expressão amarrada parecia esvaecer. Seus olhos ficaram maiores e difíceis de encarar.

– A gente dá um jeito, sei lá! – eu queria encontrar uma solução ali mesmo e que, num passe de mágica, tudo se resolvesse.

– Não temos dinheiro algum. Não tem como pagar o aluguel. A casa tá arruinada. Que jeito você tem para isso? – ela não quis falar do acidente com os leões-marinhos, talvez porque tivesse medo da minha reação ou porque não quisesse demonstrar que o erro foi dela.

– Eu posso arranjar um emprego... – esfregavam em nossas caras panfletos anunciando contratação imediata nas fábricas de caixas d'água, de ração e de ferragem – Na farmácia! Eles sempre precisam de gente lá.

– Isso não é problema seu – vó Bella tinha certo hábito desbastador de dizer "não" e, toda vez que ela dizia, era como se ficássemos menores e realmente não houvesse mesmo o que fazer.

– Como não é problema meu? Eu estou aqui, vó. Também faço parte (deste formigueiro) desta família – era tão difícil falar a palavra família quando se referia a nós.

– Eu também acho que ele pode trabalhar. Eu mesma comecei a trabalhar cedo – disse tia Clô. Vó Bella calou-se e olhou-me profundamente. Por um longo tempo, seus olhos viam em mim algo que nunca poderei enxergar. De repente, ela virou a cabeça para o lado, como se tivesse encontrado uma porta de saída.

– Estou cansada. Vou para o meu quarto.

Gostaria de ter também encontrado saída para aquilo, mas meus olhos pairaram sobre os comprimidos no chão. Recolhi um a um, na esperança que pudessem retroceder o tempo e devolvessem a vida que tínhamos até antes de tudo aquilo.

– Vou buscar outro copo d'água e já volto – envolto naquele clima inquebrantável, saí a passos de devoto frente à santidade, o que me causou um arrependimento amargo.

– O que é isso no seu bolso? – Fiquei literalmente gelado. Tudo aquilo acontecendo e agora era minha vez de ser pego e condenado. Nenhuma das opções agradaria vó Bella em nada. Se ela estivesse falando da carta de Melissa, me faria um sermão acompanhado de um castigo que não queria nem imaginar. Tinha florezinhas e coraçõezinhos na carta! Ela entenderia erroneamente que se tratava de uma carta de namorada. Só pensar nisso já era um suplício. Eu não estava a fim de passar a noite me exercitando lá fora. Até um super-herói precisa descansar de vez em quando. A outra opção seria ainda pior. Eu deveria estar me esforçando nos estudos para manter o curso que ela assiduamente desenhou para meu futuro. O resultado da prova revelaria meu fracasso diante do acordo e, dessa vez, seria realmente o fim. Havia uma terceira alternativa, mas em nada melhor que as anteriores. Os dois papéis poderiam ter sido deflagrados ao mesmo tempo. Já podia até ouvir sua voz tornando-se rouca de tanto falar que eu havia lançado fora meu futuro por causa de um namoro que não levaria a nada. As provas estavam ali. O problema seria sua reação. Eu não teria tempo de explicar. E ela não suportaria, pois acabou de se levantar de um desmaio. Outro a mataria de vez. Virei-me pronto para inventar uma mentira bastante convincente. Sei que seria difícil por causa do campo de força. Mas era tarde. Vó Bella já tinha o envelope rosado nas mãos. Menos mal. Sua expressão voltou a ser como a de costume, dura e fria como a de uma pedra de gelo.

– O que significa isso? – perguntou vó Bella pensando que me derreteria em confissões.

– Espera, vó. Eu ia te falar...

– Você sabe muito bem do seu compromisso de se dedicar apenas aos estudos e aos treinamentos. Isso e nada mais – foi mesmo muita sorte minha ela não ter visto o conteúdo do outro bolso. Não me viraria agora nem que surgisse um supervilão atrás de mim.

– Não quero saber de namoradinhas. Me escuta, meninas só atrapalham. - disse vó Bella usando seu "não" costumeiro.

– Ela não é minha namorada. É que hoje é meu aniversário e o pessoal da escola resolveu me dar um presente – de certa forma desabafei. Queria ver a reação dela após eu tocar no assunto do aniversário.

– Não vai trazer a moça para gente conhecer? – tia Clô adentrou aquele mundo particular e inoportuno dela.

– Claro que não! – antecipou vó Bella. – Já não disse que meninas só atrapalham?

Não entendia vó Bella dizer isso. Ela já não foi menina? E tia Clô também não? Sendo assim, elas só atrapalhavam quando eram meninas? Nunca fui de me desentender com vó Bella. Pelo menos não a ponto de me irritar. Mas nestas últimas semanas ela estava intragável. Juro que me segurei como pude para não dizer umas verdades. Claro que ela acabaria comigo, mas eu teria falado primeiro. Fui buscar água para tia Clô tomar seus remédios, caminhando meio de lado.

– Vou subir. Preciso descansar um pouco – àquela altura vó Bella sentiu-se confortável para se recolher. Ela tinha certeza de ter ganhado mais uma batalha. A guerra ainda estava por vir, pensei. Inadequado de minha parte, eu sei, já que o marido dela morreu indo para uma guerra. Talvez fosse essa a questão. Ela poderia estar certificando-se de abocanhar cada pequeno combate para obter melhor êxito no final e vencer por pontos em vez de nocaute. Fiquei com medo ao pensar que este êxito seria eu.

– Amanhã de tarde, o pessoal da casa de repouso vem fazer uma demonstração – vó Bella encerrou o assunto dando a última palavra, exatamente como de costume.

Voltei-me para tia Clô levando os comprimidos, o copo de água e um remorso terrível por ter sido incapaz de evitar aquele negócio do asilo. Desabei meu corpo na cadeira de rodas. Acho que estava me acostumando a ser mutilado.

– Me ajuda a ir para o meu quarto, filho? – rogou tia Clô com uma tristeza de dar dó.

– Claro!

Tia Clô era mesmo muito pesada. Ajudei-a no traslado do sofá para a cadeira de rodas poupando esforço, já imaginando levá-la da cadeira até a cama. Minha respiração ofegante tornou o silêncio constrangedor.

– Não se preocupa, tia... A gente vai dar um jeito.

– Já estou acostumada com isso, menino.

– Isso o quê?

– Você vai aprender que... às vezes acontecem coisas boas ou coisas ruins que nos colocam em um novo patamar para enxergarmos o mundo de um ângulo novo. É simples assim – eu quis até respirar fundo. Esse foi um verdadeiro momento inspirador.

E continuou ela:

– Depois tudo fica diferente.

– Diferente como?

– Apenas diferente. Desigual, fora de sintonia, irregular, especial.

Acho que não foi justo de minha parte, pois interpretei aquilo apenas como uma mensagem para minhas metas pessoais. Aquela ponta de egoísmo me deu um nó na garganta, mas eu tinha muito a desabafar, talvez mais do que tia Clô ou vó Bella.

– Mas e se esse dia não chegar? Só o que faço é estudar e fazer aqueles treinamentos da vó. Eu quero viver alguma coisa útil... alguma coisa grande – pareciam desejos dentro de um sonho quando a gente cochila. Tudo se acaba com o susto, logo que a cabeça despenca.

– Você é tão estranho! – disse tia Clô quase como se eu estivesse sendo aceito em seu grupo.

– Sabe o que eu queria mesmo, tia? Eu queria poder dar às pessoas uma chance...

– Chance de quê?

– Sei lá, uma chance de devolver a continuação de suas vidas, mesmo quando acontece alguma coisa ruim.

– Coisa ruim? –

Sei que a pergunta foi retórica, mas balancei a cabeça enquanto vencíamos o silêncio momentâneo.

– Nem você nem ninguém pode impedir que coisas boas e ruins aconteçam.

– Tem coisa ruim que se pode evitar, tipo aquele acidente de ontem. Alguém impediu que pessoas se machucassem ainda mais – falei tossindo sem querer.

– Ah, o cara do jornal.

– Você viu? – fingi surpresa.

– Hum... Sua vó também viu. E não gostou nadinha.

– Tá, e o cara que tentou pular da ponte... ele pulou, mas sobreviveu! Eu acho...

Não tinha parado ainda para pensar no que poderia ter acontecido com o leão-marinho depois que mergulhou da ponte. Envolvi-me tanto na conversa que nem percebi que já tinha deixado tia Clô na cama. Sentei-me novamente na cadeira de rodas e, dessa vez, até brinquei um pouco nela.

Escutei um som provocativo de "limpar a garganta" e parei a brincadeira. Tia Clô tinha mais surpresas. Ela estendeu um embrulho.

– Pegue. Feliz aniversário!

Meu corpo todo se empedrou na hora. Não consegui me mexer, o que fez tia Clô sacodir o embrulho. Com imenso esforço, rompi a casca dura, e meu braço esticou-se, ainda devagar, até apanhar o presente. Toquei nele com os dedos hesitantes e um medo estranho de possuí-lo definitivamente. Não pode ser meu, pensei. Mas era. Segurei o embrulho no ar, de modo que ninguém poderia dizer se eu estava recebendo ou entregando.

– Vai logo. Abre isso aí!

Fui acordado de 15 anos de clausura de uma vida de perguntas sem respostas. De certezas impostas e verdades castigadas. Pus tudo abaixo. Rasguei, destruindo o papel. O ruído que provoquei me felicitava ainda mais. Meus pelos arrepiavam-se numa cadência musical. O coração, no meio do embrulho dilacerado, era uma revista em quadrinhos da década de 1970. E como um transplante, retirei-a do corpo desfalecido de papel e a trouxe frente a meu peito. Era perfeita! Eu, uma criança. O herói na capa rodeado por manchas de fungo, mas era perfeita. Passei pelas folhas repicadas, que denunciavam como estivera guardada todo esse tempo sem grandes cuidados, mas era perfeita. Atrás do herói havia um vilão enorme e grotesco, disposto a destruir o mundo. Ela era realmente perfeita.

– Nem me lembrava de fazer aniversário – ainda não me sentia merecedor. Esperava o momento em que tia Clô diria: "Te peguei, era só uma brincadeira!".

– Ué. Que eu saiba todo mundo faz aniversário uma vez por ano.

Mas não. Tia Clô apenas tirou de mim uma risada esquisita.

– Você é um bom rapaz, menino. Faz algumas bobagens de vez em quando, mas eu sei que não é por mal. É por pura bondade. Seu dia ainda vai chegar, vai ver.

Como ela podia ser tão maternal assim sem ter tido um único filho? Folheei "minha" revista em quadrinhos e encontrei outras surpresas. Havia papeizinhos colados em diversas páginas que, na ingenuidade da primeira vista, julguei serem cartões com mensagens. Não passavam de anotações denunciando erros de escrita.

– Olha só... – comentei com um certo sarcasmo.

– Não tira. Eu não ia dar um presente cheio de erros.

– Não você.

– As pessoas precisam de histórias, Josué. Mesmo que imperfeitas.

– Se for imperfeita você corrige.

– E eu sirvo para outra coisa?

Rimos bastante. Esse foi, sem dúvida alguma, o melhor momento da minha vida. Vó Bella acompanhou parte de nossa conversa de longe, evitando ser vista. Ela parecia mesmo não querer participar de momentos assim.

Formigas expulsas de um formigueiro remexido

escuro sem lua? silêncio imaturo? velhas pocilgas:
vem-me o sono

sopros ventosos... dóceis lampejos... cordeiros rupestres... secreta assentida:
toma-me o sono...

latido estridente! ruídos ardentes! calor sufocante:
vai-se o sono

Aquela noite dormi plenamente. A dificuldade de pegar no sono não apareceu. Dessa forma, nada mais restava além de me deixar sucumbir. Os sonhos misturaram-se com imagens e sons que não pude desvendar. Acordei com ruídos de sirenes. Uma luz vermelha oscilava raivosamente nas paredes do meu quarto. Estava lá, pude sentir nos pelos arrepiados. Levantei-me atordoado tentando discernir os sons confusos, nunca antes ouvidos de onde eu estava. Pessoas falavam alto demais. Andei pelo corredor tateando as paredes, fazendo voltas em torno de mim mesmo. Avistei a porta escancarada do quarto de vó Bella. Ai, não! Seu lençol estava no chão junto com algumas roupas. Ao lado um copo de vidro e água esparramada. As gavetas do armário abertas. Corri para a sala o mais rápido que pude e dei de cara com homens ensacados com roupas amarelas e máscara sobre o rosto. Eram paramédicos ou infectologistas (devo ter lido isso em algum lugar) carregando alguém na maca.

– Vó! vó! – eu gritava sem cessar, como se não soubesse mais dizer outra palavra. Empurrei, forcei os braços, mas fui jogado para trás por policiais mascarados. – Vó! Vó! Vó... – forcei um pouco mais, desvencilhando-me. Não falei que tinha força sobre-humana? Venci dois, depois cinco policiais para... ao menos puxar o lençol que cobria o corpo.

– Vó?

Não era vó Bella. E também não era tia Clô. Era um enorme leão-marinho. Os policiais seguraram-me e, não fosse minha vó surgir ao lado, eu teria levado a cacetada que raspou nas pernas. Levantei-me e vi algo que me acendeu a dica. Uma mancha na nadadeira do pobre animal. Meu cérebro remontou a imagem em camadas finas: rebeldia inocente de uma transgressora, de acordo com a profundidade de entendimento de um pai intolerante. A imagem manchada e desmanchada de um diabo coração.

– Tia Clô... – exalei eu com o restolho de ar dos pulmões.

Os policiais estenderam a fita com cores amarela e preta seccionadas frente à nossa casa.

– Estão proibidos de sair sob regime de quarentena até última ordem – disseram friamente.

– O que vão fazer com ela? Colocar numa jaula? – perguntei.

– Vão levá-la para o hospital – disse vó Bella com uma voz que, de tão suave, fez-me notar que não era um sonho. – Os médicos estão testando novas vacinas – repetiu o que devia ter ouvido dos paramédicos.

Houve um momento de silêncio que durou até o dia clarear. Se não era sonho, nada daquilo também parecia real. Para ser honesto, nem a noite anterior, quando tia Clô deu-me o presente de aniversário devia ter acontecido de verdade. Vó Bella caminhou até o quarto de tia Clô e ligou o aparelho de TV de 12 polegadas que tia Clô deixava dentro do guarda-roupas. Como era pouco usada, a TV funcionava a seu próprio jeito. Mesmo assim, vó Bella sintonizou um noticiário. Pegamos a notícia pelo meio, mas as imagens mostravam pessoas protestando nas ruas e saqueando lojas. Parecíamos ter estado longe daquele mundo da TV até então. E tudo acontecia ali, a poucos metros fora de nossa porta. A imagem cortou para a repórter, tentando trazer realidade àquelas cenas de ficção. Ficamos em total silêncio.

– Hoje, a doença conhecida como gripe da foca fez sua primeira vítima fatal. Uma mulher hospitalizada não resistiu e morreu esta madrugada. Os médicos parecem ainda não ter encontrado uma explicação para a doença que atinge um número cada vez maior de pessoas. Temendo o pior, parentes e amigos das vítimas acampam frente aos hospitais. Centenas de manifestantes vão às ruas para cobrar uma atitude mais eficaz dos governantes, que apenas pedem calma. O ministro da saúde se pronunciou, agora mais povo do que político, vestido de falações já digeridas as quais ninguém tem dado ouvidos, segundo analistas. O descontrole na situação provocou sua queda. Foi decretado estado de calamidade pública pelo governador, outro político a temer o cargo. A polícia está em alerta por causa da onda de violência que já atinge quase toda a cidade de São Paulo. Foram registradas diversas ocorrências em razão dos saques e vandalismo. Contudo a doença parece ter atingido apenas o município de São Paulo, o que tem levado muitas pessoas a tentar deixar a capital do estado para buscar refúgio nas cidades vizinhas. Apesar disso, a orientação do governo é que ninguém saia de casa. Muitas estradas estão bloqueadas e cidades vizinhas estão impedindo que pessoas oriundas da cidade de São Paulo adentrem os municípios.

Vó Bella desligou a TV. Ela nem tirara os dedos do botão. Por um instante, minha visão ficou turva. Tive dificuldades para alternar os cenários. Se o que passou na TV fosse mesmo real, nossa vida poderia ser uma ficção e vice-versa. Um palco caótico havia se instaurado e este já tinha sido remendado de novas regras para tapar buracos escondidos. Parte das exigências era um desaforo, uma afronta ao bom senso. Mas vó Bella as aprovava, talvez esperando restabelecer a ordem. Num dia era proibido estacionar em determinadas ruas, no outro, qualquer tipo de circulação, comprar pão e leite tinha restrições de quantidade, e logo viria o toque de recolher. Ouvíamos falar do exército nas ruas, mas era meio cedo para uma intervenção dessas.

– Arruma suas coisas que nós vamos embora – disse vó Bella, estancando a paz que ela mesma havia me dosado a pouco.

– Espera, vó. Aonde você quer ir?

Como se um segundo durasse horas, vó Bella caminhou mansamente até o corredor. Ela apanhou o mesmo quadro com o vidro quebrado que transportava seus olhos para seu interior infinito.

– Para casa. Vamos para casa.

– Aqui é nossa casa! – cheguei a gritar.

Seus olhos escaparam do quadro por uma saída diferente dessa vez. Viajaram em redor. Faziam reconhecimento da casa antes de, finalmente, parar na porta. Aqueles olhos cansados foram capazes de vislumbrar chegada e saída exatamente ao mesmo tempo.

– Você era quase um bebê quando entramos por aquela porta.

– O quê? Espera aí, que já está tudo muito confuso. Hoje eu vou pirar!

Meu tom de voz e as palavras que vinham à tona previam isso. Mas era verdade. Lampejos em minha memória trouxeram imagens distantes de quando morávamos apenas vó Bella e eu na mesma casa. Sabia disso porque me lembrei de ficar horas olhando o mar pela janela. Talvez eu tenha esquecido porque raramente pisava na areia. Vó Bella sempre fora muito cuidadosa comigo e, já que ela nem sempre podia me levar até a praia, nunca me deixava ir sozinho. Quando tia Clotilde ficou doente, vó Bella achou melhor ficar mais perto dela. Dessa forma, poderia cuidar de nós dois. Era da natureza dela estar à frente das pessoas, desde que fosse para ajudar. Mas eu sei que o agravante foi a ausência do marido. O real motivo de nossa mudança. Morreu o dono da casa; vó Bella foi praticar memórias, viver o repassado onde foi possível. A casa ficou viúva.

– Não vê? Não temos mais como pagar por esta casa velha. Não para de chover, as pessoas estão enlouquecendo e agora tem essa doença espalhando-se por aqui! Logo a gente pega e pronto. Acaba tudo.

Ficamos em silêncio. Cada um em busca do seu melhor argumento para vencer o duelo que se levantava. A vantagem estava sempre com ela e dessa vez eu não podia perder. Tinha muita coisa em risco.

– A velhice faz isso. Deixa lembranças e um monte de buracos que ninguém pode consertar. Ao menos me resta nossa casa na praia. Minha e do Oscar.

– Você ainda tem aquela casa?

– Minha e do Oscar – repetiu ela, como se Oscar a esperasse.

– Pronto! Então vende ela! Assim não precisamos sair daqui – me arrisquei falando daquele jeito, mas foi o melhor que eu consegui.

– Nunca mais diga uma coisa dessas! – De forma a causar estranhamento, vó Bella não se irritou mais do que o habitual.

– E tia Clô? Vai deixar ela no hospital pra sempre? Já pensou nisso? – provoquei um pouco mais.

– Voltamos para buscar Clotilde quando ela estiver boa.

– O policial disse que a gente não pode sair daqui, lembra? Eu não quero ir para lugar nenhum, vó. A gente fica aqui e eu arrumo um emprego – não estava funcionando.

– Sem chance. Não vê que não temos escolha? Não leve o que não for necessário. O carro é pequeno e não vai caber muito – nunca a ví lançar tanto "não" para me atingir antes. Virei novamente uma pedra, mas, dessa vez, tornei-me pesado como uma montanha.

– Não.

– Não o quê?

– Eu tenho escolha. Não vou. Me viro por aqui. – aquela fala só deve ter saído graças a algum tipo de desentupidor de vozes reprimidas.

– Você NÃO está pronto para se virar sozinho. NÃO passa de um menino fraco.

Eu sabia exatamente o que ela queria dizer com menino fraco. Não era sobre meu porte físico ou sobre minhas poucas habilidades. Ela falava num sentido mais íntimo, quase invisível, mas que obtém um efeito devastador. Significava que minhas escolhas eram fracas, minhas atitudes também eram fracas, meus medos sempre foram fracos. Foi isso que ela quis dizer e foi o que ela disse. Sendo assim eu era incapaz de viver sem ela, a pessoa mais forte que já conheci. Eu era apenas uma pequena lua eclipsada, orbitando aquele planeta colossal. Vó Bella deveria ter ido para aquela guerra, não seu marido. Tenho certeza de que ela teria voltado coberta de medalhas sobre toda a farda. Porém eu buscava um espaço entre as águas para respirar havia muito tempo. Havia me acostumado a prender a respiração o quanto mais pudesse a fim de encontrar um buraco no gelo, que normalmente dava para meu quarto ou para a rua.

– Eu não sou fraco – fiz meu próprio buraco na montanha gelada, destroçando-a em mil pedacinhos. Escolhi meu quarto e saí com um andar marchante.

– Vá... vá para seu quarto... Arrume suas... suas coisas... e durma. Isso mesmo, durma. Vamos sair bem cedo.

Ouvi sua voz fraquejar e dissipar-se. Nenhum som de "não" dessa vez. O impacto daquela quebradeira de gelo deixou vó Bella no meio de um labirinto de pedras pontiagudas e incertas. Ela apoiou-se no balcão. Sua mente foi invadida por fantasmas de caminhões, jipes e helicópteros. Soldados eram levados aos milhares para longe dos rostos conhecidos. Uma marcha saía de todos os cantos da casa. Passava por vó Bella como se ela fosse um empecilho obrigatório plantado no caminho. Oscar aproximou-se, vestindo sua farda branca cintilante. Ele fez cair entre os dedos trêmulos de vó Bella o broche de pedras sem nome e depois seguiu a diante. Desci as escadas e avistei vó Bella alucinando. Aproximei-me e ela segurou meu braço, apertando até doer.

– Não pode ir. Por favor, fique escondido. Eu tenho que cuidar de você.

Olhei friamente em seus olhos e, quando tive certeza de que ela não apenas me olhava, e sim me via por inteiro, contemplava-me como a pessoa que eu podia ser, vesti a máscara num gesto gracioso, livre, enlouquecido.

– Algo relevante está acontecendo, você não percebeu? – devolvi a frase que era dela, deixando ambas sozinhas. Vó Bella ficou no chão lamentando-se, sem nem ao menos tentar reerguer-se. Não tive remorso. Não mais.

Qual força estupenda move os loucos?

Poderia emprestá-la, domá-la, convertê-la?

Destruir com ela minha sanidade?

Corri para as ruas mais movimentadas da cidade. Não queria ficar sozinho de novo. Avistei fogos pululando baixo e os ruídos que os seguiram soaram como trovões. Não chovia desde ontem e, vendo a multidão enlouquecida daquele jeito, cheguei a desejar uma tempestade. Duvido que aquele tumulto pipocasse debaixo de chuva, com as almas molhadas. Mas o fervilhar de gente evocava perigo e, de súbito, comecei a identificar situações particulares. Logo de início me deparei com um homem preso entre uma mureta de ferro e uma árvore. Apalpei meu rosto, estava de máscara. Meu coração tamborilava. As batidas ecoavam. Meus pensamentos falharam. Agarrei o braço do homem e o puxei. O que há, senhor? Pensei. Ele não queria sair. Não sem levar um aparelho de TV... roubado? Abraçou o aparelho como se fosse sua vida.

– Agora, sim. Me ajude aqui – disse ele.

– Nem pensar. O senhor devia se envergonhar de estar roubando! – não sei se plagiei esta frase de vó Bella ou de algum super-herói careta, mas ela serviu para desviar minha atenção. Logo adiante uma mulher estava em perigo. Tentei ajudá-la a descer de um muro bastante alto. Ela parecia estar fugindo de algo.

– Tem alguém perseguindo a senhora? – perguntei. Ela me agrediu. Pegou na bolsa algo que se parecia com spray de pimenta. Saí correndo como um cachorro perdido e traído pelo dono. Olhei ao redor. Pessoas carregando coisas das lojas. Vidros quebrados, portas de ferro destroçadas, pedaços de eletrodomésticos destruídos, ônibus incendiados. Este formigueiro era imensamente maior. Mas, que eu saiba, formigas trabalham juntas. Estas pessoas brigavam e roubavam umas às outras. Estava confuso. Era impossível distinguir vilão de vítima. Então percebi que não havia vítimas. Nem pessoas querendo ser salvas. Senti pela primeira vez um gosto amargo descendo por minha boca e percorrendo minhas entranhas. Tão obscura quanto aquela noite tornava-se minha certeza de que o mundo precisava de um super-herói. Não havia motivos para me mexer. Senti um peso no rosto. A máscara não passava de um pedaço de pano mal costurado aquecendo minha face. Uns caras suspeitos juntaram-se vindo em minha direção. Como armas, empunhavam pedaços de pau, garrafas e correntes. Como pretexto, a sede de vingança contra um medo invisível. Sentia-me confuso demais para enfrentá-los. Corri adentrando o parque. Naquele mesmo dia, eu havia fugido de tudo, e dentre o tudo meus ideais.

Quando eu acordar me solta, me deixa cair ao chão.

Quando eu dormir me abraça até eu desvanecer.

Amanhecia. Um dos relógios despertadores de vó Bella soou extraindo-a lentamente do sonho com metralhadoras e bombas, até ela acordar completamente. Era um sonho recorrente. Curioso foi que seu marido nem esteve no campo de batalha. Adoeceu ainda em voo. Tia Clô me contou que, assim que Oscar adentrou o veículo para a base aérea, vó Bella pregou os olhos na TV. Ela via as notícias da guerra com bastante preocupação. Quando o telefone tocou para informar sobre o trágico incidente que tirou a vida do marido, vó Bella ainda assistia os bombardeios no noticiário. A memória retida daquele exato momento ímpar era a imagem da tela de TV. Uma fotografia permanente de um fato inverossímil.

Três ou quatro piscadelas demoradas liberaram as pálpebras coladas por remelas secas. Não havia pressa em se lavar. Ela não sequestraria o jornal. Não faria café para três, pois, se fizesse, seria por forças involuntárias. Sem o pesado fardo de ter que cuidar de tia Clô e do meu desaforo, típico de adolescente rebelado, vó Bella teria se divertido se encarasse aquilo como merecidas férias. Mas não era assim que ela entendia as coisas. Talvez por isso tenha acordado e permanecido deitada no sofá, onde tia Clô passava a maior parte do tempo. Num exame rápido poderia supor que coragem, ânimo, ímpeto e dedicação significavam conceitos que abandonaram a casa tão rápido quanto tia Clô e eu. Já que afeto, carinho e conforto nunca entraram pela porta da frente. Vó Bella parecia ao menos remoer a ideia de que os ingredientes estavam trocados ou com a medida errada.

    A pressão de sua mão cerrada fez doer o braço todo. Relaxou o punho e soltou os dedos que se esqueceram de segurar o broche. Caiu de sua mão e deslizou para baixo do sofá. Isso ela não podia perder. Vó Bella agachou-se para reavê-lo, mas seus olhos encontraram algo mais. *A carta rosa de Josué*, pensou ela. Colado à carta havia um pedaço de papel de cor amarela pálida, que juntou sujeira e fios de cabelos na parte aderente. Era uma das anotações de tia Clô. Vó Bella achou graça quando viu que tia Clô corrigiu um erro com outro erro e depois corrigiu a si mesma. Seus olhos iluminaram-se. O dia estava nublado, e com boas possibilidades de chuva. Dois dias sem chover em fevereiro poderia significar um milagre. Dava para fazer muita coisa quando não chovia. Ela levantou-se, esticou as costas e escolheu arrumar as malas.

*

    Os leões-marinhos capturados eram imediatamente levados para os hospitais mais próximos. Lá eram confinados a um tipo de leito que mais parecia caixa d'água. Ficavam horas com os corpos submersos, amarrados com cintas de couro e fivelas de alumínio, isso quando vinham de famílias poderosas e com dinheiro. Do contrário, dividiam uma caixa d'água com mais dois ou três. Estes eram amarrados com cordas, panos enrolados ou o que custasse pouco e pudesse contê-los. A rotina de entrada nos hospitais passou a ser de ambulâncias com doentes recebidos num dos portões e carregadores esvaziando caminhões com caixas d'água no outro. O controle de trânsito teve que liberar os corredores de ônibus para que os caminhões chegassem a tempo com as banheiras improvisadas. Já as ambulâncias podiam trafegar como bem entendessem. Diversas vezes vi algumas na contramão. Não fazia ideia de como convenceram os dirigentes a recolherem nos hospitais o que não era mais pessoa, e sim um animal estranho. Não seria melhor deixá-los em hospitais veterinários? Será que órgãos humanos resistiam dentro dos couros dos leões-marinhos? Num dos jornais que vó Bella arrestou do vizinho, especialistas entrevistados afirmaram não sobrar resíduo algum da personalidade original das pessoas infectadas nos animais. Era como se a pessoa convertesse-se por inteiro. E, pelo que se soube até então, nenhum leão-marinho tinha voltado à humanidade de novo. Mas eles precisavam seguir para algum lugar. E como não eram apenas pessoas pobres que adoeciam, poderosos influenciaram na decisão de liberar os hospitais para tratamento. Era esse o motivo de haver tantas ambulâncias pela cidade. Os policiais ajudavam na captura, já que leões-marinhos poderiam ser agressivos com pessoas. Acho que todos tinham um pouco de medo, mas ninguém ouviu falar de qualquer caso de ataque de leão-marinho. Que eu soubesse eles corriam para a água quando ameaçados. Por mim, poderiam deixá-los soltos por aí. Mas talvez ninguém quisesse que um leão-marinho da família fosse caçado e morto para virar casaco.

De falta de emprego ninguém reclamava. As fábricas de caixas d'água estavam a todo vapor e muitos motoristas foram contratados, tanto para as ambulâncias quanto para os caminhões de entrega. Outro ramo em pleno desenvolvimento era o que projetava meios de aproveitamento da água da chuva, abundante na época. Para encher as caixas d'água, bastava um mecanismo desses. Quem projetava e construía as geringonças ganhava uma boa grana. Contudo aprendi que não há limites para a ambição humana, já que a doença da foca curou parte da doença do desemprego.

*

Encontrei um lugar perfeito para passar a noite e talvez boa parte do dia, se precisasse. As constantes chuvas tornaram o parquinho um lugar abandonado. Mato e limo ganhavam espaço por entre as correntes, madeiras e ferros. Curioso pensar que o que era destinado a divertir crianças tornara-se um abrigo de refugiados. Acredito que aquele trenzinho de concreto tenha sido moradia de um mendigo por causa do cheiro. Dentro era escuro e até assustador. Não entendia como as crianças tinham coragem de entrar ali. Mas eu não queria sair. Não enquanto o mundo lá fora não voltasse a ser como antes, o lugar onde eu me tornaria adulto – essa palavra entalava em minha garganta de vez em quando. Melhorando, o lugar onde eu teria espaço suficiente para encontrar quem eu era de verdade. Se meu mundo tinha mudado ontem, não podia dizer que estava gostando de enxergá-lo deste novo ângulo.

A partida

> *Escavei o que me foi dado*
> *Nem uma fécula, as mãos desnudas*
> *Desterrei a cova moribunda*
> *Escura e gélida, alcova maltratada*

Era apenas de vó Bella a escolha de partir ou não. Eu havia deixado clara minha posição em relação àquela mudança para a praia. Então não tinha por que ela insistir nisso. No entanto, vó Bella me encontrou. Usou sua potente visão para discernir meu tênis desgastado da areia suja. Não sei quanto tempo ela ficou lá esperando que eu a visse frente à praça, mais perto do carro do que de mim. Suas mãos massageavam uma a outra. O que ela queria? Ajeitei-me e me sentei melhor. Não queria que ela fosse, mas também não queria que viesse. Não ainda. E ela correspondia parecendo novamente ler meus pensamentos. Ficava difícil pensar, mas eu queria estar no controle. Quando me senti preparado levantei meu corpo reticente e me apoiei na parte externa do trenzinho de concreto. Ela aproximou-se e fez o mesmo. Nossas poses eram semelhantes. Tanto que a imaginei sendo um reflexo meu no espelho.

– Olha, menino... – suas palavras não saíam. Ficamos em silêncio por vários minutos. Comecei a gostar. Só não entendia porque ela insistia em me chamar de menino. Uma noite fora de casa e ela não mais lembrava meu nome, ou quem sabe só o usava em pensamentos.

– Aqui que você dormiu? – perguntou, desviando a prudência para o lado. Respondi que sim com a cabeça, sem delongas. Ela ficou nervosa e trêmula. Entendi que foi porque avistou policiais. Sua mão alcançou a minha e segurou fortemente. Vó Bella puxou-me, como se eu fosse uma criança birrenta.

– Espera! – reclamei. Eu era mesmo uma criança das mais birrentas.

– Entra logo no carro – insistiu ela, ao que lancei meus cotovelos para o ar parando o tempo momentaneamente.

– O que aconteceu com minha mãe? – Caramba, e eu acreditando que tinha tudo sob controle. De onde veio isso?

– Sua... mãe... – ela nem respondeu nem perguntou. Eu a surpreendera tanto quanto a mim mesmo.

Os policiais rondavam por perto e, não fosse o repentino silêncio entre nós dois, eu interpretaria qualquer tentativa de explicação dela como falsa. Fazer uma consulta interna profunda leva tempo. Eu só me contentaria se o silêncio prolongasse-se a ponto de eu querer interrompê-lo. E acredito que ninguém sairia dali satisfeito. Não antes que ela despejasse fora uma porção de vísceras feitas de memórias arraigadas daquela alma dura. Seus olhos queriam correr; sua mente, não. *Touché*.

– Ela era tão nova... – quando ela começou, seus olhos já não eram os seus. O conjunto de sustentação que mantinha seu rosto enrijecido soltouse. Ela parecia enxergar tudo o que dizia. Havia um filme sendo exibido entre nós dois que eu ainda não podia ver.

– Ana vivia doente. Tinha que levá-la para o hospital andando. Ela não gostava de andar de carro nem de ônibus – vó Bella esboçou um leve sorriso trêmulo. – Foi assim até ela crescer.

Uma longa piscada transportou seu olhar para adiante.

– Mas ela era uma menina sorridente, feliz por qualquer coisinha. Seu rosto iluminava-se até quando se machucava. Eu preocupada e ela sorrindo.

De repente, comecei a compartilhar o filme. Eu já não mais a observava com passividade.

– Ela continuou doente e vivia dizendo que queria sair pelo mar. Viajar de barco, de jangada, de qualquer coisa. Um dia a gente foi numa consulta e o médico disse que ela não podia viajar assim. "Por que não vai de ônibus?", ele perguntou brincando. Ela não falou mais nada do mar e o sorriso sumiu de seu rostinho. Ana tinha sete anos e nunca mais a vi sorrir de novo.

– Ela era doente? Não tinha cura?

– Era anemia no começo. Os médicos só a mandavam comer carne vermelha e repor o ferro do organismo com remédios. Mas só piorava. Procuramos um médico conhecido que descobriu que era mesmo anemia, mas de um tipo autoimune. Anemia hemolítica. Era esse o nome. Ana mudou. Não sei se foi a doença, acho que não. Ela nem era maior de idade ainda quando passou a sair, a beber. Depois vieram as drogas e os homens que apareciam em casa para roubar. Um dia, eu disse para ela não voltar, mas fui atrás dela naqueles becos sujos. Entrei numa casa que nunca imaginei que existisse. Parei do lado de fora e chorei muito antes de entrar. Encontrei a pobrezinha num estado deplorável, irreconhecível. Achava que a culpa era minha. Fiz ela tratar-se. Eu queria que ela enxergasse pra fora da doença, mas no fundo eu mesmo sabia que não tinha como escapar. Parecia uma bolha cheia de resistência para quem quer apenas viver, apenas ficar velho... Eu não estava preparada pra aquilo. Nem ela e nem eu. Depois do tratamento Ana melhorou por dentro. Por fora, ficou mais magra. O cabelo caiu. Ficou pálida. Mesmo assim, achou um moço. Continuava não sorrindo, nem para ele, mas notei como ela estava animada e...

Vó Bella fez um bico e suspendeu-o no tempo até que as imagens voltassem a se tornar palavras outra vez.

– Ela engravidou. No quarto mês, o moço sumiu. No fim, só ficou você. Sua mãe não aguentou mais. Não foi o parto, nem pense em se sentir culpado.

Era justamente o que eu começava a pensar e ela sabia. Sua audaciosa invasão de mente já não me surpreendia mais.

– Percebi que foi tudo, tudo que tinha na bolha dela. A doença, as drogas, os relacionamentos, a angústia da espera e o amanhã. Seu nascimento foi o que restou de bom para ela. Dava para ver em seus olhos. Mas assim que ela te entregou nos meus braços, eu soube que era para sempre. Prometi que ia cuidar de você, que ia te deixar forte – vó Bella deu uma guinada no ar, alterando subitamente de uma expressão austera para aquela que conheço muito bem.

– E não vou falhar. Agora entra no carro, menino.

Depois daquilo tudo ela ainda me rebaixou novamente para "menino". Acho que foi para eu não chorar. Mas era tarde. Meus olhos marejados expunham minha dor, ou apenas minha condição de sobra, de resto. Eu queria estar lá. Se estivesse, salvaria minha mãe – que estupidez imaginar algo tão impossível. Vó Bella puxou-me pelo braço, mas peguei-a pelas mãos e a abracei. Eu a apertava e parecia estar abraçando um tapete pesado e molhado estendido no varal, gasto pelo tempo, arranhado de tanto pisar. Ela não reagiu. Demorei a notar quanta fraqueza exibi diante dela. Reagi com uma espécie de repulsa, afastando meu corpo para longe. Enxuguei as lágrimas disfarçando.

– Quero dois dias de folga.

– Do que você está falando? Não dá pra discutir isso agora.

– Quero um acordo, ué. Como você sempre faz.

– Entra no carro e depois a gente fala disso – ela insistiu e me empurrou forte, mas o que me lançou ao chão foi a história, a sobra. Também atraiu a atenção de um policial, que deixou a viatura e caminhou em nossa direção. Senti a respiração de vó Bella ofegar. Seu corpo pareceu esquivar-se do vento. Dessa vez, eu testemunharia o desmaio desde o começo.

– Não pode estacionar aqui. Pode ir saindo! – esbravejou em tom áspero o policial, sem nem ao menos parar. Ele empurrou nossas costas até chegarmos ao carro e, depois, virou-se para a viatura de polícia. Fiquei enfezado.

– Uou! Não tá vendo que ela tá passando mal?

– Tá tudo bem, entra no carro, menino – disse vó Bella num tom de acalento que eu nunca vi igual.

Tentei resolver o enigma mentalmente, mas vó Bella me deu um soco tão forte no músculo de trás do braço que cheguei a soluçar. Aquilo doeu. Felizmente, o policial não quis saber de conversa por causa de uma infração de estacionamento.

Começou a chover. Seguimos viagem em direção ao litoral. Não fazia ideia do que encontraria naquela casa nem naquele lugar. Mentalmente, fui dando um adeus improvisado e superficial ao colégio, à familiaridade do bairro, à farmácia, à Giovana – tinha pensado menos nela nos últimos dias. Mas de uma coisa não conseguia me despedir. Lembrei-me dos óculos que aprisionavam aquela garota e suspirei. Esperava um dia poder voltar só para libertá-la da clausura. Dia em que eu enfrentaria Melissa. Não tinha dúvidas de que ela era uma supervilã, que castigava suas belas rivais aprisionando-as em seus óculos enfeitiçados. Talvez eu tenha visto apenas uma das ninfas entre dezenas ou centenas de outras perdidas.

Sem muito, um fluxo descontínuo de pensamentos amarrou-se criando nós em minha cabeça atordoada, até parar. Eu olhava pela janela do carro sem resistir. Deixávamos para trás tudo que definia nossas vidas, mesmo que de forma caótica, sem sabermos se seria possível reconstruir um esqueleto emocional permanente em outro lugar. E a nova ordem começava com a história de minha mãe. Isso me forçava a estabelecer rancor, principalmente contra minha avó, por ter escondido de mim todo aquele acontecimento.

Certamente não era como encontrar um embrulho debaixo de uma árvore de Natal. Se bem que eu não saberia diferenciar os dois tipos de surpresa, já que o presente de Natal é algo que nunca aconteceu. Mas por que esperar tanto? Se eu não a forçasse, talvez esse acontecimento histórico nunca fosse colocado à luz da minha consciência transitória. Eu facilmente consideraria esse emaranhado de eventos o motor responsável por minha confusão como pessoa – eu já estava até disposto a admitir que eu era complicado. Minha mente ocupava-se com imaginações em proporções muito maiores que as realidades que me rodeavam. Poderia também, e até quis, culpar vó Bella por acobertar o assunto tão porcamente, a ponto de fazê-lo apodrecer em nossos íntimos – isso mesmo, meu e dela. Mas, de fato, o que eu senti foi tranquilizador. A revelação de parte de minha história dissolveu metade do ácido que me corroía. Foi como ter lido metade do livro de minha vida em apenas alguns minutos quando eu jurava que estava ainda nas primeiras páginas. Parte do que desmoronou dentro de mim era terreno inútil e infértil. Se eu quisesse demonstrar raiva ou rancor, teria que dissimular um motivo muito trabalhado mediante uma atuação demasiadamente ensaiada. E eu não queria empenhar tamanha energia em cima de uma história que não me dizia respeito, já que eu era incapaz de entender o rumo dos acontecimentos na época. Fui vítima do resultado, mais do que do ato em si.

    O calor dentro do carro e a chuva densa fazia minha imaginação teorizar mais à vontade. Mentira. Qualquer coisa que me entediasse abria as portas da minha mente. Quando acontecia, era necessário que algo do mundo real fechasse essas portas novamente, batendo-as na minha cara. Naquele instante, senti o braço doer e me virei para espionar de forma sorrateira meu próprio corpo. Temia demonstrar fraqueza novamente. Uma mancha arroxeada formou-se na pele, sob o tríceps do braço esquerdo. Na parte de trás do carro, havia uma montoeira de roupas jogadas de qualquer maneira. Não era do feitio de vó Bella ser desleixada. Levantei uma jaqueta que não usava há meses e avistei no banco de trás um animal que parecia dopado, sob a montoeira de roupas.

    – Tia Clô?... Ela teve alta?

    – Teve.

    – Como?... E a quarentena? A doença tem cura? Ela vai... sarar?

    A tantas perguntas, vó Bella apenas respondeu com um torcer de rosto e um erguer de ombros desdenhosos. Tia Clô acordou bastante agitada. Ainda sem saber que estava dentro de um carro, ela remava as nadadeiras

chocando-se contra as paredes. Teria ela consciência de que era minha tia-
-avó? Ou consciência de qualquer coisa que não fosse peixe, água, pinguim
e sexo oposto? O carro começou a dançar. Talvez ela nem soubesse que era
um leão-marinho. Abri uma fresta na janela e estendi as mãos aninhadas,
fazendo uma concha para apanhar água da chuva.

– Calma, tia Clô. Toma um pouco de água. Agora que a gente vai
morar na praia você pode ir para o mar quando quiser.

Acho que, de certa forma agradei a vó Bella com o comentário porque
ela demonstrou um sorriso bobo no rosto. Ficou ainda mais bobo porque
ela tentou esconder. Parecia que eu já estava ficando perito em descobrir
coisas escondidas.

Na estrada, só se viam carros não se via gente. Para ver gente era preciso fazer como os policiais, que inspecionavam dentro de cada veículo. A
lanterna nos olhos, contudo, não permitia ver pessoas em seu estado natural,
mas sim aturdidas. Era quase como iluminar com lanterna morcegos em
cavernas individuais. E quantas cavernas seriam. Se a estrada apropriasse-
-se dos rios, como estes fizeram com as ruas, talvez aumentasse o ritmo
daquela pressão sanguínea que levava gente ao litoral. Amornaria com suas
águas frias os motores fervente ao transcorrer pelos espaços entre os carros. No entanto, o carro da frente e o de trás causavam certo desconforto
com a proximidade, embora andássemos a 30 ou 40 quilômetros por hora.
Parte da culpa da lentidão era da chuva, que deixava os motoristas alertas
e precavidos ou com medo de sofrerem um acidente onde não dava para
fazer nada além de esperar o guincho. A fila começou a fazer pausas. Via as
luzes vermelhas acenderem-se ao longe até, aos poucos, chegarem ao carro
da frente. E de repente...

– O que foi isso? – perguntei atordoado.

– Você está bem, menino? – perguntou vó Bella, mas só consegui
ouvir o "menino". Certamente poderia dizer que não era menino, que sabia
me cuidar, que era bastante forte para me machucar tão facilmente, mas
nunca responderia à pergunta dela.

– Tô sim. E você? – ela não respondeu. Estava ocupada demais tentando desembaçar os vidros. Sinalizando ao mesmo tempo com a mão um
"não-seja-bobo", "quem-é-você-para-me-perguntar-se-estou-bem?" Sim,
eu estava sendo jocoso e a imitando.

Demorei um pouco para calcular o entendimento. O carro de trás havia se chocado contra o nosso. Ninguém sofreu nada além de susto, mas o carro que colidiu continuou o percurso pela contramão. Antecipando uma ocorrência, os atentos policiais correram para lá e o carro parou entre uma poça e a margem da estrada.

– Só faltava, só faltava... Vão prender a gente.

– Por que fariam isso, vó? – minha pergunta flutuou frente a seu rosto tenso, cujos lábios presos se mordiam e as sobrancelhas fracas apertavam os olhos trêmulos.

– Vó? – insisti antecipando o medo da resposta.

– Clotilde não teve alta.

– O quê? – soltei a voz olhando para os lados.

Eu detinha certa habilidade para ler alguns tipos de posturas corporais, e o que eu via nos policiais em nada se parecia com socorrer vítimas de acidente. Cercaram o carro em círculo, o que me lembrava algo. As portas do carro abriram-se e delas saiu um casal de leões-marinhos assustados. Mesmo com o cerco, os bichos conseguiram adentrar a mata, certos de que era o melhor caminho em direção a um rio qualquer. Talvez o rio levasse ao mar. De modo a nos aliviar um pouco, o batalhão de policiais pôs-se a perseguir os animais, munidos de lanternas e redes. Alguém mais deixou o carro. Era Melissa. Nunca a vi assim antes, atrasada e desnorteada, o que me levou a imaginá-la num palco, apresentando-se bêbada. As portas do carro eram as cortinas que haviam sido abertas há tempos pelos ajudantes. Atento para a atração principal, o único representante a expectador era eu. Ninguém mais. Ao menos ela apresentou-se como humana. Talvez Melissa e seus pais estivessem também deixando a cidade. Se isso me deixou louco, pode ter acontecido o mesmo com ela. Pior ainda, ela havia sofrido um acidente de carro, e quem quer que estivesse com ela virou leão-marinho. Pobre coitada. Como numa dança desajeitada, com a cabeça girando e esperando o corpo fazer o mesmo, ela foi, aos poucos, contorcendo-se até encontrar nosso lado. Algo faltava. Aquela não era Melissa, mas... a menina sob seus óculos! Encontrou de vez o caminho para fora. A transição deve ter causado muita fadiga, pois ela parecia sem equilíbrio. Seu corpo pendia enquanto tentava entender a gravidade da terra, que faz com que tudo em sua superfície seja puxado para baixo. Eu precisava explicar a ela. Graciosa como era, ela não podia imaginar quanto tempo ficou oculta sob aqueles óculos, sem poder pisar no chão, sem poder tocar em nada, sem poder ver nem falar. A chuva criou um halo a sua volta que a fez parecer uma imagem de anúncio, produzida para fazer a gente suspirar. Fiquei admirando seus trejeitos e seu corpo esguio iluminado pelos faróis dos carros e das motos. Aquele motoqueiro passou muito perto. Poderia ter se chocado com ela, pensei. Os veículos começaram a se movimentar, multiplicando a chance de ela ser atropelada. Precisava fazer algo, mas tia Clô avistou uma enorme poça d'água e decidiu refrescar-se. Foi só eu abrir a porta para ela tentar fugir. Não percebe que não pode ser vista? Ainda mais por policiais com ordens explícitas para capturar leões-marinhos, pensei. Sem falar da pesada condição de fugitiva que carregava. Só mesmo seu pai para castigá-la imaginando que o futuro da filha seria ofuscado por um coração mal feito. Tia Clô era bastante forte e acabei entre ela e a porta do carro. Pela segunda vez, fiquei entre um leão-marinho e seu objetivo. E, pela segunda vez, eu fui considerado algo pouco mais que nada, um obstáculo sem importância. A menina, que já não ficava mais sob os óculos de Melissa, deu pequenos passos em direção à rua movimentada. Não entendia a razão de os policiais a abandonarem lá. Eles preocupavam-se mais com os animais a solta do que com pessoas em perigo. No fundo, eu até torcia para que não surgisse mesmo um policial bondoso e a levasse embora com seus pais. Eu mesmo a salvaria. Diria para não ter medo, pois eu estaria ao seu lado. Se por um lado Melissa insistia em me manter longe da imaginação, com aquela menina era justamente o oposto, ela me afastava da realidade. Com um urro, empurrei o leão-marinho corpulento de tia Clô para dentro quando avistei um carro desistir de uma das filas a fim de tirar o contratempo noutra mais curta adiante. A forte luz do farol do carro acendeu o vulto da menina, fazendo o motorista frear a tempo, felizmente. Com a clara intenção de expulsar a menina do seu caminho, o motorista começou a buzinar, fazendo ainda mais barulho que os outros.

– Cuidado aí! Volta para lá! – estiquei a cabeça para fora do carro e gritei o mais alto que pude.

– Ei! Fica quieto! – repreendeu-me vó Bella sussurrando nervosamente. Comecei a ficar sem opções. Se tia Clô saísse, íamos presos. Se a menina fosse atropelada, eu nunca iria me perdoar. Era um meio-caminho entre a vilania e o heroísmo. Clareou-me a razão que força algumas pessoas a enveredar para o outro lado.

– Vó, aquela menina está no meio da estrada. Ela vai se machucar! – agarrei-me ao meu lado. O lado heroico.

– Viu quanta polícia? Pare de chamar a atenção pra gente! – disse vó Bella furiosa. Ouvi sirene ao longe. Uma ambulância aproximava-se e parecia estar em alta velocidade. A menina não conseguiria sair a tempo.

– Saia da rua! – gritei.

– É ela, não é? – vó Bella não sussurrava mais. – A menina da cartinha?

– Não, vó. É a outra – eu sabia o que eu estava dizendo, mas não sabia se era assim que deveria dizer.

– Saia daí! – o som era expulso da minha boca mais querendo agir do que falar.

Surpreendendo-me até demais, vó Bella abriu a porta do carro e caminhou depressa até a menina. O que ela pretendia fazer? Imaginei mil coisas, mas a que predominava era ver vó Bella empurrar a menina para dentro do carro amassado e trancar a porta. Torcia para que não fosse verdade, mas a menina voltou mesmo para o carro. E me contrariando dessa vez, vó Bella não a trancou. Nem mesmo se mexeu. Ela simplesmente esperou que a ambulância ultrapassasse aquele trecho conturbado. A porta moveu-se lentamente. Esbocei um sorriso que logo se dissipou. A menina retornava com os óculos nas mãos. Não pude acreditar que ela havia desistido justo agora! Em sua primeira aparição, logo após tomar o controle! Talvez tenha sofrido um choque tão grande que resolveu suprimir o desejo de ficar livre. Assim que ela colocou os óculos tudo ficou mais chuvoso, mas cinzento e mais difícil para segurar tia Clô. Despenquei sentado na lama. Era o modo perfeito de humilhação para aquele momento. Exatamente como no treino. Senti dessa vez que merecia. Só não poderia limpar o quintal. Somando toda a força dos meus músculos, empurrei tia Clô para dentro a tempo de evitar que ela saísse por completo. Percebi um policial olhando para mim desconfiado. Queria gritar e chamar vó Bella, quando a vi trazer consigo a figura mais insossa do mundo. Melissa entrou no carro e sentou-se na minha frente, promovida ao banco do passageiro. Nem nos olhamos.

– Ó, sua amiguinha – disse vó Bella, ainda mais sarcástica que o professor Mateus.

Já que o quintal ficara a cerca de 30 quilômetros, abracei voluntariamente um castigo e comecei a arrumar as roupas sobre tia Clô. Eu poderia me cobrir com algumas peças e também sumir por um tempo.

A duração do resgate foi suficiente para abrir uma boa distância entre o carro da frente e o nosso. Tanto que alguns motoristas tentavam nos ultrapassar, mesmo sem espaço adequado. Agora tínhamos que encontrar um lugar para deixar Melissa, era só o que eu conseguia pensar. Vó Bella não demorou a engatar a marcha e tentar sair com o carro o mais rápido possível, mas o nervosismo de horas como estas a fez confundir os sinais que o cérebro emitiu para o resto do corpo. O que ela conseguiu extrair daquele carro de fato foi uma engasgada na garganta do câmbio seguida de um movimento de soco. Até pareceu outra colisão, e a sensação de impacto irritou tia Clô. Tentei segurá-la fortemente e melhorar a camuflagem de seu corpo, mas os policiais sinalizaram, mandando parar. Já era. As luzes das lanternas percorreram o interior do carro. Um dos policiais pediu a vó Bella para baixar o vidro. Meu coração acelerou. Imaginei quando eles iriam parar de enrolação para prender a gente de uma vez. De repente, meus pensamentos começaram a desaparecer. Estava sendo invadido e dominado por adrenalina e, ao mesmo tempo, um medo terrível de fazer burrice. O medo ganhou um território maior, felizmente.

– Os documentos – disse friamente o policial.

Sem ensaiar, todos no carro improvisaram uma tranquilidade falsa e muito amadora. Para aumentar nosso sufoco, vó Bella demorava a encontrar os documentos.

– Quem são estes? – perguntou o homem apontando a luz primeiro contra Melissa e depois diretamente nos meus olhos.

– Meus netos. Estamos indo para a praia.

O policial ficou enojado com a montanha de roupas ao meu lado. Tia Clô resolveu ficar paradinha, mesmo assim aquela montoeira de trapos era bastante perturbadora.

– Saímos às pressas pra não pegar a estrada de noite. Mas acho que não deu, né? – justificou vó Bella com um sorriso tão alheio que parecia que ela estava imitando alguém.

O policial nada falava e aquilo incomodou mais do que qualquer pergunta incisiva. Melissa pareceu estranha, na verdade mais do que sempre e mais do que há poucos minutos. Ela contraiu os músculos e seus olhos arregalaram. Vi a pele de seu rosto e pescoço arrepiarem-se. Não tinha como ela denunciar a gente já que ela não sabia que tia Clô estava no carro. Mas como se tratava de Melissa, eu não poderia imaginar o que ela estava prestes a fazer. E veio à tona. Partiu de suas entranhas o grito mais cruel e ensurdecedor que eu já ouvira em toda minha vida. Ela deve ter usado algum mecanismo de ultrassom estridente porque o som invadia meu corpo através da pele. Só então percebi o motivo. Melissa ficou tanto tempo exposta à chuva que escorria água pelo seu corpo. Tia Clô esticou a estranha língua ressecada para lamber o braço de Melissa.

– Todo mundo para fora, já! – ordenou o policial.

Ficamos um tempo parados com a sensação de que aquilo não era real. Destravei a porta, voluntariando-me a sair primeiro, mas vó Bella pisou tão forte no acelerador que fez o carro avançar, lançando uma onda de água lamacenta nos homens da lei! Éramos tão diferentes, vó Bella e eu, que às vezes eu perambulava na dúvida se éramos realmente da mesma família. Nela, a adrenalina ganhou mais espaço. Isso porque ela não tinha medo de nada. Eu, por outro lado, ainda estava trabalhando nisso. Queria não só dominar o medo como eliminá-lo de vez da minha existência. Já ouvi falar que o medo é uma reação comum em situações de perigo. Mas não era deste medo que eu fugia. Orgulhava-me em dizer que nunca compartilhei esse tipo de medo com ninguém. Ter que prestar contas por uma atitude desmedida infinitamente menor do que o castigo que recebia era quase uma rotina para mim por falta de medo. O que me estremecia as entranhas, no entanto, era o custo que viria a ser ter que agradar a outros atuando como um personagem que não seria eu. De ter que trabalhar num lugar onde fosse obrigado a ficar porque as contas do mês viriam antes do dinheiro. Da realidade que o futuro traria numa bandeja se eu me descuidasse. Talvez fosse cedo para entender que eu teria que abandonar coisas que realmente importavam em favor das que todos eram obrigados a fazer. Só para esclarecer, eu não fingia ser outra pessoa quando usava minha máscara. Ela funcionava de verdade porque escondia quem eu era das pessoas que julgavam como completo inútil um adolescente de 16 anos. Quando usava minha máscara, eu era alguém que todos olhavam e ficavam perplexos. Ninguém sabia quem eu era de verdade, portanto não poderiam me impedir com seus julgamentos normatizados. Acredito que tudo tenha começado após eu saber que os super-heróis mascarados ocultavam suas verdadeiras faces a fim de proteger quem eles tanto amavam. Comigo a coisa ganhou novos rumos. Quando eu estava de máscara, suprimia de mim a pessoa que os outros queriam que eu fosse, em favor da minha própria vontade. Deixava visível o "eu" que eu queria ser. Escondia de mim a dúvida, o medo, o menino.

Mas fugi da questão. Vó Bella era tão decidida que me deixava sem jeito. Eu fiquei realmente chateado por não ter feito nada, por ter sido passivo frente ao policial. E quem sabe até um pouco zangado por não ser como minha vó. Com certeza faria de mim um super-herói mais ousado, exatamente igual àqueles que eu tanto admirava.

Adentramos o mato carregando arbustos e tudo o que surgia pela frente. Víamos apenas os açoites de pequenos galhos e folhas contra o vidro do para-brisa. Gotas suicidas de chuva explodiam a nossa frente. Fora isso só havia escuridão. O ruído da folhagem batendo no carro atiçou a curiosidade de tia Clô. Hora ou outra, um jato de lama aguada espatifava no para-brisa, obrigando vó Bella a acionar o limpador. Uma imagem borrada e escura era agredida por espirros d'água e zigue-zagues das pás de borracha. A mancha dissipava-se, dando lugar ao breu com ritmos de folhagem, água, lama, paletas dos limpadores, escuridão... Os sons de sirene multiplicavam-se e aproximavam-se. Avistamos uma ruazinha de terra enlameada e vó Bella girou o volante levando o carro para lá. Outra à frente que ela adentrou sem nem pestanejar. Só eu questionei.

– Ficou louca, vó? Ficou maluca mesmo! Eles vão atirar na gente! – gritei descontrolado, acompanhado pelos choros de Melissa.

– Querem calar a boca! Os dois!

Melissa pôs para dentro o choro e as lágrimas como que engolindo o próprio catarro. Eu, por outro lado, desisti de ser birrento.

– Ali, vó, tem uma entrada – apontei para a direita.

O carro balançou, chegando a pular quando as rodas deram de pancada nas pedras e buracos. As sirenes tornaram-se confusas e distantes. Adentramos uma trilha castigando ainda mais o carro. Depois noutra e noutra. Vó Bella pisou no freio para que pudéssemos apurar os sentidos. Nem no modo máximo o limpador movia-se o bastante para deixar os vidros transparentes. Vó Bella desligou o motor e apagou as luzes fracas dos faróis. O silêncio no interior do carro nos permitiu ouvir apenas as lamentações dos sapos e a percussão das bátegas no teto. Não havia mais sirenes. Ali, bem perto no lado direito, vimos uma estrada de asfalto sem movimento algum. Seguimos para lá com os faróis desligados e numa velocidade tão reduzida que, não fossem os buracos, eu poderia jurar que estávamos parados. Num rebolar de mulher sedutora e atrevida, o carro balançava os quadris desavergonhadamente. Era como se ele calçasse sapatos de salto alto em vez de pneus de borracha. Seguramos o susto na expectativa de sermos pegos, exatamente como nas festas surpresas de aniversário que têm em alguns filmes, em que o aniversariante já sabe o que vai acontecer e antecipa aquela reação esdrúxula e mal interpretada. Nada aconteceu. O mais intrigante era que a estrada parecia ser a mesma em que estávamos até há pouco, só que sem ninguém. Nenhuma alma penada. Somente nós. Eu bem que torci, antes de começar a viagem, para que a estrada estivesse vazia assim. Viajaríamos tranquilos. Não imaginei que seria tão solitário e desolador. Continuamos a viagem mesmo assim.

Ao começar a chuva: alegria

Ao terminar: regozijo

A limpidez da estrada e o ruído acalentador da chuva fizeram com que Melissa e tia Clô adormecessem. Distante desse privilégio, vó Bella obrigou-se a nos levar de fato aonde pretendia chegar. Eu me ocupei de estar alerta por obrigação de herói. Nem pensamos onde deixar Melissa ou o que fazer com ela àquela altura. A prioridade era fugir e encontrar um lugar seguro para todos. Construiríamos um novo formigueiro logo que a chuva parasse por completo. E faltava pouco. Cortinas enevoadas abriam-se autorizando nossa passagem. Entre os espaços abertos era possível ver um pouco além, quase até as montanhas, onde uma neblina densa e escura dormia serena. O que realmente perturbava foi não ver gente. Nenhum carro desde nossa fuga cinematográfica improvisada. Isso intrigava, e a dúvida do que viria fazia vó Bella e eu mordermos os próprios dentes, respirarmos com potência mínima dos pulmões, arregalarmos os olhos para enxergar além do que era visível. Se quase todo mundo deixava a cidade por causa da gripe da foca, era de se esperar que toda a estrada estivesse inevitavelmente forrada de veículos. Dividimos toda a extensão daquele asfalto novo em companhia da massa de neblina densa que nos cortejava já há algum tempo. Mais se parecia com uma nuvem baixa de tão escura. Nuvem que não queria chorar chuva. E em minutos, cortamos sua pele, invadimos sua carne esvoaçante, onde a calmaria nebulosa me fez cochilar, pendendo o corpo para o lado.

Havia uma particularidade sobre vó Bella que eu acreditava ser seu ponto fraco. Sentia-me bem em expor isso, já que a deixava vulnerável, igualando-a a qualquer ser humano. A poderosa vó Bella morria de medo de insetos. Não raro a peguei sobre a cadeira ou até sobre a mesa da cozinha quando avistava um besouro ou uma inofensiva aranha. Ponto para mim. Devo tê-la salvo centenas de vezes. Pois bem, a neblina densa e escura que invadíamos era feita de insetos. Milhões deles. Diversos tipos. Vó Bella apavorou-se. Quis espremer os olhos até morrer. Seu estômago contraiu-se todo quando, por puro instinto, fez dançar o limpador de para-brisa que carregou gosma de insetos mortos para lá e para cá, até lambuzar o vidro todo. O fraco jato de água que deveria auxiliar as paletas só engrossava a sopa, provocando rancor nas entranhas. Vários deles chocavam-se contra o para-brisa, espatifando-se como ovo cru. Também o cheiro era insuportável. Pudemos sentir mesmo com os vidros fechados. Só não sabia se aquele cheiro vinha de fato dos insetos ou se vó Bella tinha vomitado. Embora descêssemos a serra, a estrada inclinou-se para cima e o carro começa a subir. O morro parecia mesmo íngreme porque subimos a ponto de deixar a neblina de insetos para baixo. Algo realmente estranho preocupou Vó Bella quando percebeu que estávamos praticamente escalando uma montanha, só que de carro. Uma estrada com tamanho aclive não poderia existir. Seria contra as leis da física. Um gasto de dinheiro desnecessário, já que carro nenhum poderia subir. Mas vó Bella não parou. Ela também não pensava em retornar, porque estávamos no meio do nada e, se não encontrássemos logo um posto de gasolina, acamparíamos ali. Isso sim faria com que quiséssemos ser pegos.

Demorei a perceber que não sentia o braço esquerdo. Com a inclinação da subida, tia Clô havia escorregado para a parte de trás do carro deitando sua nadadeira por sobre meu braço. Melissa fez uma careta e passou as mãos sobre o rosto. Sem querer, ela deslocou os óculos, mas por pouco tempo. Mal pude ver a menina sob as lentes carcerárias. À frente, no entanto, através do para-brisa borrado vi espaços azulados por entre as nuvens, mas era como se eu olhasse para cima.

– Estamos chegando? Vó, onde a gente está?

– Todo mundo com cinto de segurança, já! – disse vó Bella apavorada.

Percebi seu corpo todo arremetido por sobre o volante. Definitivamente algo não ia bem. Vó Bella afundou o pé no acelerador. Pareceu ter sido a única aula de direção que teve na vida, acelerar. Para nossa surpresa, o carro continuou a subir. Olhei através do vidro de trás e avistei um fio de estrada lá embaixo, traçado entre a vegetação. Se fôssemos guiados pelos sentidos, juraríamos que o carro estava na vertical, indo diretamente para o céu. Mas a lógica nunca permitiria tal façanha.

– Isso não está certo! – concluí. – A gente se perdeu, vó?

– Não saímos da estrada nem por um momento – respondeu vó Bella.

– Que tipo de estrada faz isso? Estamos subindo um penhasco!

– Quieto! – reprimiu-me vó Bella sem demora a fim de se focar em algo que vinha em nossa direção.

Ela girou abruptamente o volante a tempo de desviar. Era um guarda-chuva aberto que caía lentamente do céu, como se buscasse um dono. Olhamos admirados, nos apropriando da sensação que se tem num mergulho, bem no momento que o corpo fica leve e quer subir, quando os sentidos falham e o tempo fica pesado.

– É só um guarda-chuva – julgou Melissa usando todo o seu conhecimento aprofundado sobre o sexo dos guarda-chuvas.

O carro deslizou os pneus ficando sem controle. Mesmo assim, o velocímetro marcava 90 quilômetros por hora. Ficamos atônitos, presos numa onda descontínua de surpresa, pavor e ansiedade. Preocupava-me com os demais e com aquela situação toda, mas no fundo eu queria saber onde iríamos parar. Raios de sol nos atingiam, dando uma vida amarelada à lama que cobria o carro. Um arco-íris formou-se. Não estávamos mais naquele mundo que conhecíamos, começamos a entender. Morremos em algum momento que não pudemos precisar.

– Foi quando o carro bateu em nós – especulou vó Bella.

– O policial pode ter atirado – rebati de imediato.

– Pode ter sido antes. Morremos afogados numa enchente. Esse negócio de gripe da foca não existe – vó Bella sugeriu.

– A história da minha mãe era verdadeira ou um sonho?

– Eu sei que estou viva – Melissa pôs fim àquela discussão, mas, sem querer fez pipocar outras. – Um morto sabe que está morto? Estaríamos mortos em grupo achando que estávamos vivos? E poderíamos questionar isso não estando vivos?

– Se a gente estivesse morto, a gente ia saber, não ia? – eu estava mesmo com muita dúvida.

De repente, a estrada ficou reta e o horizonte surgiu como de costume, embora não se enxergasse muito em razão da escuridão de uma noite que nos abraçou de súbito. A estrada era ruim e o carro entrou num trepidar de solavancos (dessa vez nada elegante) forçando muitas peças a se soltarem.

Vó Bella tentou parar e mudar a direção, mas nada funcionou. Adentramos um brejo. O impacto levantou uma cortina de lama que cobriu o carro como se fosse um lençol. A força da parada nos deixou inconscientes.

Terras de Cima

Clareou o dia como há muito não era visto. Os raios de sol, que forçavam passagem por entre as frestas de lama seca e restos de insetos no para-brisa tocavam nossas peles com um calor adocicado e um ardor longo em atraso. Logo eles forçavam passagem até nossos olhos também. Em volta tudo era tão iluminado que minhas pálpebras teimaram em se desprender. Demorou um pouco para eu identificar os tons de azul-cobalto e ultramarino claro tingindo a extensão do céu. Nenhuma mancha para atenuar o azul constante. Nenhuma nuvem. Se o que víamos fosse uma tela, seu título provavelmente seria "sol sobre fundo azul".

Soou o despertador do relógio de pulso de vó Bella e tenho que dizer... muita gente prefere acordar com música ou bipes dançantes. Vó Bella era adepta ao som que incomodava de verdade. Não havia mais como dormir após ter os ouvidos violentados por aqueles ruídos. Antes de despertar totalmente, ela ainda via imagens de metralhadoras cuspindo balas e bombas pipocando em toda parte. De repente ouvia-se um outro tipo de despertador, mas, da mesma forma eficaz. Gritos estridentes tiraram minha atenção do azul. Nada novo, só os gritos desesperados de Melissa frente a tia Clô. Já fora do carro, tia Clô parecia bastante animada e corria em volta de Melissa como que pedindo o café da manhã. Ainda lá dentro, vó Bella e eu espreguiçávamo-nos demoradamente. Não fosse a posição do banco e o aperto por causa do enorme leão-marinho, eu poderia afirmar com certeza que aquela fora a melhor noite de sono que eu já tivera em toda a minha vida. E, a julgar pela aparência de vó Bella, diria que não foi só comigo. Forcei a porta, mas parecia emperrada.

– Não quer abrir. Acho que quebrou – falei, avisando que não era culpa minha. Vó Bella empurrou a porta do motorista, mas também não conseguiu destravar. O interior do carro foi escurecendo. Demoramos a ver, mas ramas de uma vegetação estranha cobriam e abraçavam o carro todo de forma tão apertada que praticamente costuraram as portas, nos lacrando dentro. As ramas iniciavam-se verdes, lisas para depois tornarem-se grossos troncos amarronzados e rugosos. Nasciam deles novas ramas menores que cresciam rapidamente, pude observar. Seu abraço era tão forte que chegava a amassar o carro. O constante enlaçamento daquela estranha planta fez o carro girar, até ficarmos quase de ponta-cabeça. O lado esquerdo começou a baixar no brejo, deixando que a água lamacenta invadisse o carro. Lembrava os tempos de enchente.

– A gente tem que sair! – disse eu.

Precisava de muita paciência para fazer girar a manivela que baixava o vidro. Fazendo isso rápido, as mãos facilmente escorregavam para fora da haste. Com o carro deitado era ainda pior. Vó Bella deu-se por satisfeita com a estreita abertura, suficiente para passar um antebraço magro. Teve que contorcer o corpo para estender as chaves para fora.

– Menina, venha aqui! Corre lá atrás e abra o porta-malas – disse vó Bella, agitando o braço para mostrar o caminho.

Não era difícil. Bastava atender ao pedido de minha avó. Toda aquela excitação de tia Clô, no entanto, congelou Melissa no espaço. Será que ela não vai aprender a fazer alguma coisa útil numa situação de perigo? Nunca acreditei mesmo que um dia pudesse ser salvo por ela. Se ao menos jogasse fora os óculos... teríamos uma chance. Melissa nunca moveria uma palha. Não sei porque a trouxemos conosco. Lembro-me de quando Melissa costumava interromper meus pensamentos, mas agora nem isso ela fazia direito.

– Vai lá, Melissa! Abra o porta-malas – exigi num tom de ordenança que só pude exercer com ela.

Com os braços trêmulos frente ao peito, posicionados mais para defesa do que para ataque, e um gemido constante de lamúria, pouco se esperaria daquela menina frágil pincelada de uma delicadeza produzida em série. Até aquele momento, para mim, sua existência dependia quase que exclusivamente das boas notas que exibia em sala de aula. E, enquanto eu descreditava qualquer esperança oriunda de suas atitudes inábeis, ela se moveu. Como que pulando sobre brasas, Melissa aproximou-se, desgarrando do queixo um dos braços hesitantes. Outra contorcida no carro. Vó Bella quase recolheu o braço. Insistiu, enquanto segurava o fôlego para não engolir lama.

– Vá logo, Melissa! – gritei com mais força.

Como cobra peçonhenta, a mão semitranslúcida de Melissa abocanhou as chaves num único bote, destituindo vó Bella do ofício de nos salvar. Nossas vidas estavam completamente nas mãos de Melissa. Mais um torno. Vó Bella recolheu o braço a tempo. Mesmo com água suja, ramas e carro girando buscávamos um modo de ver o que acontecia lá fora. Éramos uma torcida, minha vó e eu. Embora abafados, gritávamos com os punhos cerrados. Por uma brecha, avistamos Melissa quase na mesma posição que vó Bella a deixou quando entregou as chaves.

– Ela não vai conseguir – julguei.

Precisava segurar as chaves daquele jeito? Erguendo o braço como quem agita um lenço? Seus pés demoravam-se a sair do brejo e encontrar chão seco, tropeçando de vez em quando para nos atemorizar. Indiferentes, as ramas pulsavam, chicoteavam e avolumavam-se. Uma delas esticou-se mais que as outras. Alcançou o braço frágil de Melissa. Frágil e imbecil a ponto de soltar as chaves, fazê-las desaparecer na lama.

– Me ajuda, me ajuda! – gritava ela gesticulando o corpo como que cercada por abelhas. Parecia uma marionete sendo dedilhada por um titereiro inábil. Felizmente para ela, a rama verde era lisa e soltou-se. Para nós, que azar. Nossas vidas já não estavam nas mãos dela nem nas de ninguém. Tia Clô, sem hesitar, pulou na lama. Mergulhou seu pesado corpo lançando um jato de água marrom sobre o carro, sobretudo em volta, sobre Melissa. Suas roupas deixaram de ser coloridas com rosa. Embora eu não me lembrasse se ela estava mesmo de rosa ou se este era seu ícone em minha mente. Tornara-se marrom, camuflada no cenário de lama.

– Vai lá, tia! – animei a torcida.

– Clotilde... – vó Bella não admitiria, mas nossa família tinha muito mais heróis que faziam burrices nas horas certas a ponto de desapontá-la para sempre. E saber que tia Clô ainda estava lá dentro, controlando a forma de leão-marinho, inflamava meu peito com um ar quente e prazeroso. Era a Melissa ao contrário.

– Ughh... que nojo! Que troço nojento... – tia Clô entregou as chaves a Melissa.

Tinha ainda esperanças na menina. Não pude mais esperar. Forçava aos chutes a porta que desde o início cedia. Como não tinha mais nenhum valor sentimental, pude arremeter os pés sem culpa. Mais um pouco abriria um buraco. Não esperava ser cobrado pelo carro, mas isso já não importava. Saí com os pés para abrir caminho, mas entalei o torso. Contraí os ombros buscando comprimir o esqueleto sem dar nó. Vó Bella ajudou-me, empurrando onde dava, ora pelas clavículas, ora pela cabeça. Esgueirei-me esfolando o tronco, arranhando os braços, contudo pude arrebentar algumas ramas que se formavam. Vó Bella não passaria, não sem entalar o velho esqueleto que ardia nas articulações. Mesmo sendo uma passagem para a vida, com ela teria que ser na cesariana.

Enfrentei o banhado com medo de tantas coisas muito piores que xixi de rato. As ramas e o líquido do brejo, que descobri viscoso, sorviam-me as pernas, quando como sugamos espaguete por diversão. A parte traseira do carro erguia-se para fora da lama. Melissa tremelicava dedilhando as chaves. Como ela conseguia tirar notas máximas na escola? Podia ser um pouco mais direta, como um herói. É o mínimo que se espera de alguém numa hora dessas. Limpava o rosto, lamuriava, tremia, deixava o molho de chaves cair ao chão, tudo enquanto tentava descobrir qual das três chaves salvaria vó Bella. Só faltou o comercial para interromper e continuar o suspense mais tarde. Perigosamente próximo a ela e a tia Clô, arremessei uma pedra enorme que fez o porta-malas dobrar-se. A pedra tombou ao chão deixando para trás apenas bagaços de ramas, expondo líquido e um emaranhado de fibras como entranhas. Confesso que senti prazer. Pus-me a expulsar do carro a montoeira de roupas, espalhando naquele pântano enlameado tudo que nos vestira antes. Entrei ajoelhado no porta-malas, até que o carro regurgitasse vó Bella e a mim antes de ser totalmente engolido pelo brejo.

– Vem, vó.

Não imaginava, mas foi mesmo por muito pouco. Um curioso medo me bateu como se a pedra tivesse atingido minha cabeça. Senti um misto de pavor por quase ter perdido minha avó e algo como triunfo por tê-la salvado. Incompleto por não ter usado a máscara, o que seria estúpido naquela ocasião.

A planta desdentada mastigava e abraçava o carro como se ele fosse um brinquedo de borracha. Vendo-o naquele penoso enredo, era difícil compreender que ainda há pouco estávamos dentro dele. As ramas brincalhonas o afundaram até a metade.

Arrastamo-nos para um pedaço de terra seca e arenosa. Deixamos nossos corpos contemplarem o céu e absorver do sol a energia que precisávamos para nos recompor. Inspiramos o ar, que pareceu ignorar atritos no percurso até os pulmões. Revigorávamos todo o organismo, chegando quase a acalmar a mente.

— Podia ter me machucado com aquela pedra — reclamou Melissa, impedindo que a calmaria contivesse seu rancor. Talvez eu tenha demorado para dizer qualquer coisa, ou quem sabe nem dei atenção.

— Eu ia abrir o porta-malas, mas esse bicho me assustou — continuou ela.

Tinha muito mais de tia Clô naquele leão-marinho do que podíamos entender. Ela aproximou-se de vó Bella e lambeu-a no rosto, sentindo talvez a mesma sensação ambígua que tive ao nos livrarmos da morte. Vó Bella é que parecia diferente. Fez cara de nojo e empurrou tia Clô como se fosse um estorvo, vendo nela mais o animal do que a irmã de espírito alegre e delirante. Querendo ou não, estávamos os quatro totalmente perdidos. Mesmo que recuperássemos o carro, não haveria combustível para completar a viagem. Não tínhamos comida nem água e aquele lugar parecia não existir de verdade. O tempo que passamos ali deitados foi suficiente para encher ainda mais nossas cabeças com uma perturbadora inquietação, que é o que geralmente acontece com muita gente quando deita para dormir a noite.

A hipótese que mantinha chances de avançar era a de que havíamos morrido por alguma razão que não entendíamos. No entanto, havia dúvidas por causa da improbabilidade de coisas que continuavam iguais. Sentíamos dor, fome, sede, calor, medo, clausura. A morte não levaria isso embora também? Fora isso, ainda mantínhamos o mesmo relacionamento familiar (excluindo Melissa, é claro). Eu sentia, com a ajuda da memória fresca, que o leão-marinho era minha tia Clô. E que minha vó ainda era minha vó. Nem isso a morte foi capaz de resolver. Eu não estava livre, seria o neto imprestável por toda a eternidade. Que espécie de paraíso era aquele? Talvez não fosse o paraíso, afinal.

Melissa empurrava a mão num dos bolsos, tirando dele um aparelho celular. Ficamos chocados a ponto de nos levantar.

— Você tem celular? — perguntei.

— Menina... Por que não usou? — indagou vó Bella.

— Vocês não têm? — respondeu Melissa mais para se defender de nossas adagas, que, por sinal, ainda apontavam para ela.

— Não acredito que você tinha celular o tempo todo! Podia ter chamado alguém pra te pegar — eu ainda pensando que poderia ter me livrado dela.

— Liga para alguém. Pede socorro — vó Bella suplicou ordenando.

— Pra polícia?

– Não! – respondemos juntos.

– Você não conhece ninguém que pode vir buscar a gente? – indaguei.

– Meu tio tem um caminhão.

– Tenta falar com ele. Mas não fala nada do leão-marinho – disse vó Bella.

Uma pontada de ofensa cutucou-me. Não era só um leão-marinho. Mas nossas atenções estavam em Melissa, e ela teria enfim a chance de se redimir. Outra vez estávamos em suas mãos e, dessa vez, ela própria dependia disso.

– Não tem sinal aqui.

– Deixa eu ver.

– Acho que não tem antena.

Vó Bella, que não entendia nada de tecnologia, emudeceu junto com aquela esperança curta e áspera.

Não tinha árvores naquele trecho e nada que pudesse nos cobrir do sol, que começava a queimar nossas peles desacostumadas. As roupas estavam praticamente secas. Ninguém, além de tia Clô, tinha coragem de se refrescar na água lamacenta do brejo aquietado.

– A gente espera aqui? – sugeri perguntando, caso ninguém concordasse.

– Ninguém sabe que estamos aqui – respondeu Melissa.

– Então não vai ter resgate – completou vó Bella. Ela e Melissa concordaram já se levantando e isso pareceu um tanto desagradável.

Buscamos avistar o horizonte e pesar as possibilidades. O ar era limpo e suave. Nossas vistas alcançavam distantes áreas de diferentes tons de verde, ocre, terra e aridez. Podíamos facilmente diferenciar cheiros, mesmo distantes. Vinham até nossas narinas curiosos cheiros de terra molhada, terra seca, mata úmida, fungos, um tipo de animal e outros indecifráveis. Tentamos adivinhar, mas eram apenas conjecturas vazias. O cenário era deslumbrante, típico de fotografia tamanho os detalhes, no entanto, de terras virgens, à primeira vista. O que mais urgia era a falta de água e, em razão da sede, miramos em busca de qualquer coisa que se parecesse com um rio, uma fonte ou um casebre que fosse. Pelo que indicava o céu, não haveria chuva pelos próximos meses. Precisávamos de outra fonte de água que não fosse do brejo nem da chuva. Olhando para além das pedras e galhos ressecados, era possível ver uma mancha escura formada de árvores quase negras. E mais adiante, uma vegetação rasteira que se assemelhava a um tipo de plantação.

– Olha, será que é uma fazenda? – inquiriu Melissa.

– Vamos. Lá vai ter banheiro – disse vó Bella, liderando a caravana.

O chão de terra seca levantava poeira até a cintura. Andávamos devagar para não torcer as juntas dos tornozelos nas pedras arredondadas e lisas, dispostas fora de ritmo. Às vezes, era preciso arrastar as pedras com os pés a fim de abrir uma passagem melhor para tia Clô. Não havia como carregá-la nas costas. Embora eu me penalizasse vendo-a naquela situação, ela mantinha-se exuberante, mostrando mais energia que o resto de nós. Quem sabe não haveria um tipo diferente de vitamina nas águas viscosas do brejo?

Tinha quase certeza de que andávamos por um lago seco e refleti algo recorrente sobre nosso estranho planeta. Como poderia haver tamanha abundância de água num lugar e, noutro, tanta escassez a ponto de fazer secar um lago! Aproximávamos das árvores escuras e tudo ficava diferente. Sentimos nossos pés afundar numa areia fina e preta. Entre os troncos, a nossa frente, a escuridão era ainda maior que o negrume das árvores. O ar leve e revigorante foi bruscamente trocado por uma brisa fria e úmida exalada de covas, entremeadas por mornas baforadas malcheirosas. Precisávamos atravessar. Uma rápida olhadela para trás corroborava. Entramos, não antes de se arrepiarem os pelos do corpo. Cada passada catapultava nossos corpos para frente, como remadas que impulsionam barcos. Necessitava esforço. Um ar pesado e moribundo instalou-se. Dali saíam os cheiros de jaula e aqueles que não podíamos identificar. Mais adiante, os troncos juntavam-se, fazendo uma peneira. Enfiávamo-nos por entre eles, roçando nossos braços, esfolando nossos rostos. Rebentos pontiagudos começaram a apontar para nossos corpos. Éramos desnudados e apalpados por galhos atrevidos. Em sua ousadia, escoriavam-nos, repuxavam nossos cabelos e esfrangalhavam nossas roupas. Lembro-me de ter passado por situação parecida quando enfrentava os ônibus lotados e era obrigado a atravessar um piquete emaranhado de gente antes de poder sair. Tia Clô não tinha dificuldade dessa vez, já que sua altura evitava as juntas que formavam aqueles braços de árvores. Escorregamos entre os troncos, tentando nos desviar dos enlaces de madeira viva. Ninguém falou uma palavra, mas sabíamos que estavam todos por perto. Expirávamos um som curto de sopro quando o esforço era excessivo. Melissa ainda conseguia gemer mansinho, exalar xingamentos falhos. Faltava pouco. Já conseguíamos ver adiante a claridade do sol na vegetação baixa. Era como vislumbrar um prêmio.

– Ai, espera! – Melissa quebrou o quase silêncio.

– O que foi? – sussurrei, sem querer parar de andar.

– Ai, ai... meu cabelo! – parecia doer. Melissa costumava prender o cabelo com argolas de plástico coloridas (claro). Agarradas pelos galhos, as argolas a torturavam esticando seus cabelos frágeis, de forma a criar duas porções de feixes enovelados entre a montoeira de fibras distendidas.

– Falta pouco, vem! – insisti.

– Não dá, ai!

Eu estava numa posição complicada para olhar para trás. Dei a volta por outro caminho até poder enxergá-la curvada para trás, hilariante, pensei a princípio, mas não era verdade. Ela estava com problemas. Retornei passando por cima e por baixo dos galhos, mais altivo dessa vez. Enlacei-a com meus braços. Não havia outro jeito. Foi o mais próximo que ficamos desde então. Toquei suas mechas sofridas e libertei-as. Alguns fios dourados tornaram-se posse das árvores. Foi um preço pequeno.

– Obrigada.

Era Melissa, não a garota. Acho que eu estava me acostumando a ela. Olhando por sobre seus ombros, avistei nossas coisas presas nos galhos por onde havíamos passado. O relógio de pulso de vó Bella, um brinco talvez de Melissa, o celular também dela... minha máscara? Eu nem sabia que ela estava comigo. Pus-me a buscá-la, mas os braços de galho recolheram-se estranhamente. Outros começaram a se mover. Estavam nos roubando de propósito! Melissa iniciou uma nova sessão de gritos estridentes. De certa forma, isso os apavorou. Os galhos amoleceram e afastaram seus dedos invasores para longe. O estreito caminho aberto nos permitiu correr, pouco antes de ser povoado por criaturas de aparência e forma anormais. Enquanto Melissa punha-se a gritar e a esconder-se atrás de mim, tia Clô parecia latir como um cão, buscando morder as figuras diabólicas. Numa rápida olhadela, avistamos criaturas não muito distantes de algo humano no corpo e nas vestimentas, mas com cabeças de sapo. Via o medo de vó Bella incitando-me a revelar o meu. Numa segunda ou terceira olhada cuidadosa, víamos que os pés descalços eram de anfíbios, portanto, não tinham nada de humano. Algumas se vestiam de forma elegante, com terno e cachecol.

De modo geral, todas elas exibiam um aspecto característico dos *hipsters*, com relação apenas ao modo de se vestirem.

Fazíamos um aglomerado de três pessoas e um leão-marinho para parecer maior e, talvez, menos vulnerável. Nenhum argumento formava-se crível, não sabíamos o que enfrentávamos. Propagava-se ali a gripe do sapo em vez da gripe da foca? Em outro lugar, a da zebra? Do elefante? Deram um passo em nossa direção.

– O que eles querem? – gritou Melissa.

Num ato de provocação, vó Bella adiantou-se em direção às criaturas.

– Só queremos água. Deixem a gente passar.

– Vó, eles não entendem.

– Nosso carro ficou preso. Viemos da cidade. Vocês poderiam nos ajudar a tirar o carro do banhado? – vó Bella parecia ter sucumbido àquele mundo.

Esticaram os braços. Cada um trazia objetos e estendia-os para nós. Voltamos a formar a massa compacta que se rodeava sentido horário com passadas curtas. O mais elegante dos sapos trazia relógios dourados, charutos, pulseiras e anéis. Outro esguio e agitado mostrava bolsas, cintos e óculos escuros. Corriam de lado para outro, gesticulando, apontando, deixando-nos tontos. Flutuavam frente a nossos olhos bolas de praia, guarda-sóis, bijuterias, despertadores, tudo inútil. Água nenhum tinha.

– Não temos dinheiro. Não temos nada – disse vó Bella.

– Por que não deixam a gente em paz? Saiam daqui! – gritei dando um passo à frente. – Vão embora!

Melissa ficou exposta. Rodearam-na. Tiraram dela as pulseiras, o brinco que restou e as argolas do cabelo. Outros a apalpavam com rápidos ataques de mãos. Não fosse tia Clô, tirariam seus sapatos e seus óculos.

Pararam de repente, nos assustando ainda mais. Melissa ainda lutava contra o nada, já que seus agressores haviam se afastado. Puxei-a trazendo para perto. Levei um golpe no rosto. Sorte minha que não foi de vó Bella. Não nos atrevemos a tirar os olhos das criaturas, mas precisávamos sair dali. Nossos pés aprendiam a andar de costas, dedos antes do calcanhar. As criaturas multiplicaram-se no chão, deixando as árvores quase peladas. A massa negra não era feita de folhas agrupadas, mas de uma população de sapos ladrões. Não queria nem pensar nos galhos. Demos de costas com um muro feito de plantas. Parecia ser da mesma espécie que engoliu o carro de vó Bella, só que empedrada. Estávamos cercados. De alguma forma, as criaturas não mais se aproximavam. Fitavam-nos e juntavam-se, mas mantiveram uma distância segura (para eles?). Uma entrada, fechada apenas por folhas enormes fez-se surgir diante de tia Clô. Apalpei uma placa de escrita desgastada.

– Tá escrito uma coisa – disse eu.

Bono corde boaventura tranquillitas et aperuerit ianuam.

Quod pessimi sint, et ituri mortem.

("Aos de bom coração, o portão da bonança e boaventura se abrirá.

Aos de coração ímpio, apenas a morte os acompanhará")

– Acho que é latim – afirmou vó Bella.

– Latim? Quem ia escrever uma placa em latim? – questionou Melissa.

– Sabe ler? – perguntei a vó Bella.

– Tá apagado. Só consigo ler... *BONO CORDE*. Acho que é bom coração – disse vó Bella.

E eu que pensava que só tia Clô entenderia, mas vó Bella estudou na época que se ensinava latim nas escolas. Se bem que, naquele exato momento, eu poderia afirmar que ela não se empenhou nos estudos ou não se lembrava da matéria.

– O que quer dizer? – indagou Melissa.

– Pessoa boa, eu acho – respondeu vó Bella.

– Tia Clô está lá dentro – avisei.

A danadinha corria e fazia graça. Mesmo tendo nadadeiras no lugar de pernas, tia Clô tirava proveito dos novos membros. Eu ficava imaginando quando descobririam a cura daquela estranha gripe, e logo me vieram à cabeça imagens de tia Clô sentada no sofá, corrigindo livros que não lhe pertenciam.

A *plantação*

Atravessamos o cercado vivo arrastando os pés a fim de vencer o falso piso de folhas verde-amareladas. Mal víamos tia Clô correr sob os chumaços de folhas. Algumas vezes ela praticamente emergia antes de mergulhar novamente. Localizávamos sua posição por causa do farfalhar de varrer folhas e a respiração ofegante, perturbada por espirros intermitentes. O cansaço, a fome e a sede arqueavam nossas costas e envelheciam nossa tez, provavelmente seguindo algum protocolo instintivo de autopreservação ou, quem sabe, apenas para comunicar ao outro que estávamos impacientes. Hora ou outra, eu recolhia os lábios ressecados para embriagar as feridas com saliva. Afogávamos numa sequidão que, poucas horas atrás na cidade, seria inconcebível.

– Você por acaso não teria um biscoito? – perguntou Melissa.

– Não – respondi tão seco quanto me sentia.

– Nem uma bala? – insistiu.

Apenas embiquei os lábios como quem diz "pois é...". Era um tanto conformista, mas estava poupando forças.

– Te dou um beijo se me der uma bala – provocou ela falando um tanto alto.

Acho que vó Bella ouviu. Temi conferir. Simulei uma brincadeira com tia Clô antes de me aproximar de Melissa, enquanto encolhia o topo do corpo e esticava a boca.

– Pare de besteira, Melissa – sussurrei rispidamente.

– O quê foi? Não quer dividir a bala ou nunca beijou uma garota antes?

– Nada disso! – me enfureci com a ousadia. – Minha avó pensa que somos namorados.

– É mesmo?

– Já falei pra ela que não. Então, vê se não complica.

– Que idiota.

Houve um silêncio pausado apenas nas falas. Era um *mute* temporário.

– Você me deve um sorvete – continuou ela.

– Que sorvete?

– Ai... você ainda vai ser legal comigo... nem vou te dar meu número porque depois vai ser aquela aporrinhação: "tá a fim de um sanduíche?" ou "que tal uma pizza?" ou "gosta de comida japonesa?" – zombou Melissa até salivar.

– A verdade é que eu adoro – acho que ela se envolveu na própria alegoria.

– É... um sushi cairia muito bem.

– Prefiro macarronada à bolonhesa – sugeriu vó Bella o *menu* dos seus sonhos.

– Fritas! Muitas fritas! – Melissa completou.

– Bem crocantes com um *milk-shake* de chocolate – pressionei os lábios sugando um canudo imaginário.

– Pode ser de morango? – perguntou Melissa.

– Claro – respondi.

– Viu só? Me convidou mais cedo do que eu esperava.

– Não te convidei pra nada. Tô é com muita fome.

– Nem me fale...

Embora frequentássemos a mesma jaula na escola, era a primeira vez que Melissa e eu conversávamos de verdade. A impressão de que a conversa surgiu forjada dissipou-se, e flagrei-me tentando estendê-la um pouco mais quando o assunto morria. Ficar em silêncio perto dela já não era tão legal como antes.

– O que você... (ia fazer na praia? Ela vai se lembrar dos pais e ficar chateada)... vai fazer... (melhor não falar de futuro agora)... tô cansado e você? – eu era péssimo.

Vó Bella tanto me afastou do interesse por garotas que via nelas seres quase alienígenas. Ficava mais confortável ao lado de tia Clô, no estado de leão-marinho do que de Melissa. Eu a desdenhava sem nunca saber o verdadeiro motivo. Em algum momento da vida, eu devo ter aprendido a frustrar eventuais armadilhas que conduzissem-me para a rota do amor usando uma atitude desprezível, a repulsa.

Vó Bella apoiava a barriga com as mãos na esperança de impedi-la de roncar. Surgiu em seu caminho um obstáculo que ela pulou com facilidade, quase como uma menininha travessa.

– Viram isso? Me sinto ótima – disse vó Bella enquanto admirava as próprias pernas. Não satisfeita, retornou e dramatizou um passo de balé, antes de pular novamente o obstáculo, ainda mais alto dessa vez. Aquele ar fazia mesmo bem para o corpo, talvez mais que para a alma. De súbito, suas pernas e seu comportamento infantil deixaram de protagonizar surpresa, perdendo terreno para o obstáculo. Era uma enorme, redonda e deliciosa melancia. Ao lado desta havia outra, e mais outra até que pudemos vislumbrar uma extensão de bolas esverdeadas acobertadas por uma tecelagem de folhas cujas formas lembravam pinheiros de natal e ramas espinhosas com pelos eriçados.

– Não acredito! – exclamei ainda cético.

– Melancias! – reafirmou Melissa, bastante crédula.

– São. Todas elas – vó Bella parecia menos surpresa.

Encucava-me sua jovialidade incidente. Mas estávamos ali, rodeados de uma fruta que viria a ser comida e água ao mesmo tempo. E não havia apenas uma para cada um. Se suportássemos, dezenas, centenas e talvez milhares. Ajoelhamos frente a uma vistosa. As honras seriam em grupo, quase em família, não fosse a presença de Melissa. Vó Bella pediu silêncio. Abafou a euforia. Deu com os nós encaroçados dos dedos na casca, tirando dela um som oco e molhado.

– Tá boa.

– Que delícia! – salivava Melissa.

Ameaçamos a fruta a apalpando, delirando sobre ela. Corri atrás de uma pedra e a trouxe. Sentimo-nos animais, homens das cavernas sobre a presa. Nada de humano sobrara, evaporou cada gota, cada hesitação. Como que ainda descobrindo a ferramenta, ergui a pedra o mais alto que pude. Meu peito bombeava ar e sangue, tudo junto, como pistões, mas parou. A melancia expôs sua defesa. Dezenas de insetos saíam de poros, de baixo, de todo o lugar. Voavam desenhando no ar um círculo bobo, embriagados de refestelo. Embaixo, a parte mais afligida povoava larvas e insetos sugadores, que extraíam da fruta seu âmago sumoso, condenando-a à semivida. O que nos fazia humano retornou, de outro modo não nos atentaríamos a tão insignificante e ultrajante repugnância frente a tamanho banquete.

– Ai, que nojo, que nojo, que nojento... – vó Bella arrepiava-se, repetindo sua repulsa que poderia durar para sempre.

– Tem outras. Deixa essa pra lá – apontou Melissa.

– Como odeio esses bichos! – vó Bella fazia cara de vômito. Eu já não me ocupava em diminuí-la por causa disso.

– Essa também tem – voltei-me às outras frutas, mas Melissa já se distanciava, enquanto consultava outras melancias pelo caminho.

– Nenhuma presta! – diagnosticou ela.

– E se a gente tirar a parte ruim? – sugeri de forma a acabar com a prece, uma vez que tínhamos o pão.

Vó Bella fazia isso sempre. Retornava da feira com sacolas rechonchudas. Buscava o horário mais perto de terminar, quando os preços tornavam-se tão justos quanto a qualidade das frutas. "Tira a parte ruim e come o resto. É mais doce que as boas", ensinava. Tia Clô não precisava, ganhava tudo cortadinho num prato. A parte ruim já estava fora. E continuaria assim agora, com ela sem mãos para levar comida à boca. Notei suas orelhas erguidas como antenas. Um zunido baixo, inferior e longo nos arredou feito ventania. Rompemos a atração das melancias e, ao olharmos para o lado das costas, nos deparamos com o pesadelo de vó Bella encarnado em espantalho de gente. Um inseto, do tamanho de um abutre, descia ao chão deixando minha vó em choque. Melissa fez soar seu alarme vocal, enquanto tia Clô rodopiava, buscando espaço para correr entre melancias. Fiquei paralisado com a ideia de que tinha que fugir e carregar duas meninas de diferentes pesos, uma histérica e outra rude. Uma nova e outra velha. Mais insetos surgiram à frente. Não pareciam se juntar para ataque, mas apenas para cuidar das frutas. Algo os embevecia, pude facilmente constatar. Dois deles colidiram no ar, caindo ao chão como pássaros mergulhadores, e espatifando-se como ovos cozidos. Puxei vó Bella agarrando seus braços e a guiei para onde corriam Melissa e tia Clô. Estávamos num lugar distante de sistema e de entendimento do nosso.

– Melissa, espera! – tive medo do que poderia ser o próximo encontro.

– Vem, vó – precisava assegurar comigo minha consciência.

Corremos até o fôlego cessar. Tínhamos a sensação de que, se subíssemos o morro, tudo estaria resolvido, como a letra de uma música qualquer. Enxergaríamos melhor as opções de rota. Do morro tudo pareceria pequeno, imaginei quase sonhando. Fazia isso com menos frequência. Talvez porque

Melissa ficava o tempo todo ao meu lado, ou porque eu estava preso dentro de um tipo de imaginação. Se fosse, eu queria acordar. Era um mundo inóspito e imprevisível. Não do tipo que eu gostava.

Nossas peles acinzentadas colavam ao corpo. Nunca vi Melissa com tão poucas cores. Sobrava-lhe apenas a forma esguia, com joelhos pesados unidos debilmente às pernas finas que terminavam sobre calcanhares indecisos. Pouco cinturada pela magreza. Os seios, desacostumados a espetáculos, não mais se escondiam sob matizes irradiantes, mas se avolumavam dentro das roupas de calor. Vi-a feminina e atraente. Ainda havia entre nós uma distância criada lá atrás, nos primeiros dias da escola, quando Melissa pisou em mim com a soberba inflada, esmagou-me no chão com a mesma facilidade com que se esmaga uma banana passada. Só pude levantar-me e recolher os restos que compunham minha existência horas depois, quando fazia os exercícios extenuantes que me tornariam um touro. Vó Bella e sua sabedoria eram o remédio amargo. Naquela época, o desprezo e o julgamento infelizes de Melissa nivelavam no mesmo valor o cachorro vadio que sabia atravessar a rua, o lixo acumulado da chuva, a lama que as águas abandonavam e eu.

Mas era uma distância ultrapassada. Tanto que eu não mais me importava.

– Por que você usa óculos?

– Miopia. Depois da primeira consulta, não parou mais. Tenho que trocar sempre.

Não era a resposta que eu esperava, mas era a que me confortou. Nem tudo ali eu poderia julgar como sonho.

O moinho velho

Avistamos uma cabana, ou melhor, um moinho abandonado. Duas pás mantinham-se eretas, dignas de apanhar vento. Outras duas deitavam-se sobre o chão abarrotado de quinquilharias. Melissa correu mais que todos. De nós era a que menos energia precisava, mas era apenas um julgamento leviano. Um modo grosseiro de entender como ela ainda concentrava energia para uma corrida daquelas. Para chegar até lá precisávamos vencer uma trincheira (outro rio seco?) até fácil de transpor, no meu ponto de vista. Vó Bella e tia Clô faziam dele um ensaio enquanto desciam. Subir o outro lado seria a verdadeira provação. Deixamos para traz a beirada ofegantes, mas lúcidos a ponto de ver Melissa fazer poeira ao pisar a varanda de madeira velha. Podíamos ouvir reverberar as ripas carpideiras. Lamuriavam aos socos dos sapatos de Melissa. Avivamos o passo enquanto a maluca buscava um modo de entrar. E conseguiu. A porta, que antes não abrira, a engoliu por inteiro. E quase sincronizou os movimentos, pois quando a sombra da varanda já me cobria, a porta bateu frente a nossas caras. Vó Bella avizinhava-se como o ponteiro de segundos do seu relógio, enquanto tia Clô engolfava-se para ao menos vencer o pequeno degrau que dava na varanda.

– Melissa! Abre por dentro! – eu gritava enquanto forçava a maçaneta. Era motivo de rir que, em duas situações semelhantes no mesmo dia, dependíamos da moça. Uma para sair e outra para entrar. Vó Bella gargalhava. Acompanhei-a com um soluço de riso, quase igual a uma tosse. Tia Clô rodeava a casa e a segui de perto. Avistamos insetos gigantes no horizonte próximo. Voavam ao léu e a despeito de nossa existência, mas não queríamos vê-los. Tornamo-nos crianças que tapam os olhos ao flagrar cenas de horror nos filmes impróprios.

– Tá que nem nossa casa – disse vó Bella, meio que deixando seu planeta e tomando posse do mundo que tia Clô havia desamparado ao adoecer.

Aliás, ou essa palavra não se aplicava a tia Clô, ou eu que não sabia mais seu significado. Quem poderia afirmar que tia Clô estava doente? Recendia vitalidade e uma saúde que invejaria qualquer um.

Tia Clô e eu completamos a volta. Demos com vó Bella quase interessada na compra do velho moinho, analisando vigas e telhas, atestando a madeira, desprezando a limpeza das janelas empoeiradas. Mal podia-se ver dentro.

– Um lugar abandonado assim deve ter aranha – concluiu ela.

Ouvíamos portas batendo e ruídos que invasores fazem quando não conhecem direito o ambiente alheio.

– Melissa! Abre a porta!

– Toda vez que ouço o nome dessa menina é porque tem encrenca – disse vó Bella, ainda tentando atingir-me com a história do namorico.

Onde a poeira era menos densa, apoiamos as mãos a fim de evitar que a claridade de fora refletisse-se no vidro. Esbugalhamos os olhos, talvez esperando que estes ficassem maiores que nossas cabeças. O pouco contraste entre manchas claras e escuras revelou do lugar um tipo de laboratório. Era pouco para ter medo e muito para ter coragem. Forcei a porta, até que abriu. Melissa surgiu, trazendo uma expressão de cansaço.

– Não tem comida.

– Por que demorou pra abrir?

– Tava aberta.

– Dá pra usar o banheiro, será? – vó Bella perguntou já buscando tudo que parecesse porta.

Parou em frente a uma e percorreu o olhar intolerante. Se quisesse só limpeza bastaria ver o vaso, mas queria se certificar de que não tinha aranhas nos cantos. Só adentrou após examinar uma montoeira de compotas de vidro. Se eu estivesse apertado, não aguentaria nem fechar a porta.

Todo feito de madeira seca remendada, daquelas que abrem suas extremidades como dedos separados, o assoalho lamuriava a cada movimento que fazíamos. Revelava-se adiante o interior do moinho, que encruzilhava compartimentos desiguais em forma e tamanho. O corredor, iniciando após algumas passadas através do compartimento maior, à primeira vista, dava para alas entreabertas que ramificavam para lados opostos. Vó Bella adentrou a segunda entrada no lado direito. A primeira dava ares de cozinha improvisada que um dia aparentou refino. Todo o interior do moinho parecia esconder uma história de respeito e polimento sob camadas de desleixo vicioso, devidamente cimentado de imundície acumulada. Pendia do teto um fio elétrico, que julguei ser o interruptor da lâmpada. Assim que o apertei, houve um estalido seguido de um ruído de motor. Era o gerador de energia, que fazia quase balançar toda a estrutura só para acender a lâmpada.

– Será que mora alguém aqui? – indagou Melissa, incomodada com a sujeira, agora mais nítida com a iluminação.

No entanto, de modo a testemunhar uma vida conturbada preenchida por um ofício ritualístico, o interior da casa era forrado com móveis rústicos e descombinados, limpos com pano sujo, cujas superfícies cobertas por uma mancha opaca de poeira ressecada deixavam escapar alguns brilhos do tratamento original. Havia uma mesa quadrada e alta de cerca de 2 por 2 metros de comprimento, uma estante também alta, encimada por vidros de compota com anotações em papel grosso; e um balcão, sobre o qual se elevavam duas pequenas torres forradas por toalhas de pano, estas sim estavam limpas. As cadeiras espalhadas encostavam as costas nas paredes, servindo para suportar madeiras, ferramentas, panelas, vasilhames e livros empoeirados. Com o tempo a refogar o temor do que mais haveria lá fora, nos demoramos a examinar o que se punha à frente – talvez por considerarmos menos hostil – buscando prever o caráter do provável morador, que, pelo conjunto da obra, poderia facilmente tratar-se também de um invasor. Na cozinha, uma xícara de café seco atraiu a atenção de tia Clô, que se pôs a lambê-la. Era um dos momentos em que a víamos como um animal e dos quais vó Bella envergonhava-se profundamente. Voltava do banheiro a ponto de ver a irmã, andando, feliz, brincalhona como nunca, embrulhada numa pele de animal selvagem.

Oferecer cuidados era uma das coisas que vó Bella fazia com destreza e, como estávamos todos na mesma situação, sem que a vantagem da experiência de vida a favorecesse, ela sentia-se uma colega de classe, daquelas que os demais ignoram a existência. Com o velho papel de ordenanças deixado para trás, não lhe sobrava nada senão olhar em redor e remeter a visão para outro lado em busca de algo que valesse comentário.

– Não tem descarga. Tem que usar um baldinho que achei, se alguém for lá – falou ao desviar os olhos de tia Clô.

– Tá bom, vó... – fiquei um tanto consternado ao saber.

– E o vaso não tem assento. Tem que colocar...

– Beleza, vó. Já entendemos!

Vó Bella se aproximou e me apontou um maço de papel higiênico que trazia na mão.

– Se precisar de papel, usa esse que trouxe comigo. É o que sobrou.

Que humilhante. Eu estava apertado, mas agora teria que esperar que Melissa fosse ao banheiro antes de mim. Se me adiantasse, ela certamente pensaria que eu precisava da orientação da minha vó até para mijar. Aquilo tudo acontecendo e mais essa estranheza no comportamento da vovó me dividiam. Os papéis pareciam ter sido trocados, e ela fazia uma espécie de mulher sensível e despreocupada. Eu havia me acostumado a ser observado por ela de outra maneira. Com autoridade e imposições. Toda minha vida foi moldada a partir disso. Era como se ela fosse a roteirista de nossa existência e, ao criar nossos personagens, havia pesquisado e rabiscado possibilidades alternativas. Rascunhou nossa história pregressa, definiu nossos objetivos, desenhou nossas motivações, delimitou nossos gostos, determinou nossos pontos fortes e fracos, estabeleceu os pontos de virada e decretou (como uma autoridade superior) nosso final feliz. E, como perfeccionista que era, sua vida foi deixada em terceiro plano – se não mais longe. Ficava claro para mim que, juntamente com suas preocupações antigas, a velha trabalhadora enclausurada se fora, ou ficara na cidade. Esta nova senhora me oferecia uma liberdade que eu quase não podia suportar. E, exatamente como a vó Bella anterior, era ela quem precisava de cuidados. Só que agora ela não tinha medo de esconder isso.

– Tem duas melancias boas – disse Melissa drapejando as toalhas nos dedos enquanto apontava com o queixo para duas redomas de vidro que protegiam, cada uma, uma melancia tenra e saudável do ambiente rude, grosseiro e animalesco a sua volta.

Aproximei-me salivando, mas com a ressalva em mente de que tudo poderia não passar de um preparo para o bote peçonhento. De qualquer forma, estávamos menos tensos com o lugar. Como presas distraídas, exploramos cada novidade como crianças brincando no parque. Vó Bella ganhava os degraus de uma escada camuflada que encontrou num canto escuro. Admirada e sem pressa com as juntas renovadas, pôs-se a encolher e a esticar os joelhos até atingir a altura de quatro degraus, motivada pelo que pensou ser um frasco de inseticida, repousado na prateleira de cima de uma estante. De obrigação, olhamos para onde estava tia Clô, que arremessava a nadadeira contra a parede intentando derrubar outra xícara, esta ainda tinha restos de café até quase a metade. A cada degrau que vó Bella vencia, via ela nas prateleiras melancias de tamanhos diversos, no entanto, nenhuma inferior a uma bola de basquete. Algumas doentes e outras viçosas, mas todas cobertas de terra arenosa, aninhadas sob cuidado maternal. Mesmo antes de alcançar o tal pesticida, vó Bella já via que o frasco a enganara e não passava de um antiferrugem. Estranhava ela o fato de haver poucos materiais ferrosos naquele lugar para serem tratados com um produto novo daqueles. Com graça no ar por ter sido tapeada, vó Bella desceu uma perna até encontrar com a outra, passando os olhos pelas anotações frente aos frutos.

– Mais um maníaco por correções. Este trocou os livros por melancias – brincou ela.

Momento este que fez a escada bambear, como que trazendo de volta a fragilidade da velhice bem quando seu corpo estava desajeitado. Ao ler o nome de tia Clô num dos cartões, vó Bella agarrou-se à escada como refúgio, pois a surpresa a golpeara no abdômen. Clotilde Jules Ribeiro, rua Astúria, 1792, Bairro do Limão. Estava tudo correto, nome, endereço, tudo. Melissa e eu retirávamos as melancias do interior das redomas, embora certos de que fazíamos algo errado. As raízes agarravam-se ao fundo do invólucro. Pareciam protegidas por algum motivo que a fome não nos permitiu questionar.

– Pronto – disse eu ao deitar a segunda fruta sobre a mesa.

– Por isso estavam protegidas! Estas boas são pra ninguém pegar – disse Melissa, amplificando a sensação de haste de ratoeira nas gargantas. Logo que vó Bella largou a estranha ficha de tia Clô para de descer, um segundo golpe a paralisou, deixando em seu rosto, uma resignação contrafeita. Pressionava entre os lábios as falas de prudência que só diria após colocar todos fora dali, quando alguém apareceu. Um homem grande, aparentando ter 50 para 60, entrou intempestivo, dando forma ao desagrado em nos ver.

– O que estão fazendo na minha casa?

Ao perceber a ameaça, tia Clô franziu a fuça e rugiu como leão novo, pondo-se ao ataque. Um rapaz, de aparência e tamanho de um menino de uns 9 ou 10 anos de idade, fez do braço uma lança e o arremessou contra a porta, atingindo a tranca no ponto de fechar, prendendo tia Clô na cozinha. Esta enraiveceu-se, jogou-se contra a parede, talvez querendo retribuir o débito de anos de invalidez. Melissa e eu nos rendemos frente à mesa, erguendo as mãos, enquanto vó Bella firmava os pés no assoalho empoeirado. Ficamos em completo silêncio.

O homem vestia roupas de um combatente veterano. Ao constatar o domínio, tirava as luvas de couro e lançava à mesa os óculos de rato do deserto da segunda guerra, que, no menino, fazia jus ao nome. Caminhou o velho, balançando a cabeleira alta e crespa, como que inspecionando uma tropa desleixada, sendo que sua casa é que deveria passar por uma inspeção. Seus olhos firmes e intencionalmente maus nos banhavam sem piscar. Um suor fino e transparente escorria de seu rosto com dificuldade, tendo que juntar força nas gotas represadas nos poros, nas rugas da testa e ao redor dos olhos para ganhar volume. A gota desceu e escondeu-se no emaranhado da barba farta.

– Ninguém fala com coragem, pra se calar dessa feita? – insistiu o velho.

Eu nunca levei jeito para falar em defesa própria, menos ainda quando eu tinha mais perguntas que resposta. Deixava isso para minha avó, que detinha a habilidade de predador que ataca e, quando preciso, o tato para negociar com a presa.

– Calma, meu senhor. Não fizemos nada, senão olhar. Se quebrou alguma coisa a gente paga e vai embora.

– Fizeram invadir e roubar. Se isso já não é grave o bastante... – disse o velho tirando de Melissa as toalhas, enquanto devolvia a primeira melancia a sua respectiva redoma, como se fosse um bebê adoecido. Eu assistia a tudo incapaz de me mexer. Olhava o menino de olhos submissos que se prendiam a mim como lentes de câmeras teleguiadas. Ele era de pouco interesse. Usava roupas escangalhadas. Magro de dar dó, parecia partilhar a fome que nos dominava, porém, forçada por mais dias. Já o velho era forte e gordo. Com os braços da espessura do menino todo. Sua voz trovejava quando se punha a falar. Eu buscava um argumento, uma desforra para aquele embaraço, qualquer coisa que nos desse uma pequena vantagem. Mas minha mente sempre me traía. Agora não seria diferente. Apanhei a outra melancia ameaçando lançá-la adiante.

– O que tem as melancias? – perguntei fazendo carranca. O velho mudou a expressão. Ele e vó Bella. Ficaram atônitos e, de certa forma, apavorados. Eu sabia que para ele a melancia era algo importante, mas, para vó Bella eu brincava com fogo. Arruinava naquele momento qualquer negociação de liberdade.

– Menino, você não sabe o que faz – disse o velho. E chamando-me de menino! Agora eu tinha certeza de que tinha mesmo um tesouro nas mãos.

– O que você tá fazendo, Josué? – perguntou Melissa com um tiritar na voz enervada.

Com efeito, aquilo tudo parecia trazer normalidade a minha vida. Vó Bella e seu olhar desapontado, Melissa e sua tentativa de me acordar para a realidade e tia Clô, no outro cômodo, tentando libertar-se para corrigir as coisas. No centro de tudo, estava eu. Sem a máscara. Apenas Josué. Porém, diante do resgate de nós mesmos, valendo-me de qualquer coisa. Naquele instante, eu não pensava em nada, apenas agia, deixando meu corpo liquidar o que a mente tanto conjecturava.

– Garoto, escuta o que estou falando desde o começo. Pousa com cuidado a melancia sobre esta mesa, somente isso – solicitou o velho, contrafeito. A essa altura, já via ele e o menino cercarem-me com passos lentos e comedidos.

– Josué, por favor – vó Bella também suplicava. – Nos desculpe, senhor. Já vamos de saída – e voltou-se para mim. – Menino, deixa disso que já passou do limite.

– Josué, larga senão te arrebento! – negociava Melissa a seu modo.

Eu parecia sozinho, mas isso me avivava. Afinal, não foi sempre assim que julguei ideal? O velho pegou um vidro quebrado e ameaçou Melissa segurando-a fortemente. De forma a engrossar a intimação, o menino agarrou vó Bella, prendendo seus braços por trás do corpo.

– Deixa a melancia na mesa. Estou longe de brincar – a voz do velho soou trôpega dado o sufocamento que arrochava suas entranhas.

Sua raiva resplandecia nos olhos. Assemelhava-se a uma cadela que protege a cria, tal esforço de fúria ateada, fazendo Melissa guinchar infantilmente, arregalando os olhos. Vó Bella deu uma sacodida, duramente repreendida pelo rapaz. Estavam não à mercê do velho, mas a mim. Eu havia me perdido no desequilíbrio de pensamentos quando tentava encontrar maior apreço às melancias do que às mulheres em perigo. Esforçava-me para entender o real motivo que levava tal homem à selvageria apenas para recuperar um fruto de valor menor que o do trabalho para cultivá-lo. Melissa soluçava tentando esboçar uma súplica, algo que ela nunca precisou fazer antes. Seus olhos transbordavam e deles desciam cachoeiras de uma lágrima ardida, que secava suas paixões, desnutria suas atitudes. Já vó Bella me perseguia com o seu olhar de mãe fracassada. Pressionava o cenho ao estranhar aquele neto, que havia recebido como filho, mas que criara como um animal, adestrando-o ao próprio gosto. Estava tudo ali, cru e dissecado. Aquele ar de clamor e ameaças encheu o lugar como fumaça que intoxica, que ilude. Uma ponta de algo bom, algo que jamais poderia descrever com palavras encantava-me ao ver o quanto vó Bella era frágil, presa por um menino de 10 anos ou menos. Por que nunca tomei as rédeas assim? Sendo ela menos forte do que sempre pensei tornava-me menos forte também. Então de que tudo adiantaria? E Melissa com suas notas altas? De que serviam agora? Meus nervos e veias inchavam como os rios abundantes da cidade. De certa forma, identificava-me com aquele homem que carregava nas costas mistérios somente dele. Segredos difíceis de abalar. Eu tinha o mesmo tipo de apego pela máscara, que todos desprezavam. Diziam que ela extraía de mim um perfil ruim. E parecia que sim. Eu fazia agora o mesmo com aquelas frutas e seu dono. Pressionava até espirrar um sumo ácido, cujo gosto era de culpa, seguido de um lampejo de razão, que tentou clarear minha mente e revelou no que eu me tornava. Não era um super-herói, nem tampouco um herói, mas sim o oposto, mesmo que impossível admitir. Melissa e vó Bella estavam reféns do que eu faria. Enxergava-as com a clareza do ar turvo, pesado de mágoas, e as julgava serem as duas mulheres que me enclausuravam. Mutilavam sem compaixão minha renúncia à vida ordinária só para cumprir com obrigações sociais vulgares. Ao mesmo tempo, cobravam de mim alguma atitude de homem. E finalmente entendi: eu era o menino. Pela primeira vez, enxerguei em mim o que vó Bella sempre fizera sem esforço. Um pensamento fustigou meus olhos trêmulos e extraiu deles lágrimas de uma descoberta de vida. O peso carregado de memórias e o esforço para atingir a lucidez obstruíram minha raiva, forçando meus braços flácidos por falta de vigor a abandonarem a postura ofensiva. Foram, ao tempo de dois longos suspiros, deitando-se à mesa até soltarem a melancia. Numa espécie de efeito reflexivo, o velho lançou Melissa ao chão. Suas mãos grossas e intolerantes a deserdaram para adotar a melancia e trazê-la frente a seu peito. O homem, traído por uma expressão afainada, deu ao fruto um demorado abraço de carinho, enquanto o menino afrouxava o aperto nos braços de vó Bella. Bastava soltar tia Clô antes de irmos e me pus a fazer.

– Mexam as pernas e destinem-se à saída – disse o homem em pleno uso de uma linguagem distante e a rudeza de um pedaço de carvão.

Vó Bella demorou-se. Não estava satisfeita com o desfecho em favor de um homem que segredava petulância e que, de certo modo, invadira nossas identidades.

– Sim, nós vamos. Mas antes, o senhor pode explicar por que nossos nomes foram parar nas suas prateleiras?

– O quê! – questionei com menor revolta, esquecendo-me de libertar tia Clô.

– Ai, meu Deus! Tipo vodu de melancia! – estranhou Melissa, misturando inocência com superstição. O velho não reagiu, só esperou que desistíssemos. Fomos levados justamente ao contrário e nos aproximamos novamente dele e do garoto.

– Anda vigiando nossa casa? É sobre o aluguel? – indagou vó Bella.

O garotinho, cujo corpo magro poderia enxotar de si qualquer força física, arremessou-me longe, entendendo proteger o velho. Este, por sua vez, deitou a segunda melancia em sua redoma e abraçou ambas como crias. Ao ver, pensei em tão boa chance que perdera de atingi-lo de verdade. Mas ainda não sabia das nossas identidades catalogadas. Tomando frente, e certo de que vó Bella e Melissa distanciavam-se em segurança, vociferei:

– Você vai dizer agora o que acontece e que lugar é este onde viemos parar.

Após alguns segundos de olhar agressivo, o velho soltou o ar dos pulmões à longa baforada, escapando-lhe um urro abafado de descontentamento.

– Nada é fácil de explicar que seja fácil de entender.

Atordoados com a impaciência, nossos olhares penetravam suas entranhas, buscando sinais antecipados. Mas não era como pegar alguém mentindo ou simplesmente escondendo algo que entendíamos. A julgar por tudo que acontecera desde horas, aquele homem tinha algo incompreensível a dizer.

– Estamos ouvindo – disse vó Bella.

E demorou ainda mais ao se virar de costas a fim de deixar as melancias longe de nossas vistas. E, como cão que escava terra para resguardar um pedaço de osso, o velho retornou olhando fixamente para tia Clô.

– É questão de tempo até que todas as pessoas adoeçam.

– Tá falando da gripe da foca? – indagou Melissa, obtendo como retorno o silêncio.

– E como você poderia saber disso se nem os médicos sabem? – questionei.

– E médicos podem ajudar? Quando surge uma doença que ninguém estudou, há cura sem testes? Pessoas morrem antes de começarem a entender a natureza da doença, não foi sempre assim? – continuou o velho.

– Pois fale logo, que não quero passar mais tempo aqui – disse vó Bella, pondo fim à discussão na qual me envolvi facilmente.

– Viram as melancias lá fora? – perguntou o velho.

– Vou logo dizendo que estão bichadas – retornou Melissa.

– Pois bem. Lá fora, naquele cultivo tem um número de melancias exatamente igual ao número de pessoas vivas.

– De São Paulo? – perguntou Melissa.

Estávamos possuídos pelo velho que ainda não se apressava. Mordiscávamos os lábios ressecados e engolíamos a saliva escassa.

– Do mundo todo. Cada uma delas está ligada a uma pessoa, e cada pessoa está ligada a uma melancia como se fosse espelho. Se quebrar o vidro, morre apenas a imagem refletida, mas se quebrar o vivo, morrem ambas.

Ali, nossas atenções dividiram-se. Vó Bella deixava-se levar com ressalvas, certa de que aquilo era apenas uma metáfora rumo a alguma explicação razoável. Melissa se rendia ao significado literal das palavras, aturdida com os acontecimentos recentes. Eu apenas estanquei:

– Você é louco – provoquei, atiçando em vó Bella a oportunidade de se pôr crítica.

– Faz o seguinte, se não vai falar a verdade, ao menos dê um copo d'água para cada um. Se tiver comida também, a gente aceita – disse vó Bella como deveria ser. Colocava fim à loucura e ainda nos dava vantagens. Como eu a invejava!

– Avisei que não seria fácil. Mas afirmo que se esta melancia adoecer e morrer, da mesma forma adoeço e caio morto. Mas se ela está perfeita e saudável...

– Fica saudável também... – suspirou vó Bella. Novamente eu a perdia.

– O senhor tá dizendo que se as pessoas ficam doentes... é porque as melancias ficaram doentes? É mais sinistro do que vodu – meditou Melissa.

— Por isso vivo para protegê-las — completou o velho, satisfeito por nos confundir à vontade.

Um silêncio indefinido se instalou naquele lugar apaziguado por falta de vizinhança. Era uma imensidão de áreas incompreendidas, forradas de plantas, árvores solitárias, terra seca e uma vastidão de melancias adormecidas. Ao fundo, uma montanha de formato cônico quebrava a languidez do horizonte como um nó. Um cenário nostálgico acobertado por um céu azul quase contínuo, não fossem os tons de cerúleo, cobalto e ultramar que o transgrediam. Dentro do moinho, terminávamos de digerir a mentira desforrada do velho antes de julgar fazer alguma coisa.

— E quem protege aquelas outras? — indagou Melissa.

— Quanto tempo elas vivem? — perseguiu vó Bella.

— Quem planta e quem colhe? — continuou Melissa.

— Tem que ter um batalhão de gente — disse vó Bella.

Ambas perscrutavam respostas que, a calcular o tempo disponível que o velho tinha de nos coibir, levaria uns dois anos para obter um esclarecimento.

— Espera aí, gente. Isso é muita maluquice pra por em questionamento. Dá pra ver que esse cara não é normal. Não bate bem.

Pensei retomar as exigências por comida e bebida, mas só fiz andar de um lado para outro, gesticulando os braços de raiva. Ainda recaía em meus ombros a culpa de ter tensionado o perigo sobre Melissa e vó Bella. Aliás, não conseguia entender minha vó, talvez nem mesmo Melissa. Há pouco estavam aterrorizadas pelo homem armado de um pedaço de vidro. Agora ele penetrava-lhes as mentes, bagunçava-lhes os pensamentos.

— Tem ou não alguém pra cuidar delas? — insistiu Melissa, já refeita do susto inicial de quando o vidro acercava seu pescoço. Sua voz ganhou a força e a determinação de uma gata bronqueada.

— Havia nessas planícies um sistema político que fazia tudo organizado, de funcionamento automático se seguisse os preceitos. Um cultivador exageradamente educado na arte da cultura de frutos era posto em período de teste antes de poder exercer a função com a segurança de um profissional. Sua vida era cuidar das frutas como lhe conviesse e estas lhe serviam a oferecer um modo cômodo de labor — continuou o velho sem se pausar dessa vez — cada pessoa é diferente da outra e tem gostos difíceis de equiparar. Se afável ao cultivador um clima frio, que não o aborreça no decorrer da vida, toda a plantação modifica-se a fim de que o fruto retire do frio os recursos para sobreviver. Despertariam do frio: os pessegueiros, as macieiras, as videiras, as cerejeiras, as ameixeiras, os marmeleiros, as figueiras e frutos como nêsperas, romãs e morangos. Outros prefeririam o clima quente, úmido ou seco. Este último cultivador preferiu o quente e seco, onde o cultivo da melancia se fez apraz. Mas sucumbiu a algum mal e, desde então, abandonou a lida.

– Um homem só pra cuidar disso tudo! Pobre cultivador. É trabalho demasiado para uma só pessoa – vó Bella entendia bem de sobrecargas atribuídas a uma única pessoa.

O velho deixava sua voz cavernosa preencher o moinho, se dando o valor de um contador de estórias. Tal façanha me envolveu, já que se tratava de histórias de insurgentes. E ele prosseguiu:

– Antes de se aposentar pelo serviço prestado, um novo capataz surge como aprendiz. Rapaz novo, de pouca idade, apto a absorver os conhecimentos do ancião. É treinado por anos até demonstrar destreza nas mãos e no raciocínio. Depende de o cultivador deixá-lo amadurecer acompanhado ou não. Geralmente, esse mostra valor logo no primeiro ano. No segundo é deixado para exercer a seu modo a labuta, ficando para o terceiro a escolha do clima que melhor lhe apetece junto à solidão que o acompanhará até a velhice. E assim tem sido por séculos.

– E cadê ele? – inquiriu Melissa.

– Não só abandonou tudo como se fez sumir. Ninguém mais soube do velho e de seus conhecimentos. Este pobre – apontou com o nariz o rapaz – foi tudo o que sobrou. Mas não há meios de ele prosseguir sem os dois anos ou mais de treinamento. Desde que surgiu, tem prestado a me ajudar, mas as pragas são muitas. Pouco podemos fazer para contê-las.

– Vocês não devem usar um veneno comum, uma vez que as pragas aqui atingem o tamanho de cabras – refletiu vó Bella.

– E se a gente ajudar em alguma coisa? – perguntou Melissa, lançando um brilho caridoso no olhar. Talvez o mesmo que fez ao se lembrar do meu aniversário.

– Já chega! – exclamei. – A gente tá perdendo um tempão aqui com baboseiras.

– Exatamente – disse o velho. – Sigam meu conselho: ajudem-se a si mesmos. Suas melancias estão ali. Podem levá-las. Cuidem delas.

— Pois bem — vó Bella ressaltou. — Vamos partir levando as melancias.

— Vou procurar a minha, dá licença — e Melissa passou a procurar seu fruto.

Tia Clô fazia do seu corpo um aríete vivo, disposta a pôr a casa abaixo, caso não a soltassem. Ao vê-la, vó Bella fez pipocar algo que havia esquecido.

— E os que ficaram doentes? Como tirar esse mal?

— Vó, as pessoas comem melancias, tem melancia pra vender no mercado e na feira. Não entende que isso vai além de loucura? — fiz destoar o assunto de tal forma que sua pergunta ficou indecisa no ar, como um balão que se prende ao teto.

Percebi o velho me olhando de forma cautelosa, como um culpado que guarda para si o melhor antes de distribuir doações.

— Pensando assim... se esse velho estiver mesmo louco de dar nó, eu vou pagar o maior mico carregando uma melancia com meu nome — Melissa considerou.

— Apenas para provar meu ponto e a fim de que deixem de vez minha casa, me arrisco a uma demonstração — sugeriu o velho maliciosamente, surpreendendo até o garoto que o acompanhava. Este lhe dirigiu um olhar tão atento quanto os demais. O velho arqueou o corpo virando-se e voltou com um frasco onde deixava armazenada meia dúzia de moscas brancas.

— Vai deixar sua melancia adoecer de propósito? — observou Melissa em tom de pergunta.

— Não a minha — respondeu o velho com ares de mágico de circo. Ele percorreu a todos com os olhos, nos despindo do ceticismo. Por fim, parou seus olhos escabrosos sobre mim. — A de um de vocês.

De repente, tia Clô pôs-se à luta, arremessando novamente seu corpo pesado contra as paredes. Tudo de suspenso que repousava na cozinha foi ao chão.

— Não estou gostando disso nem um pouco — disse vó Bella antecipando, como tia Clô, o jogo sujo que se revelava.

— Dói, quero dizer... é perigoso? — sondou Melissa.

— Nunca se sabe — respondeu o velho com um sorriso diabólico.

— Beleza. Então pega a minha — voluntariei-me.

– De jeito nenhum – interrompeu vó Bella. – Se não for a minha ou a dela... – apontou para Melissa – nada feito.

– Como é que é? – Melissa ofendeu-se.

Vó Bella se virou para mim.

– Se der alguma coisa errada, peguem suas melancias e vão para algum lugar seguro.

– Nada disso. Se ele fizer com você e der errado, eu juro que vou lutar para que cada leão-marinho deste planeta fique em segurança. Vou me opor contra a polícia, contra a sociedade, contra o papa se for preciso – olhei-a com tamanho furor que meus olhos se tornaram vermelhos na hora. – Juro que me associo à primeira ONG de proteção aos leões-marinhos que encontrar na internet.

– Não me desafie, menino.

– Vai logo. O que tá esperando? Você sabe que não vai dar em nada. Me transforma em leão-marinho – Dei um passo à frente, barrando vó Bella com minhas costas.

– Não enquanto eu viver e tiver forças para evitar.

Ela baixou sua melancia sobre a mesa com tamanha força, que fez estremecer o moinho. Fiquei pasmo e preocupado, mesmo sabendo que aquilo tudo não passava de uma possível armação. Melissa esticou o pescoço para sanar a breve curiosidade que a fez duvidar se a tal melancia realmente pertencia a minha vó. Conseguiu ler o cartão com o nome Bellarmina Gregório Pimenta e se encolheu, abraçando a sua.

– Vai ver que este homem não passa de um picareta. Depois não me venha com "menino" – tirei sua melancia da mesa e a substitui pela minha.

– Quer parar? Nunca encostei a mão em você, mas não é tarde pra isso – ameaçou vó Bella pegando o frasco com insetos. Ela com certeza esqueceu do episódio do tapa na minha bunda. Eu não.

Vó Bella deu meia volta e correu até sua melancia, mas eu já a tinha em minhas mãos.

– Pois eu mesma vou fazer. Me dá aqui.

– Tomou-lhe a vantagem – gargalhou o velho. Afastou-se e, copiado pelo menino, pousou o corpo contra a parede, cruzando os braços sobre o peito.

Tinha comigo sua melancia, mas ela detinha o frasco. Passamos a rodear a mesa como espadachins. Queríamos atingir um ao outro afligindo nossas próprias melancias. De periclitante, a peleja tornou-se um espetáculo, em que os quatro demais até se divertiam, embora tia Clô estivesse mesmo era aflita.

– Já vivi muito. Sou bastante forte pra aguentar.

– Sou forte também. Você que nunca prestou atenção.

– Não é o que tem parecido. Se envolve com meninas e eu soube de suas notas.

Como soube? Conversou com Melissa! Comecei a suar de forma estranha. Eu havia me esquecido da minha melancia. Estava em posse do velho que ardia num sorriso de ameaças.

– Está vazio! – disse vó Bella.

Pensei ser um trote, mas o frasco estava mesmo vazio. Ela o havia segurado de ponta-cabeça. A tampa frouxa se soltara, deixando os insetos livres pelo moinho, dispostos a se saciarem de qualquer fruto disponível. Protegi o de vó Bella e Melissa fez o mesmo com o seu. A melancia restante era erguida pelo velho.

– Agora veremos se é mesmo tão corajoso – provocou o velho.

– Deixa disso – exigiu vó Bella.

O velho a ignorou e passou a descrever todos os sintomas que me levariam ao chão.

– Vai começar a suar frio como degelo – e suei ainda mais. – Vai sentir as veias pulsarem como chicote galopando os ares – passei a sentir uma forte pressão no corpo todo. – E uma tremedeira inclemente até os músculos se contorcerem – fechei os olhos pressionando-os, mas abri quando nada mais aconteceu.

Tia Clô finalmente rompeu a trava da porta e lançou-se contra nós, mais leão do que marinho. A mesa tombou levando consigo o velho. No lugar onde estava o velho havia agora suas roupas amontoadas. Sob elas um leão-marinho, vestido de juba preta da cabeça até o peito e de tamanho ainda maior que tia Clô. Melissa, esperta a seu modo, havia retirado a redoma de vidro de uma das melancias do velho que ficou exposta e nua na parte escurecida de sombras. Acabou por atrair os insetos.

– Caramba! Não é que ele falava a verdade! – relatou Melissa.

Estávamos de um pavor lúgubre, mergulhados no mais profundo e inconveniente reflexo da realidade, onde tudo é invertido e plano. A golpes de perdedor, o menino tirou de Melissa a redoma e cobriu novamente a melancia, logo depois de afastar completamente a perversidade dos insetos. Tia Clô alcançou o velho, mas, em vez de atacá-lo, o convidou para brincar. E, enquanto nossos pequenos horizontes expandiam-se naquele mundo, os leões-marinhos perseguiam-se nos rodeando, como filhotes brincalhões.

– Então é isso! Quando as melancias são atacadas por insetos, as pessoas viram leões-marinhos!

Um lampejo aflorou em minha mente enquanto aquele acontecimento fantasioso conquistava lugar na realidade. Por mais que qualquer julgamento trouxesse à luz ideias ilusórias e de pesadelos sombrios, não acordávamos. Desejava eu ser espirrado daquela alucinação que começara muito antes, quando eu ainda tinha 5 anos.

– Cada um pega a sua. Vamos levar embora – ordenou vó Bella.

– Mas vó, e as outras pessoas? – perguntei.

– A gente mostra o caminho. Cada um que venha e se vire com a sua.

– E as dos meus pais? Preciso levar também – disse Melissa.

– Vai andar até lá com elas? – indagou vó Bella de forma a exercer sua natureza controladora. – De nada adianta. Já estão mesmo infectadas.

De certa forma, seu comentário caiu como névoa por sobre todos. Tínhamos entes próximos acometidos do mal da foca e não sabíamos o que fazer. Salvaríamos nossas peles cuidando das melancias, mas nada poderíamos fazer pelos outros. O menino continuava a abafar as redomas com o corpo, cujos braços entroncavam-se sobre as melancias, protegendo-as. Ele não nos molestaria caso desejássemos partir. Pouco falávamos desde que vó Bella desenganara os adoecidos, embora, ao ver o desempenho vivaz de tia Clô, eu insistia em negar o estado da doença. Voltávamos às passadas para a saída do moinho, cada um levando seu pesado fardo nos braços, cuidadosos como mães cangurus. De repente, um revolver de coisas, somado ao ruído da mesa arrastando juntaram-se a uma sonora e prolongada baforada. Como que acordando de uma bebedeira, o velho tonteado ergueu-se do chão, forçando os braços a buscarem apoio seguro nos móveis. Novamente tínhamos as atenções focadas naquele homem misterioso. Mesmo o rapaz repreendia seus próprios olhos de modo a ver com mais clareza o retorno do seu capataz. Já a dois passos de distância do corpo transfigurado, vó Bella esticou a mão e tocou-o, como que não acreditando nos olhos.

– Tem cura?! – ela deixou no ar a pergunta que mais respondia do que arguia.

– Você é mesmo... uma menina... mexeriqueira... – e o velho ofegava como quem corre 10 quilômetros a fim de chegar só para dizer isso.

– Eu... desculpa! Tô com fome. E quando fico com fome fico inquieta, minha mãe sempre diz.

– Pode fazer Clotilde voltar ao normal? – perguntou vó Bella.

– Não ela. Sua melancia está enfraquecida de pragas que não podem simplesmente sair voando. As larvas perfuraram a casca e já se alimentam do suco. Eu já tinha limpado um pouco, mas tem ainda muito trabalho.

– E as dos meus pais? – perguntou Melissa.

– Se não estão aqui, estão lá fora. Difíceis de encontrar.

– Você estava limpando a melancia da tia Clô. Por quê?

Agora, as coisas complicavam-se ainda mais. Para mim, era uma invasão maior que a dos insetos. Mas o velho insistia em evitar meus olhos. Naquele instante, Melissa olhava sua própria melancia com olhares de uma pessoa faminta. Engolia saliva, já imaginando a fruta cortada no prato.

– Minha melancia é bonita, não é? – falava como se delirasse.

– Eu estou faminto. Alguém me acompanha? – Levantava o velho com dificuldade. Em seguida, foi para a cozinha atraindo uma atenção eufórica de Melissa e de tia Clô.

– Tá brincando! Procurei em toda parte e não achei nem migalhas – disse Melissa.

– É preciso guardar a comida com mais cuidado quando pragas rodeiam a casa – disse o velho. Se não convivesse com o professor Mateus por tempo suficiente, ignoraria tamanho sarcasmo. Ele falava da nossa invasão, não da dos insetos.

– Não brinca! Quero o café da manhã com o almoço e jantar, tudo na mesma mesa, por favor – Melissa exagerava de forma inocente.

Acharia graça se não a visse tão vulnerável. Era presa fácil para qualquer coisa que o velho tivesse em mente. Vó Bella perseguiu o velho de longe, com caminhadas tão pequenas que as pernas poderiam ter voltado a ser como antes dos gracejos. Ela tateava as paredes arregalando os olhos, como se a proximidade da comida aquecesse o lugar, exatamente igual à brincadeira de quente e frio. Quanto mais próximo à saída, mais frio. Era onde eu estava. A fome fazia-me de vítima, tanto quanto elas, mas me punha somente a observar. Alguém tinha que montar a guarda. Tornei-me um investigador que sondava cada passo, que buscava no teto o buraco afilado, por onde desceria a guilhotina.

    A despeito do que eu achava, o velho deitou sobre a mesa um cesto com frutas silvestres, parecidas com mexericas. As meninas, que eram minhas, puseram-se a abancar à mesa como crianças. O rapaz, segregando talvez anos de treinamento de submissão, sentou-se num banquinho, perto da janela, a cerca de seis passos da mesa. Sua postura demonstrava respeito a um modo de vida não diferente do meu. Ele escolhera viver de outro jeito. De um jeito que nunca nem me passara pela cabeça. Se aquele velho era sua vó Bella, ele e eu éramos párias de nossa própria sociedade. Éramos formigas perdidas e desprotegidas que, por tão insignificante existência, desestimulávamos qualquer iniciativa de resgate. Estávamos separados e juntos, ao mesmo tempo. No centro da cozinha, a festa onde celebravam os ricos de atitude, os aposentados, os que se preocupavam com o futuro, os que se dedicavam à sociedade, que buscavam deixar um legado, que fizeram de suas vidas triunfos de batalha, cobertos de cicatrizes, esburacados pelos fuzis dos tropeços e embalsamados pela experiência. Pude contemplar seu fulgor com desejo de estar presente, mas com o ímpeto de ficar distante. Certo de que não pertencia àquela sociedade tão alheia, tão fácil de se pôr a festejos diante de motivos banais. Eu me tornava minha avó taciturna e ela... tornava-se uma adolescente desmedida. Leve por não ter que carregar o peso de cuidar de mim e de tia Clô. Nem minha melancia ela quis levar.

    – Por que tem nossas melancias guardadas aqui? – perguntei, na tentativa de arruinar o banquete.

    – Acompanho os casos de melancias infectadas para entender seu estado de saúde – respondeu erguendo uma das frutas e apresentando-a aos estranhos.

    – Vocês estão diante de uma verdadeira iguaria.

    – Vai logo! O que é? Laranja? – disse Melissa sem conter a saliva.

    – Silvânea. É uma fruta local – respondeu o velho.

— Ah, estão saudáveis, sim. Só se transformaram em leões-marinhos. O que tem de mau nisso? - Eu só consegui extrair minha indignação com sarcasmo.

Timidamente, vó Bella apanhou uma das frutas, examinando a casca com cuidado, a fim de se certificar da saúde e de que não havia insetos. Melissa abraçou três ao mesmo tempo. Ela virou-se para o rapaz distante e, caridosamente ofereceu uma das frutas. O rapaz apenas mexeu a cabeça, buscando uma aprovação silenciosa através de uma conversa de olhares com o velho. Este assentiu com um leve baixar da cabeça, lançando em seguida uma fruta para tia Clô. Como uma acrobata, tia Clô fez um pulo arremessando a parte traseira no ar antes de abocanhar a fruta. Sua queda seria até graciosa se mergulhasse na água.

— Olha só pra ela. Talvez não seja tão ruim quanto parece, não é? – disse o velho admirado ao ver tia Clô e continuou para os demais. — Sirvam-se. É bastante fácil, vejam.

— Não está com fome? – perguntou vó Bella, finalmente se lembrando de mim.

Algo em seu olhar me inquiria sobre o motivo de eu estar agindo daquela forma. Nem respondi. Sob as orientações do velho, cada um pegou sua fruta e retirou dela a casca com cuidado, extraindo longas tiras por vez. A polpa da fruta era branca, coberta de linhos fibrosos entrelaçados, muito parecida com gomos de mexerica. Mostrava-se suculenta, banhada por uma gosma pegajosa e transparente como clara de ovos. De súbito, como uma larva despertada de um sono fetal, a polpa começou a se contorcer. Melissa lançou seu corpo para trás e a fruta à mesa. Suas mãos foram ao rosto. Do mesmo modo, vó Bella afastou bruscamente a fruta, fazendo cara de nojo. Os demais deliciavam-se lambendo os dedos. Comiam uma após outra. Até mesmo tia Clô apreciava a iguaria com avidez, como quando devorava seus biscoitos amanteigados para depois cutucar as migalhas com a ponta dos dedos fazendo-as grudar, para em seguida deixá-las no bico. Lambia agora até o assoalho sujo de madeira, dessa vez, sem restrição alguma.

— Ai, credo – disse Melissa, engolindo uma saliva seca e engrossada. Sua repulsa residia na descoberta do conteúdo da fruta, mas aumentava ao testemunhar o apetite dos vizinhos. Se seu estômago não estivesse tão vazio, daria à farra o troco.

— Talvez com um pouco de sal — remendou vó Bella, ainda buscando uma solução.

Passou por sua cabeça a semelhança da polpa com lesma, que se derrete quando salpicada de sal. Duvido que ela comesse mesmo assim. Sorri com a ideia. Ao mesmo tempo me satisfazia o desmoronamento daquela esperança, justamente por ter sido engendrada por aquele velho que eu não tolerava.

— Deliciosas, não? — dizia o velho ainda beijando os dedos melecados. — Elas ficam ainda melhores acompanhadas de pão, queijo, salame e vinho.

O velho deu as costas novamente e, de modo a dar uma segunda chance à sua entrada naquele espetáculo, deixou para trás uma vivacidade digna de véspera de férias.

— Pão? Sim, adoro acompanhamentos! — suspirou Melissa, mal contendo seu leve corpo que se lançava a dar pulos incessantes. Só pararia ao ver a comida com seus olhos distorcidos pelas lentes.

Com a fé abalada, vó Bella apenas comprimia os lábios, enquanto entrelaçava os dedos. Agora, ela fazia parte da plateia e precisaria esperar que o espetáculo seguisse como no roteiro escrito pelo dono daquele teatrinho amador.

Aquelas palavras, que denominavam nomes de comidas, entraram por meus ouvidos causando grande transtorno ao meu organismo. Comecei a sentir um ronco de motor na altura do abdômen. Quando o verdadeiro banquete chegou aos braços grossos do velho foi impossível evitar a derrota. Meus lábios eram roçados pela língua seca, descontrolada ao saber dos olhos que havia água numa botija de barro. Eu sentia a garganta comprimir-se toda vez que eu tentava inutilmente engolir uma saliva imaginária. Meus olhos eram janelas abertas por onde saía um ar quente desejoso. E o velho percebeu.

— Olha, rapaz, às vezes acontecem coisas grandes, boas ou ruins...

Mesmo antes de ouvir o que o velho dizia por inteiro, olhei para tia Clô atribuindo a ela tais palavras de conforto. Após um longo suspirar do velho, eu continuei:

— Coisas que fazem com que mudemos a maneira de ver o mundo...

— Isso mesmo — assentiu ele sem demora e emendou:

— Mas não para por aí.

Fiquei intrigado; na versão de tia Clô estava concluído e eu assimilara bem. O que poderia dar mais sentido a isso? Aguardei a conclusão do velho, dessa vez olhando em seus olhos difíceis.

– Depois de tudo restam duas escolhas simples. Continuar ou desistir. A que você escolher vai te definir pelo resto da vida – finalizou ele retornando para a mesa.

Sem perceber desarmei a postura hostil. Vó Bella não pôde ouvir pela distância, mas sabia muito bem quando eu era atingido numa disputa de argumentos. Seu sorriso demonstrou alívio ao ver que o ferimento era fatal, atingindo minha alma, o que logo me fez relaxar os músculos e desistir de lutar. Com alguns passos longos, aproximei-me dos demais.

– O que importa é que cada um encontre o seu lugar – gracejou o velho, arrastando até perto de minhas pernas um caixote para que eu me sentasse. Empanturramo-nos até que a comida restante transtornasse o estômago só de olhar.

– Comam e passem a noite aqui. Cantar e viajar de dia é sempre mais seguro por estas bandas – disse o velho. Só entendi tais palavras ao ver, através do vidro sujo da janela, um grilo melodioso ser atacado e devorado por um inseto maior. Era o desfecho de uma noite de alegorias.

*

Olhando de fora, ninguém imaginaria que o moinho tivesse dois andares. Mal justificava acomodar lá dentro uma estreita e longa escada de madeira – tão estreita que o velho devia andar de lado para não entalar os braços. Ao fim da escada, já na parte de cima, revelavam-se cubículos apertados que o velho, oportunamente, nomeou de aposentos. Não bastasse o aperto estrutural, as paredes eram engrossadas por bugigangas, coisas que deveriam ter chegado ali e permanecido ao longo do tempo. Vó Bella bem que poderia ensinar o velho a catalogar seus achados e a separar o que era útil do que era lixo, mas ela com certeza faria vistas grossas ao incômodo só a tempo de irmos embora. Pra mim, não seria nada fácil ignorar aquele colchão antigo coberto de poeira e recheado de uma palha seca que insistia em dar as caras pelos buracos dos trapos, resquícios distantes de algum tipo de tecido. Sobre ele, o lençol surrado só fazia esconder dos olhos os calombos que o corpo tentava aturar enquanto buscava adormecer.

Como mal cabia no pequeno espaço do chão, as pontas do colchão erguiam-se por sobre as paredes ou pelas bugigangas, criando um ninho no meio, perfeito para um bebê ou um filhote de animal, mas desastroso para vó Bella. Estimulavam mais nela o movimento do que o descanso. Melissa e tia Clô acomodaram-se juntas numa cama improvisada feita de um amontoado de roupas e tecidos diversos de cheiro duvidoso.

– Como será que meus pais estão se virando? – perguntou Melissa a tia Clô. – Eles nunca faziam nada de diferente e agora viraram leões-marinhos... E eu nem sabia como era um leão-marinho antes...

Tia Clô repousa a cabeça sobre Melissa, que continua:

– Mas sempre gostei dos filhotes. Sabe... aqueles branquinhos, bem bolinhas? São tão fofinhos! – de repente, Melissa retrai o sorriso. – Acho que é filhote de foca – e depois recobrou. – Não sei como é um filhote de leão-marinho.

Na pior parte daquele lugar estava eu, com certeza. Mal passava ar no corredor, quem diria meu corpo. Ao menos podia esticar as pernas. Já os braços precisavam ficar rentes ao tronco. O espaço entre as paredes era tão curto que eu precisava encolher os ombros para dormir de bruços ou de barriga para cima. De lado nem pensar, já que eu só conseguia dormir assim recolhendo os joelhos. Que bem me lembre, foi a primeira vez que dormi tão confortável quanto um cabo de vassoura caído no chão.

Se o mundo era escasso lá dentro, fora era uma imensidão, a julgar pelos ruídos. Sapos coaxando, grilos ensandecidos, um ribombar de asas motorizadas de insetos entremeadas de estalos e um zunido sem fim, impossível saber se estavam distantes ou zombeteando por sobre nossos ouvidos. Era a rotina noturna de um tipo diferente de trânsito naquela natureza excêntrica e louca. Virei-me para cima e pude avistar uma janela pequena entreaberta. O céu negro revelava um véu pesado de estrelas que nunca pensei existir. Tão denso que sufocava. Por um instante, tudo se transformava em um novo tipo de conforto familiar. Diferente do que eu estava acostumado. Ouvi Melissa falar com tia Clô com a voz entregando-se ao sono:

– Vai precisar de alguém pra cuidar de você (longo bocejo). Você não tem que estudar, trabalhar, ter responsabiliiii... (bocejo)... dades. Então você não pode mais ser alguém, só um animal de estimação... Eu cuido de você... – sua voz saiu fina e baixa como um sussurro confidente. Era um *fade in* para o sono.

— Não se cala nem dormindo — disse vó Bella, com sua fiel dedicação àquele ar repreensivo de antes.

Sem mais, os zunidos se tornaram amigáveis e nos convidavam a dormir. Logo a disparidade perturbadora entre aquele mundo e o nosso antigo se pôs sob o tapete pesado que esconde sujeira.

A noite é um denso cobertor,

Pesado como uma vida,

Que nunca aquece o suficiente.

Pela manhã, um leve ardor aqueceu a testa de vó Bella, fazendo-a flutuar por uma saída longa e suave, enquanto deixava para trás seus sonhos resignados. Estranhou acordar assim, tão pacata, sentindo-se vulnerável e culpada. O chacoalhar dos últimos acontecimentos a fez esquecer-se de dar corda no relógio de pulso. Mas assim que lembrado, o relógio foi logo ressuscitado de um pernoite de morte quando os dedos ressecados de vó Bella retorciam o minúsculo botão giratório até quase travar. Posta de lado sua primeira preocupação do dia, surgia uma brecha para a segunda: eu próprio.

— Cadê o menino? — vó Bella pôs-se de pé com o mesmo ar que soprou ao fazer a pergunta. Eu não estava ao alcance dos seus olhos de vó protetora.

— Ai, que pânico é esse? Não tá no banheiro? — retornou Melissa em tom de autodefesa, depois de se sentir crivada pela ardência da pergunta. Era como se ela também fosse culpada por deixar algo escapar. Vó Bella subiu as escadas, abrindo cada porta do moinho. Sentiu-se invasora e digna de punição, mas preferia correr o risco de pegar alguém com a "boca na botija" por algo que pretendia logo esquecer a me perder de vista. Felizmente (por um lado) ela não "pegou" nada, embora sua cegueira momentânea só pudesse ser curada ao me ver em algum lugar da casa, e isso não ocorreu.

— Não tá em lugar nenhum — sua voz percorreu a traqueia com tanto sacrifício que soou abafada quando ganhou o ar — e mal cheirosa.

— Sei lá, pode ter levado o leão-marinho pra fazer xixi lá fora — disse Melissa sem mais comprometimento com o caso, já que seu olfato contrabalançava o mau hálito matinal do ambiente contra o divino aroma de fritura e café aquecido, ambos indecorosamente convidativos. As duras passadas na escada levantaram pequenas nuvens de pó visíveis graças aos audaciosos raios de sol que atravessavam o interior do moinho, ousando limpar aquele lugar imundo com um banho morno de luz. Melissa não conteve a excitação ao ver três gemas alaranjadas esparramadas no fundo de uma frigideira, cercadas pela clara que esbranquiçava com o calor do fogo. Virado de costas, o velho cortava o salame em tiras arredondadas, enquanto o leite fervia numa leiteira de metal que parecia ter sido espancada até encolher e depois esculpida novamente, sem, no entanto, deixar de exibir as cicatrizes do trauma. Parecia também nunca ter sido lavada antes. Mas o cheiro era bom. E isso dividiu a equipe de cima em duas partes. Melissa estacionou o corpo e a alma na mesa do banquete de véspera, enquanto vó Bella dirigiu-se para fora do moinho, ainda buscando pelos cantos da casa.

– Que cheiro, hein? – disse Melissa. – É o café da manhã? – quis ela se certificar.

– Bom dia, visitantes. Vão precisar de um café reforçado para irem embora – disse o velho, exalando um ar comemorativo.

– Nossa, que delícia!

– Viu meu neto? – perguntou vó Bella de passagem.

– Achei que estivessem todos lá em cima dormindo.

– Sumiram. Ele e o leão-marinho – continuou vó Bella, já a diante da porta. O dia estava claro com um sol de acalorar a vontade de sair, de viajar.

– Olha, tem uns sapos que talvez possam consertar seu carro – anunciou o velho gritando para atingir minha vó. – Eles terminam o dia cedo. Seria prudente não demorar.

– Sapos? – indagou Melissa.

– Todos aqui trabalham – respondeu o velho. – É como se vive.

– Josué! – ao longe ouviam-se os gritos de vó Bella, que parecia buscar no ar um caminho que transportasse meu nome a mim. E ela devia ter corrido bastante.

– Onde vai? – gritou o velho.

– Buscar meu neto. E... minha irmã.

– E o café...? – Melissa via-se frustrada, mas achou melhor ir também, garantindo ao menos um pedaço de pão que comeria no caminho, ou pelo menos logo no início dele. – Me espera, vai.

O velho desvencilhou-se da densa fumaça de gordura aquecida e lançou as pernas a correr atrás de vó Bella. Ela já não estava sozinha. Há poucos metros, um aglomerado hesitante de sapos magros aproximava-se.

Seus corpos alongados e raquíticos pareciam ondular para a frente e para trás enquanto decidiam se iam ou vinham. Como hábeis ladrões, usavam roupas longas, mas não carregavam nada nos braços. Quem sabe estes sapos não estivessem começando a vida de crimes e as tivessem escolhido como vítimas mais fáceis, para fins de iniciação? Vó Bella só os viu quando o velho pôs-se a enxotá-los para longe.

– Sumam daqui, seus delinquentes! Voltem de uma vez para a lama que formou suas carnes imprestáveis!

Medrosos como cachorros de rua, acostumados a apanhar do que se tem à mão, os sapos deram ao caminho oposto um destino certo e, numa contagem de poucos segundos, já era possível ver apenas pontinhos desaparecendo no horizonte amplo. Ofegante e suado, o velho aproximou-se de vó Bella, trazendo consigo o aroma quente da cozinha. Melissa veio, ainda olhando para trás, para ter certeza de que as criaturas não voltariam, e também para ter uma última visão do local onde o suntuoso café da manhã seria servido, já considerando a escassez geral daquele mundo.

– Não pode ir pra lá. Vai haver... (suspira) uma batalha violenta e monstruosa... (ofega) até fatal. O chão por onde essa guerra passará será marcado por séculos.

– Sério!? – exclamou Melissa.

– Sendo assim, já estou mesmo atrasada – replicou vó Bella, já mexendo as pernas para caminhar.

– Espera... você não conhece o caminho até a montanha, nem sabe como se virar nestas terras – disse o velho.

Vó Bella retornou.

– Então você sabe onde ele foi!

– Falei sem querer, mulher teimosa. Fora a montanha, não tem outro lugar a se ir.

– Ao menos agora sei para onde ele foi.

– Nota-se que o menino tem mesmo um bom exemplo a seguir – disse o velho.

– E o seu menino? Também não está. Não se preocupa com ele? – perguntou Melissa.

— Essa é a diferença quando se cria alguém com disciplina — disse o velho com um olhar profissional. — Nunca precisei ir atrás dele. E olha que ele nem é meu parente.

— É. Parece que não — disse vó Bella, dessa vez guiando seu corpo para o caminho desejado.

Ao longe, uma única nuvem espessa movia-se sem se dissolver, revelando atrás de si a montanha, possivelmente um vulcão. O único lugar realmente alto daquele lugar.

— Cuida das nossas melancias pra gente? E... guarda um pouco da comida pra quando a gente voltar — Melissa não partiria antes de fazer suas recomendações ao velho.

— É um lugar perigoso, senhorinha. Melhor voltar em poucas horas — alertou o velho.

— Hunf... precisa ver onde eu moro. A gente se vira — vó Bella deu as costas tão bruscamente como quando se dá uma cotovelada. Ao avistar Melissa ao seu lado antecipou na mente um percurso cheio de aborrecimento e reclamações.

— Por que você não fica e espera a gente voltar? — perguntou vó Bella.

— Não gosto daquele homem. Reparou como tem lixo na casa? Dá até enjoo. Só espero que o Josué não tenha ido muito longe. Será que a gente vai saber voltar pro moinho?

Se Melissa ia passar o trajeto todo falando, vó Bella arrependeu-se de ter puxado o assunto que deu início ao que soava, para ela, como lamúria, embora fossem apenas conversas jogadas fora por uma adolescente bastante normal.

— Sabe que me apeguei àquele leão-marinho? Só não consigo chamar de tia Clô. É esquisito, não acha?

Vó Bella tentava amenizar a tortura do incessante jato de palavras olhando a paisagem ao redor, até que as palavras musicadas da "menina que nunca se cala" e o som do vento, ou do farfalhar de folhas, se tornassem a mesma coisa. A amplidão do caminho criava um espaço desejoso entre seus corpos, relutantes em se aproximar, distinguindo ainda mais o contraste em suas personalidades. No alto, o sol intenso e solitário não conseguia sozinho desbotar o imenso azul profundo que o ilhava. Como era estranho não ter nuvens. Pior ainda, ter somente umas nuvenzinhas, e tão baixas.

A História de Cima

Seus pés lançavam-se à frente abatendo gramíneas aos estalos, para depois amortecer a pisada no solo ressecado e poeirento. Via-se um campo de flores de um amarelo ocre quase sem vida piqueteando uma região inteira salpicada de pedras pequenas e arredondadas, que sacrificavam os pés, mesmo protegidos por solas de borracha. De vez em quando, Melissa fazia silêncio. Nessas horas, vó Bella era atormentada por pensamentos obscuros sobre mim. Já não se preocupava com a fragilidade do "menino" nem com possíveis transgressões físicas que pudessem machucá-lo, mas sim com a atitude dele. Josué (eu) existia para lhe causar preocupações e isso parecia não mudar com a maturação do tempo. Não via ele que as condições atuais faziam desmoronar sobre suas cabeças um perigo real, para transtorná-la com ainda maiores provações? Não conseguia, por si só, compreender que seu comportamento o levaria a uma vida de instabilidades e insegurança, ou pior, à morte? Eu (Josué) jamais passei pelos desalentos que vó Bella passara. Mas sou testemunha viva de que ela sobreviveu forte e determinada. Os calos infringidos na sua existência marcaram seu corpo e sua mente, moldando nela uma guerreira velha disposta a lutar em qualquer batalha. Apropriando-me do que sua linha do tempo a tornou, que mal faria eu buscar de forma deliberada um modo de vida que fizesse sentido para mim, mesmo que algumas sequelas nodosas me fossem imprimidas no lombo?

O campo aberto foi decidindo-se num caminho que se estreitava aos poucos, até sobrar uma trilha fendida por entre arbustos intransponíveis. Já não era possível vó Bella e Melissa andarem separadas como queriam. Contudo o sutil conforto conquistado no decorrer da caminhada atenuava o azedume preso em seus pensamentos. Sem que Melissa se desse conta, os sapos magros as seguiam de longe, mas andavam com a dificuldade de formigas indecisas. De tempo em tempo, vó Bella alçava olhares ante o caminho para acompanhar sua evolução, mas os semibichos não pareciam dar-se o trabalho de alcançá-las. Bastavam manter o curso e certificar-se de vez em quando que a montanha ganhava peso, tamanho e rugas, que se definiam num matagal rasteiro de cores diversas, rochas que pareciam ter sido apunhaladas por um quebra-gelo e sulcos de erosão famintos, que pararam no tempo enquanto engoliam o solo forrado de vegetação.

Um exército de sapos

Na madrugada anterior ao meu sumiço, não pude dormir. A angústia de ficar entre as paredes apertadas comprimia meu peito até não sobrar ar (até não sobrar eu). Meu corpo estirado por falta de espaço fez sufocar meu próprio ser. Eu estava num caixão, morrendo aos poucos, corpo e... (Talvez alma antes do corpo.) O som de nada, permeado de grilos, o clarão de estrelas, a respiração dos demais, taquicardia, mal pude conter a excitação. Deixei que tomasse conta de mim, que fosse até onde fosse. Respiração ofegante, um leve suor, euforia. Curvei as costas e sentei-me. Daí a me levantar foi um triz. Palpitava como um ladrão às avessas. Precisava sair. Descia as escadas com movimentos delicados e sorrateiros. Mas não consegui evitar tia Clô. Deixou Melissa sozinha e seguiu -e. Não era tão cuidadosa e seus movimentos eram grosseiros. Insisti com gestos bruscos que ficasse. Ela não me deu ouvidos e partimos juntos para a escuridão acolchoada de um véu de poros brilhantes no céu. Tentei lembrar o que eram as manchas, mas só identifiquei o cruzeiro do sul. Estávamos indo para o norte. Tia Clô deu ritmo à caminhada e o avanço foi muito mais lento do que eu gostaria. De repente, um tremor contínuo fez vibrar nossos corpos. Vinha do chão e aumentava junto com um tamborilar que podia ser ouvido nos ossos. Traindo o instinto de proteção em favor de uma curiosidade mórbida, não nos mexemos até que um séquito, ritmado por respiração musicada, surgiu, marchando em velocidade. A pouca claridade permitiu que víssemos quando estavam já a ponto de nos atropelar. Afastamos nossos corpos do trilho invisível que alinhava aquela multidão atroz. Fomos arrodeados por indivíduos que margeavam a torrente, desconcentrados do grupo, nos acotovelando, chutando ou simplesmente impactando seus corpos pesados e grotescos contra os nossos. Ouvimos um grito rouco e tão grave quanto um trovão distante. Alguns deles pararam. Pude vê-los com a clareza de uma luz parca, mas reveladora. Era um exército de sapos, lagartos e jacarés, de enormes braços musculosos, fortes como búfalos, mas se movendo como pessoas. Como comerciantes apressados, nos rodopiaram e nos apalparam, examinando uma mercadoria de pouco valor. Enfim se decidiram. Levaram-nos presos. Não tive força suficiente para evitar, não a de um touro.

*

    Já clareava o dia mesmo antes de o sol dar as caras no horizonte. Numa súbita ascensão de acontecimentos, urros e empurrões, eu tornara-me um recruta, cuja função era carregar pesados componentes de arcaicos maquinários de guerra naquele exército desorganizado. Ao contrário do que pensavam a meu respeito – e talvez com relação a todas as pessoas da minha idade (adolescentes, ui...) –, nunca me considerei um rebelde ou um descontente. Surgiam oportunidades e, diferente dos que se intitulavam adultos e que cobravam de mim um comportamento de tal, eu disponibilizava-me aos acontecimentos sem teorizar. As preocupações seriam com as consequências e não com ideias negativas que evitassem o evento. Naquele momento, eu estava numa situação nova e precisava ao menos assimilar as regras daquele complicado jogo de cartas. Talvez algumas pessoas que ouvissem essa história e conhecessem-me, certamente diriam: "Não era você, Josué, o mesmo que conhecemos? Então por que não se rebelou? Não é o que vive fazendo na escola ou na rua? Ficou quietinho trabalhando? Não acredito... Só retruca com voz alta aqui, com a gente!". Era um erro que habitualmente atribuíam a mim me obrigando a enfrentar o fuzilamento de escárnio. Atitudes rebeldes e/ou revolucionárias não surgem de cara, assim, de supetão. Tia Clô, não muito distante, puxava, com a ajuda de outros animais quadrúpedes, uma carroça engordada por caixas e coisas apinhadas. Ao passar por entre os anfíbios e répteis gigantes, notava-se uma distinção de patentes. Um grupo forte concentrava-se no meio. Eram os figurões, um tipo de sapos bípedes asseados e de boa postura. A maioria mostrava sequelas de batalhas sangrentas. Esses eram intrépidos soldados de campo, formados de sapos, lagartos, jacarés e tartarugas de tamanho e força desmedidos quando ordenados ao ataque. Um outro grupo era composto de sapos menores, adestradores das feras rastejantes. Estas poderiam acabar com qualquer inimigo numa abocanhada. Eram crocodilos com cerca de 10 a 15 metros de comprimento. Verdadeiros dinossauros que levavam consigo um voraz e decidido instinto de destruição. Não falavam minha língua e não pude saber o que queriam de mim ou para onde íamos. Um som de trovão invadiu o campo. Todos pararam. De imediato, répteis e anfíbios lançaram-se a montar um acampamento. Chicoteavam os recrutas dando ordens e apontando coisas, e logo chegou minha vez. Só então entendi que não éramos recrutas, mas sim escravos.

O sol já estava alto no céu quando terminamos. Aproximei-me de tia Clô e lancei-me ao chão, completamente vazio de forças. Tapava o céu claro com a mão sobre o rosto, mesmo assim a claridade ofuscava meus olhos. Eu começava a ser atraído pela minha dívida com a rebeldia inconsequente, agora que eu estava um pouco mais familiarizado com nossa posição de subespécie. Mas meu corpo buscava apenas alívio. Só me restava contemplar o cansaço e a falta de opção de fuga naquele instante, tão vasto era o exército que nos envolvia. Dos vultos que passavam frente à minha visão atormentada, um chamou-me a atenção. Era o menino que estava com o velho. Ele aproximou-se.

– Também foi pego? – perguntei a fim de fazer dele um colega, mas não obtive resposta.

– Quem são eles? – tentei novamente.

– Pragas – o menino respondeu sem me olhar.

Na verdade, ele só lançava pálpebras apertadas de olhares subordinados ao velho, e parecia não conhecer outra forma de ver. Ao mesmo tempo, intrigava-me seu rudimentar entendimento sobre pragas. Estivemos cercados por insetos gigantes e pequenos, que devoravam melancias e montavam guarda na plantação.

– E o que querem? – perguntei.

– Por enquanto, escravos.

Não pude quebrar o silêncio do menino depois disso, menos ainda após vislumbrar o que acontecia adiante. Três sapos extremamente fortes empunhavam chicotes e varas enquanto rodeavam uma árvore de tamanho mediano, pouco maior que eles. De forma violenta e impiedosa, eles a surravam tanto que a árvore contorcia-se de dor. A surra, de quase 10 minutos, fez brotar das folhas da árvore um choro de águas límpidas que caía ao chão como chuva. A chuva tornou-se tempestade e, ao redor da árvore formou-se algo que eu rapidamente diria ser um alagamento, não fosse o tamanho da poça. Os sapos afastaram-se apenas o suficiente para acompanhar o progresso de sua investida. Ali, diante dos meus olhos, a árvore começou a gemer e – juro pelo que há de mais sagrado – começou a ser engolida pelo pequeno lago que ela mesma criou. A sequência dos acontecimentos pôde dar luz ao misterioso início de nossa jornada naquele lugar irreal, pois o tronco e os galhos daquela árvore infeliz perderam a rigidez, tornando-se ramas contorcidas; sinuosas como cobras. A coisa submergiu completamente. Só então os sapos, ignorados pelo mesmo tipo de ramas que pretenderam nos matar, puseram-se a mergulhar no lago para amenizar o calor. Outros grupos de répteis e anfíbios faziam o mesmo ao longo do campo.

– Pragas idiotas. Destroem tudo – disse o rapaz com uma revolta opaca (talvez por repetir a frase com frequência), quebrando seu voto de silêncio.

– Aonde vão levar a gente?

– Só querem mais ajuda para destruir tudo ao seu redor.

– Tudo o quê?

– É a guerra contra os hipopótamos.

Só de tentar entender o garoto, minha cabeça doía. Era como estar num redemoinho de pensamentos que, não fosse o mesmo idioma, poderia jurar que ele vinha de outro planeta. Tinha novas perguntas na ponta da língua, mas a confusão que as respostas anteriores trouxeram só me fez expressar uma cara de bobo.

– Mas e o que...

– Vou dormir – disse e virou-se de costas, apoiando a cabeça entre as mãos em pose de reza. Já dormia.

Continuei olhando o campo, buscando identificar os espaços entre os grupos distintos daquela sociedade de guerra. Num raio de seiscentos metros, uma borbulhante atividade coerciva fundia armas, adornava-se de carapaças, fazia exercício de guerra. Tartarugas corriam adiante dos sapos musculosos e reluzentes de visco, paravam e serviam-se de um escudo impenetrável. Os sapos, por sua vez, abrigavam-se nos escudos e contra-atacavam com lanças e flechas envenenadas. Era uma tática eficaz e avassaladora. Estavam em grande vantagem, embora ainda não se fizesse oportuno espionar as manobras do inimigo.

Como um fiel cão de casa, tia Clô mantinha-se o mais perto de minhas pernas, só não sabia se buscava proteger-me ou amenizar sua própria aflição. Descobri que ela parecia gostar de ser acariciada na cabeça, perto das orelhas pontudas. Eu dedilhava seu coro liso para que ela amornasse os ânimos, porém mantendo em vigília os olhos arregalados. Passou-se um tempo, talvez horas. Um vento avançava parecendo, em sussurros, noticiar ao batalhão o horário de descanso. Pouco a pouco os soldados guerreiros deixaram suas armas, abandonavam as posições e dispersavam-se em grupos menores e menos agressivos. Só continuavam em atividade os que convinham maquinar as mais audaciosas estratégias de enfrentamento e os incansáveis armeiros, destituídos de qualquer meio de descanso antes de abarrotarem de armas as tendas que ainda estavam vazias. Notei que, entre um grupo de forjadores de metal derretido, em inalterável estado de atenção, e algumas barracas recém-erguidas para abrigar armas, havia uma estreita passagem que levava a um leito de rio seco. Não seria mais difícil do que a fuga do moinho, no entanto a guarda estava desperta e, até o momento, eu não sabia qual seria a reação daqueles monstros frente a (escravos) desertores.

Demorei mais do que o necessário para tentar fazer tia Clô entender a ideia da fuga, que ela precisava acompanhar-me em silêncio, que não podia ficar longe, que (de novo) não podia fazer barulho algum, que... se fôssemos pegos e mortos... pelo menos tentamos fugir (ui), que se ela conseguisse e eu fosse pego, deveria fugir e encontrar vó Bella. Segurei sua cabeça e apontei meu nariz para seu focinho enquanto falava. Não queria que ela perdesse nenhuma palavra, mas, honestamente, não sei se ela entendia mais nossa língua. De qualquer forma, ela seguiu-me e isso já me bastou. Com movimentos sorrateiros nos esgueiramos por entre caixas, barracas e lagos lodosos. Os roncos trovejantes dos sapos adormecidos pareceram confundir tia Clô momentaneamente, que volta e meia erguia a cabeça para se reorientar. Eu não havia me dado conta de um espaço aberto entre um esconderijo e a tal passagem que dava para o rio seco. O sol lançaria sua lanterna que flagra fugitivos e seríamos alvo de um treinamento de pedradas ou flechadas ou, provavelmente, tudo junto. Espiei o caminho e havia um arrepiante tumulto de répteis. Por três vezes, ameacei correr, mas desisti ao mirar os olhos grandes e brilhosos de tia Clô, que pareciam expressar tristeza e opalescência. Só muito mais tarde fui descobrir que aquele olhar era constante, mesmo frente ao medo, à confusão ou à alegria. Se soubesse antes, não teria atribuído a ela o medo que nos atrasava na fuga e sim a mim. E foi bom concluir isso, pois logo em seguida fui tomado pelos instintos adormecidos que me faziam tão bem. Meu coração tamborilava. Minhas veias fizeram-se visíveis nos braços e pescoço. Olhei firmemente para o lado que queria chegar, reduzindo com a mente a distância. Pus-me a correr, seguido de longe por tia Clô. Esqueci que ela não era tão elegante numa corrida. E que as fugas bem-sucedidas de um leão-marinho fazem-se debaixo d'água. Ouvi um grave e sonoro baforar. Virei-me a tempo de ver um enorme crocodilo cercar tia Clô. Um gato brincando com um rato antes de lhe dilacerar o pescoço. Voltei solícito e disposto a implorar que não a matassem. Outros crocodilos sonoros aproximaram-se. Aquele hálito antecipava parte do tormento do nosso horrível fim. Estes pareciam não negociar, eram os animais irracionais por ali. Tia Clô e eu, comida fresca. Fomos salvos por uma ameaça ainda pior. Uma batida de insetos espiões tumultuava o centro da companhia, como redemoinho de vento que varre folhas secas. Crente que aquele exército aterrador de rastejadores corpulentos pudesse facilmente devastar o mundo, vê-lo infantilmente assustado e de um amadorismo típico de time de futebol reunido às pressas, sendo aterrorizado por apenas três – não, quatro – insetos voadores de tamanho de urubus, foi no mínimo inusitado. Uma malfadada cena cômica de circo causaria menos vexame. Assistir aquilo provocou em mim certa ambiguidade de pensamento. Eu era escravo dos quinhentos patetas, ao mesmo tempo que me apavorava a certeza de que aqueles insetos eram mesmo invencíveis. Se quatro insetos faziam dos sapos, lagartos, tartarugas e crocodilos marionetes descontroladas, imagina um exército inteiro deles? Só tinha como esperar o pior. Comecei a torcer pelos sapos, e a positividade da minha atitude complacente surtiu efeito, pois deixaram de fugir como galinhas atacadas por raposas e montaram a formação do treinamento. Tartarugas serviam de escudos para o ataque dos sapos que se atrapalharam. Atingiram e mataram os aliados. Via tudo com muita angústia sem que minhas pernas sequer ameaçassem deixar o lugar onde se estacaram. Os ferrões envenenados cortavam os céus e as tartarugas, penetrando os cascos grossos que há pouco julguei impenetráveis. Eu estava em transe, confuso com a teimosia de me apegar àquele exército sem futuro. Os insetos vinham em minha direção, pude discernir sem clareza, em estado de estupor. Meus pés fincaram-se ainda mais no solo seco. Não pude fugir de um bando lerdo de crocodilos, quem dirá daqueles insetos? Senti-me incapaz. Acovardado por não ter minha máscara. Tia Clô os alcançou. Sua mordida era mais eficaz do que a farsa dos sapos. Atingiu e estraçalhou uma asa, cujo dono girou no ar, sem certeza, sem direção até cair. Voltaram-se contra minha tia. Aí mexeram comigo. Joguei-me no chão, avançando sobre entulhos como num mergulho. Estiquei as mãos e já não estavam vazias. A corda que apanhei, girei no ar até roncar e vibrar. Num momento de pura inspiração, lancei a corda em rodopios até se trançar nas asas de um inseto tipo marimbondo. Este infeliz e o anterior estavam agora à mercê dos sapos, decididos a vingar as baixas, ainda que injustamente, já que parte dos mortos e feridos foram vítimas do despreparo de seus colegas. Restavam dois, cujo ímpeto nos fazia duvidar do desfalque. Corri, desejoso por uma investida do exército, mas fui precipitado. Um lampejo na mente quase me fez acreditar que haviam aprendido algo com as didáticas manobras que tia Clô e eu demonstramos gratuitamente. Mas os inimigos originais rapidamente passaram de vítimas a expectadores. Esperavam aprender mais. Agora eram apenas os dois insetos restantes (um já seria demais) e eu, assistidos de camarote por uma multidão de fortões e o moleque do moinho. Busquei abrigo por entre caixas, lonas e carroças vazias. Um espaço pequeno, como o corredor do moinho, abraçou-me fortemente. Senti o mundo tremer lá fora. Raios de luz penetravam o lugar apunhalado pelos ferrões. Destroços de madeiras pontiagudas caíam sobre mim. Peguei uma delas e, após um suspiro – e numa inabalável decisão – impulsionei as pernas, lançando meu corpo ao ar como uma flecha. Os olhos fechados para evitar os destroços abriram-se a tempo de ver outro inseto contorcendo-se no chão, incapaz de voar. Fora atingido em cheio na asa esquerda. O rapaz fez ouvir sua voz, ainda aguda em razão da pouca idade.

– Peguem ele!

Só então os sapos permitiram-se o ataque. Dilaceraram as asas, arrancaram pernas e exibiam o ferrão – ainda gotejando veneno – como troféu. Se programados para o ataque, nada além da morte impediria estes insetos de obter êxito. E ainda restava um. Dessa vez, não havia onde me esconder nem o que usar como arma. Corri o mais rápido que pude. Injetados de uma dose espessa e tardia de coragem, alguns sapos ameaçavam atacar jogando pedras, arremessando lonas e até se aproximando do inseto – não menos que cinco ou seis metros. Mas os olhos do inseto, vitrificando múltiplos "eus" deu a seu corpo uma direção. Se o inseto não pudesse vencer o exército naquele dia, ao menos acabaria comigo. Nada mais sabido, já que eu, sozinho, subjuguei mais insetos que todo aquele exército asqueroso. Isso parecia inevitável e comecei a correr. Olhava em redor em busca de algo... de... não havia abrigo, não havia armas ali perto, só um vasto espaço onde eu seria caçado. Corri para o lado errado. O pequeno pântano pôs-se em meu caminho. Seria ali meu abate e meu túmulo. Digam a vó Bella que eu... Digam a Melissa que eu... Tia Clô, eu falhei. Pisei numa rama que revidou agarrando meu pé. Outra surgiu abraçando-me a cintura. Em segundos, passei a ser presa de uma anaconda ramosa que me sufocava. Parte dela erigiu-se, enrolando um tentáculo rústico ao redor do inseto, que logo caiu ao meu lado. Ironicamente seríamos os dois únicos dissidentes pegos e esmagados até a morte, como colegas. *Ha ha ha*, sorri sem motivo ao sentir aquele abraço acalentador. Foi como ouvi uma vez dizerem que o abraço consola os corações endurecidos e traumatizados. Uma leve dormência fez com que eu desejasse dormir plenamente, descansando nos braços de minha avó. Meus olhos espremidos buscavam a exatidão de uma vista saudável, e o dia virava noite com o sol na mesma posição. A confusão de sons foi rompida com um trovejar surdo e trepidante. Senti braços e mãos apalpando-me, rasgando membros que pareciam meus. Enxerguei após piscar fortemente diversas vezes, até limpar a mancha que borrava meus olhos. Contemplei um vulto imponente, um ser supremo, cuja presença exigia dos demais a ação. Arrancavam as ramas e davam cabo do meu colega de morte. Rodeado de vultos que soltavam um bafo mortal, flutuei aos solavancos até sentir um chão duro e frio de pedras que me cutucavam na cabeça e nas costas. Finalmente desmaiei, apagando de vez os sentidos, quase certo de que eu não terminaria num brejo enlameado e fedido.

Um calor, que me aborrecia em sonho, continuou até após eu acordar. Era tia Clô, que se permitiu ficar tão próxima a mim como nunca antes. Seu dorso roliço encostava-se a minhas costas. Podia sentir suas pulsações cardíacas, o movimento quente do ar percorrendo seus pulmões e sua língua úmida roçando meu rosto sujo. Ao abrir os olhos, avistei o rapaz, retirado da companhia do velho para se tornar escravo de outros donos. Ele não tinha sorte com capatazes. Sua voz, no entanto, permanecia turva e indistinta, mas carregada de oposição contra mim.

– Você é uma praga, como eles.

Sem tempo de digerir a acusação, fui visitado por um oficial que trazia consigo uma tartaruga de casco brilhoso, de ranhuras intrigantes, como se fosse esculpido a mão. Aquele animal oferecia o outro animal como presente. Eu não fazia ideia se aquele escudo vivo era para servir de *souvenir* ou de armamento. De qualquer forma teria que carregá-la, então recusei. Levantei-me ao ver o guarda tentar expulsar o rapaz e tia Clô para fora da tenda. A tartaruga saiu junto, adiantando as passadas para afugentar o desprezo. Aquelas criaturas não entendiam minha língua, mas os gestos enlouquecidos que fiz pareceram suficientemente claros. Gostaria que fosse recíproco, pois não entendia nada que demonstravam. Dessa vez, fui convencido a deixar a tenda com apalpadas e empurrões. Estava sendo "convidado" a ir para outro lugar. Seguido de perto pelo rapaz e por tia Clô, caminhei em direção ao fluxo de sapos, precavidos o suficiente para monitorar se eu acompanhava suas decisões. Chegamos à tenda maior, a do comandante, deduzi, que me recebeu educadamente esticando a (mão?). Tentei ser rápido sem demonstrar o desconforto com aquele apertar de mãos que, antes mesmo do toque, já se mostrava desastroso. Aquela mão com pele de textura enrugada e ressecada por causa do calor árido, acobertando uma carne mole e úmida que deslizava por dentro da pele. Soltei aquela palma de "pão molhado dentro de plástico" sentindo arrepios. Contudo uma repulsa amigável tolheu minha atitude grosseira, limitando-me apenas a recolher minha mão direita afetada e engoli-la com a mão esquerda ainda livre de tal experiência. E o dia continuava. A cabana fora invadida por um outro sapo confiante que deixou sobre uma espécie de mesa duas metades de uma cabaça, cada uma repleta de um líquido claro. O comandante abraçou uma delas com seus dedos pegajosos e esperou que eu fizesse o mesmo com a outra. Encurralado, busquei abrigar meus olhos atentos noutros mais familiares, então me virei rapidamente para tia Clô e para o rapaz, que gesticulava e sussurrava de forma desesperada (não!! Não!!). Voltei-me para o comandante e, como aluno disperso que sou, tive a sensação de ter perdido uma importante parte da aula de como se bebe um líquido num recipiente. Àquela altura, eu já poderia compreender algumas variações gestuais dos sapos. Se atentasse com cuidado poderia ainda distinguir uma ou outra de suas expressões faciais. Desde que houvesse correspondência com as expressões humanas e que, eu não poderia negar, lembrasse, nem que de forma sutil, os trejeitos de vó Bella.

 Lancei a mão até o recipiente (juro que as palavras beber, copo, suco e refresco não passavam por minha mente) e, a contragosto, exerci uma série de ações sequencialmente desconcertantes: 1 – alcancei a coisa; 2 – segurei o troço (trêmulo, mas segurei); 3 – encolhi o braço trazendo a seiva para mais perto de mim; 4 – olhei para o sapo gigantesco e ameaçador, que engoliu o líquido de seu pote num gole único e nada discreto; 5 – aproximei o... (sangue)... até o rosto com a demora de um parto, ofeguei como uma parturiente (respira, respira, respira...). Eu tinha que fazer aquilo e não era questão de provar nada além do "suco", eu já estava até valorizando o teor do líquido. Era um ato político de boa vontade, um acordo selado de uma forma até singela, talvez ainda melhor que o aperto de mão. Aquela bebida significava minha independência. Era um ritual de passagem para o mundo adulto dos sapos que eu tinha que aceitar – não. Não "aceitar". Não era simplesmente acatar uma resolução imposta. Não poderia me sentir mais à vontade do que naquele ritual simplório e de uma significância universal. Eu conquistava um lugar no mundo, mesmo que incoerente. Foi a isso que eu bebi, um brinde a Josué! Aquilo significou muito mais do que o simples "feliz aniversário" explosivo de Melissa. Mais do que a foto de *JetPunch* no jornal, mais do que qualquer coisa que eu jamais fizera. O gosto do líquido? Não me lembro. Um êxtase tomou conta de minha mente que eu não compartilhava com os demais. O braço forte do comandante guiou-me até a prancha que se fingia de mesa (o que era aquilo que me deram?). Percorri meus olhos vidrados por sobre ranhuras e indicações enigmáticas. Curiosamente, memorizei cada risco com uma facilidade irresponsável (uma espécie de droga?). O comandante apontou seu indicador mole contra uma marcação e depois arrastou o dedo para outra posição. Dessa vez, virei-me para o rapaz com tanta audácia que o menino quis esconder-se.

– Você sabe o que é isso tudo que este camarada sapo tá mostrando? – perguntei, talvez com um volume na voz um pouco mais alto do que eu pretendia.

O garoto ficou tão perplexo, o coitado, que demorou para responder. Não sei porque sua expressão demonstrava resignação e aquela mesma agressividade besta de sempre (acho que aquilo não me caiu bem).

– Por que querem fazer isso? – perguntou o rapaz, mas não para mim. O maluco foi direto para o sapão.

– O que... o que foi? O que tá errado aí? – perguntei, tentando conter a língua dentro da boca.

– Inimigo acabar! – disse o sapo comandante também com certa dificuldade em manter a língua sob controle. Ah, claro! Ele também bebeu do líquido asqueroso. Seu tom de voz era quase suficiente para ensurdecer, mas ele falava e isso nos confortou. Pudemos nos entender no mesmo idioma.

– Vão destruir a plantação – disse o rapaz.

– Opa, *s'pera* lá... Eu acho que não se deve fazer nada perto da plantação de melancias – eu disse e continuei: – A não ser que seja outra. Vai que tem plantação de tomate ou de banana... Mas a de melancia, nunca!

Devo ter dito isso ainda mais alto que a primeira vez. Se minhas contas estavam corretas, cinco sapadas entraram na cabana e instalaram-se na porta. O tal do comandante insolente e... teimoso continuou:

– Sem tempo de perda. Sem água n'rio (que língua nojenta). Água sobe céu. Água montanha tem. Morre sapo. Atacaremos sim, na "plantação de melancia".

— Vai sacrificar as pessoas — disse o rapaz, até se parecendo um pouco comigo (me sinto zonzo, por isso ele pegou meu lugar).

— Humanos fazer o mesmo com sapos. Inimigos bebem melancia suco e adormece asas. Entorpece ferrão. Combater inimigo assim. Vencer.

— O suco que eu bebi... era de melancia, não era?

O sapão máster pegou a cabaça vazia e bateu contra a plataforma uma, duas, três vezes. Batucou enquanto cuspia alto as sílabas que mais lhe convinha ressaltar.

— Ver efeito. Sentir efeito. Entender a luta.

Constatar a verdade logo após deduzi-la já havia me golpeado com bastante força. Era como beber um pouco da alma de alguém.

— Para o campo! — disse o comandante apontando para fora. Parecia minha avó. Agora eu sabia o motivo dos sapos terem invadido a cabana do comandante. Levaram-nos à força para uma área reservada onde nos obrigaram a separar flechas por grupos distintos. As flechas grandes e pesadas eram empunhadas por sapos de braços fortes e olhos menos esbugalhados. Estes se pareciam com pessoas. De corpo um pouco mais alongado e pontas menores, as flechas envenenadas eram fáceis de separar, embora demorássemos no manuseio temendo encostar nas pontas. Não deixei tia Clô mexer nestas. Por fim, separamos as flechas comuns. Acho que estas eram menos especiais, pois havia dois terços mais que as outras. Não houve descanso, e assim que terminamos a separação das flechas, nos incumbiram de construir boleadeiras com fibras entrelaçadas de uma planta, cujas pontas eram amarradas antes de prendermos pedras arredondadas do tamanho de laranjas grandes. Enrolei-me um pouco, talvez por causa do efeito do suco. Via o rapaz concentrado, trabalhando como alguém que tem horário a cumprir.

— Vão destruir a plantação — disse o rapaz.

— E se a gente sabotasse as armas? — sugeri, já desmanchando um par de boleadeiras e, nisso, eu me saí bem.

— Morrem os sapos e a plantação. Os hipopótamos ganham de todo jeito.

— Não acredito que viemos aqui só pra assistir à destruição da humanidade. E pior, seremos cúmplices, já imaginou? Espera, ainda dá pra negociar.

— Não tem como negociar com os sapos. Os rios estão secos. Sem água, eles não são amigos.

Aos poucos, eu recobrava o domínio dos sentidos e da fala. Uma leve dor de cabeça despontava junto com uma severa baixa no humor.

– Que raio de hipopótamos você tem falado! São insetos. Não tem como falar com eles?

– Hipopótamos, insetos, tudo a mesma coisa! Eles não falam. Vou embora – disse o rapaz enquanto dava as costas. Senti-me um tanto traído. Parecíamos colegas irreverentes, que tramam estupidez na surdina, que desmantela o sistema com ideias absurdas e impossíveis de executar. Mas o moleque não tinha nada de amigável. Falava dos sapos e dos hipopótamos (dã) como se ele fosse diferente.

– Se a gente for, os sapos ficam livres para destruir tudo. Temos que falar com o comandante – falei num tom autoritário.

– De que lado você está? – perguntou o rapaz, cuja aspereza nas palavras buscava tornar-me um tipo de réu arrependido.

Apontou o dedo contra meu rosto numa ameaça que prosseguiu sem palavras. Tentei deixar claro que eu estava do lado da humanidade o tempo todo. Enquanto eu engasgava-me com palavras envenenadas, o audacioso moleque já estava longe. Caminhava ereto, num ritmo desavergonhadamente corajoso para quem foge. Parecia invisível para todos os demais e, ao mesmo tempo, a única coisa visível para mim. Destrocei outras boleadeiras enquanto decidia ficar no acampamento.

O Rio dos Sonhos

Existirá um lugar onde os sonhos durem para sempre, conservando o corpo apenas para que estórias sejam encerradas?

Vó Bella e Melissa chegaram a um rio extremamente calmo, quase estático, o que criou certo incômodo em minha avó. Ela, contudo, não encontrou uma linha de raciocínio clara que permitisse entender a situação. Por hora, tanto uma quanto outra pareciam ter esquecido o sentido das palavras. Eram atraídas de uma maneira compulsiva pela calmaria das águas claras na superfície, e escuras na profundidade daquele rio sem som. Desde que se aproximaram do rio o som ao redor também cessou por completo. Embora eu tivesse a plena certeza de que a experiência de vó Bella com a água dava-se de forma íntima apenas em quatro situações – ao bebê-la; ao lavar louças e roupas; ao se lavar e ao tomar chuva, que poderia se transformar num banho também, caso houvesse um alagamento; e mais nada. Ali, suas passadas em direção ao rio contrariavam seu medo subconsciente de submersão. De repente, vó Bella e Melissa perceberam que estavam se comunicando de alguma forma que não era preciso usar a fala. Parecia algo mental, uma espécie de transferência de pensamento que insistia em manter o curso para o tal do rio.

– Vamos ficar um instante aqui no rio. Tire as botas, menina. Refresque os pés cansados – disse vó Bella, soando de forma acalentadora e indolente.

– E por que eu deveria? – respondeu Melissa, resistente, porém já seduzida.

– Seus pés vão se aquecer muito antes de chegarmos à montanha e não quero você reclamando o caminho todo – vó Bella usou o tipo de persuasão que Melissa estava acostumada a ser submetida.

– Nossa, você lembra muito meus pais. Tudo é para o meu bem – torceu o rosto e, depois, prosseguiu normalmente. – Eles são legais, estou até com saudades. Mas é um saco quando eles me mantêm ocupada o tempo todo. Talvez seja para não dar trabalho. A desculpa é que eu preciso me preparar para o futuro. Aí faço aulas de balé, informática, inglês, espanhol, francês, cantonês, violão, teatro, natação e artes. Só para eu ter uma vida feliz no futuro...

Melissa não percebeu, mas enquanto falava pensamentos, vó Bella fazia o mesmo tipo de ladainha, arremessando sobre o rio os desabafos de uma vida pesada. Reclamou um pouco do desvio que fez na vida ao mudar a direção em favor de tia Clô, criando uma distância permanente entre si e seus próprios interesses. Mas a parte maior da lamúria foi dedicada a mim, como de costume. Só que, de forma inédita, a lembrança do neto irresponsável pareceu surtir um efeito favorável. Seu corpo tornava-se leve como uma pluma seca que dança ao vento. Sem que dessem conta, ambas já haviam adentrado no rio até a altura dos joelhos. Bem perto, o pequeno grupo de sapos magros que as seguiam brandiam os braços finos, balançavam seus corpos esguios e coaxavam sem serem ouvidos. Um ou outro ousava esticar o braço para alcançá-las, mas Melissa e vó Bella pareciam alheias, despreocupadas. Davam passadas curtas, lentas, pausadas e carnavalescas para dentro do rio. Quando, dentre os sapos, surgiu um braço curto, sujo e áspero, apesar da pouca idade. As mãos as alcançaram e as puxaram para fora do rio de forma arrebatadora. Os sapos magros já não estavam por perto. Fugiram assustados. Aliás, coragem era algo que estes sapos desconheciam por completo. Desnorteadas, Vó Bella e Melissa reconheceram o garoto. O mesmo moleque subordinado ao velho, escravo foragido do exército de sapos e o mesmo menino desprovido de qualquer interesse, ou seja, um chato. Melissa ainda se abaixou para apanhar com as mãos em concha um punhado d'água, ao que o menino interveio, puxando seu braço com força quase violenta.

– Ai, moleque. Doeu!

– Veio fazer o quê? O homem te mandou buscar a gente? – indagou vó Bella.

O garoto apontou para uma borboleta, atraída pelas águas do rio. A borboleta deitou as asas delicadas na superfície da água, que a engoliu por inteiro. Em segundos, eles puderam testemunhar a borboleta viva findar o bater de asas e congelar os movimentos dentro da água. Melissa notou outros animais presos na água. Havia ursos, cavalos, bodes, cães, pássaros grandes e pequenos, criaturas nunca vistas antes, todas imobilizadas e devidamente conservadas.

– Olha quantos animais mortos! – exclamou Melissa.

– Não estão – disse o garoto.

– Não estão o quê? Mortos? – perguntou vó Bella.

– Eles dormem para sempre.

– Estão em coma? Isso é um tipo de morte pra mim – disse vó Bella.

Na verdade, os animais pareciam saudáveis e respirando. Só não podiam deixar as águas do rio. Eram parte dele agora, como insetos que se doam à prova de sua existência ao serem envolvidos por âmbar para se tornarem fósseis. Mas isso nem o garoto podia explicar.

– Eu aqui com sede e essa água toda aí envenenada – reclamou Melissa.

– Não é veneno. É o Rio dos Sonhos. Quando algum vivo que não é da água entra, não pode mais sair.

Da mesma forma involuntária que Melissa e vó Bella foram levadas ao rio, o menino afastou-as dele.

– Não é bom ter vocês por aqui. Precisam partir – disse o rapaz sem saber ao certo o que a presença daqueles estrangeiros poderia causar em seu mundo além de transtornos para eles próprios.

Seu rosto queimado de sol parecia esconder mais do que descortesia. Via nele um animal selvagem, treinado apenas para proteger o território. Contudo seus instintos de rebeldia destrancavam os portões da masmorra a qual fora condenado. Eu quis ajudá-lo, mas ambos tínhamos nosso próprio degelo natural. Esculpíamo-nos de dentro para fora. Bastava romper a fina casca.

– Espera aí, você foi levado com meu neto, não foi? Onde está aquele cabeça dura?

– Metido a herói – os três disseram juntos, com as devidas distorções numa sílaba e talvez uma palavra a mais ou a menos.

– Ele é um sapo agora. É inimigo.

– E quem é amigo? Você? – provocou Melissa.

O garoto apanhou uma vara fina e caminhou adiante. Ao se aproximar de uma árvore, chicoteou seu tronco avermelhado por três ou quatro vezes. Das folhas brotaram gotas que se juntaram até que o peso as fizesse cair. Isso se repetiu a ponto de criar filetes d'água como chuva. No chão, sobre o forro de raízes secas, pequenas poças d'água escorregavam de um lado para outro, forçando caminhos para se juntarem. Aglutinavam-se até formarem bolotas transparentes de água. Habituado com o aparente milagre, o garoto apanhou as bolotas e as ofereceu a Melissa e a vó Bella, que, como quem aguarda instruções, limitaram-se a esperar. O rapaz mordiscou a casca levemente endurecida da bolota d'água e bebeu seu conteúdo potável, refrescante e aprazível, seguido quase que instantaneamente pelas mulheres sedentas. Os goles intermitentes curavam a sede e afagavam o paladar com a ordinária e costumeira água, quase gelada, sem cor, sem gosto e sem cheiro, mas inesquecível.

Ainda mais apurado que anteriormente, o sentido de vó Bella para insetos ficou em alerta logo que o menino fez movimentos bruscos com a cabeça, parecendo ter visto algo diferente nas proximidades.

– Vão, senão acabam com ele.

– Obrigada pela água, mas agora diz onde ele está – reforçou vó Bella.

– Além do mais, eu mesma vou acabar com ele – disse Melissa.

– Estão longe demais para alcançarem. Que boa sorte encontre suas boas ações – disse o menino já distante.

Ele pôs-se a correr para longe, deixando-as sozinhas para digerir suas últimas palavras, quase na companhia dos sapos magros medrosos, agora em número maior. No entanto, o sonoro ronronar de onça e as sombras que pareciam vivas na mata, chegaram a reverberar o medo nas pobres criaturas, declaradamente inofensivas.

– Com estes aí já até me acostumei – disse vó Bella, dando de ombros, antes de continuar seu caminho.

– Acostumar com sapos? Eu hein... – refutou Melissa, utilizando-se da mesma indignação que sentia quando traída por uma amiga da escola.

Um rebelde entre rebelados

Um pedaço de lona serviria como máscara improvisada, já que decidi agir como uma figura anônima, embora nunca tivesse associado isso ao fato de super-heróis usarem máscaras. Afinal, eles ficavam em posição de destaque, enquanto mantinham suas verdadeiras identidades no anonimato. Eu agiria à surdina. Não ficou excepcional, mas aquela máscara também esconderia minha identidade. Que contrassenso, ninguém além de tia Clô me conhecia naquele lugar distante, então, não tinha sentido algum tentar não ser reconhecido. A boa verdade era que eu adquiria mais coragem usando uma máscara. Eu precisava esconder aquela identidade confusa e hesitante. E até que eu me habituasse com o roçar áspero daquela lona contra meu rosto, começaríamos a agir.

Esgueiramos, tia Clô e eu, por entre tudo que havia no acampamento. Sorri ao vê-la se mover como uma verdadeira ajudante. Por alguns segundos, até imaginei se não faríamos uma dupla permanente. Durante algum tempo, os sapos evoluíram naquele lugar insano. Desde então desenvolveram os sentidos para detectar insetos, seus maiores inimigos (e talvez os únicos). Era de se admirar ao ver quão pouco eles enxergavam. Entendi isso após lembrar do quanto os sapos eram inábeis com seus adversários mortais e ao me recordar de que quase nos atropelaram antes de se darem conta de nossa presença, quando nos raptaram na noite passada.

Conseguimos um pouco de água que julgamos bebível. Isso pareceu o item mais precioso em todo o acampamento. Quanto ao restante, tratamos com desprezo premeditado. Após duas ou três horas de trabalho, tia Clô e eu destravamos as carroças, retiramos pinos de guarnições, libertamos escravos e lançamos boa parte dos armamentos nos brejos. Só esqueci que alguns sapos dormiam, ou faziam algo na obscuridade submersa destes brejos lamacentos. Torcemos para que nenhum deles tivesse sido perturbado, ou, na pior das hipóteses, que tivesse sido morto por uma das lanças que descarregamos no brejo. Decidimos tentar dormir antes de nos delegarem algum trabalho pesado. Não fugiríamos antes do dia seguinte, só após termos certeza do sucesso de nossa sabotagem.

– Isso vai atrasar os sapos amanhã. E a gente ganha tempo pra convencer o comandante a lutar em outro lugar – disse eu, antevendo todo o lucro da noitada.

E dormi profundamente. Tanto que demorei a sentir dor quando alguém chutava minhas pernas. A desdenhada tartaruga, servida como presente, trazia a máscara improvisada, enquanto o comandante pedia aos soldados que me levassem preso até o local do apedrejamento (deduzi isso em razão da selvageria desnecessária). Seria novamente julgado diante da máscara como testemunha.

– Espere, não pode lutar lá! Tem que ter outro jeito! – clamei com as forças do pulmão, já que todo meu corpo encontrava-se amarrado como um queijo provolone.

No fim, o castigo foi menor do que imaginei, mas não tinha certeza se ficaram tocados por causa do fricote que me possuiu ou pelos olhinhos doces e clementes de tia Clô (já disse que eles eram sempre assim). Deixaram-nos amarrados nas ramas de uma planta de brejo, como aquela que engoliu o carro de vó Bella, mas que nada fazia com os sapos. Pude ver o exército reorganizar-se lá embaixo, enquanto a planta nos sufocava, intentando levar nossos corpos para o fundo do brejo. Tentei esticar o braço para aliviar tia Clô, mas um escorregão me fez inclinar o corpo enrijecido. Como se não bastasse, um espirro de lama foi lançado até minha boca. Assistia meu sepultamento numa posição bastante desconfortável, era bem verdade, mas também humilhado. Sensação pavorosa de se ter pouco antes de morrer. Ao longe, o exército movia-se. Partiam para a batalha que julguei ser amanhã. Teriam antecipado em razão da sabotagem? Se esse fosse o motivo, eu teria ajudado a adiantar a destruição da humanidade e não o contrário. Mais isso para ser enterrado comigo. Gritei pedindo que voltassem, mas se foram. Sobraram apenas os rastros devastadores de sua estada grosseira naquele vale. Amanhã a plantação também estaria destruída. Esse fracasso, sim, derrubou-me de verdade. O herói, digo, o super-herói derrotado. Lembrei que tinha uma lista. Baixei a cabeça desejando o fim de tudo, de uma vez por todas, enquanto as ramas me sufocavam.

Ouvi um grito estridente, do tipo que me acordava em momentos de desvario. Outro um pouco mais grave, do tipo que me reprimia em momentos similares. Uma força indistinta reclinou minha cabeça para trás e me obrigou a respirar. Senti afagos, tapas, mais afagos e mais tapas. Chega!

– Josué! – ouvi a voz de vó Bella. Ela não me chamou de menino.

– Josué! – e ouvi a voz de Melissa, mas não despertei.

Melissa socorria tia Clô do aperto das ramas. Vó Bella estava comigo dentro do brejo, desamarrando-me. Senti seu corpo contra o meu e seus braços me envolvendo. Ela sussurrou algo que me caiu bem.

– Vai dar tudo certo. Você vai ficar bem.

Pressenti um fim de tarde de inverno frente a um fogão quente que assa bolo de fubá. Canecas com leite aqueciam as mãos doloridas de frio. As paredes, quase juntinhas, mas não o suficiente. Poderiam apertar mais. Meus olhos encheram-se de uma água cristalina, quente e leve como o ar.

– Os sapos! – exclamei eu ao acordar. – Tenho que parar os sapos!

Empurrei vó Bella com uma violência reprimida, resguardada sob uma distância emocional quilométrica. O mérito de encurtar esse caminho ao me tornar *JetPunch* foi meu. Do contrário, a força repressiva seria ainda maior. E corri para longe. Corri para onde as oportunidades me tornariam uma pessoa melhor, um super-herói. Salvaria não uma velha rabugenta, nem uma menina orgulhosa, mas sim a humanidade toda. E elas estavam incluídas nisso. Havia ainda uma chance se eu alcançasse os sapos.

– Pode deixar que a gente te encontra e te salva de novo, seu ingrato! – berrou Melissa, inconformada.

De repente um zunido pesado recaiu sobre vó Bella, tia Clô e Melissa, cercando-as. Algo que se movia dentro da mata se revelou. Uma barata enorme e um gafanhoto voaram em baixa altitude e pousaram, ameaçando as três com as serras de dilacerar carne de suas pernas longas. Ouvi os gritos e me voltei a tempo de ver os insetos atacando as três mulheres. No lado oposto, os últimos sapos ainda estavam ao alcance dos olhos. O que eu poderia fazer? Voltei a fim de socorrer as três pessoas que conhecia. As três idades da vida. Na ânsia de alcançar os sapos, eu havia corrido quase meio quilômetro. Uma distância de horas para chegar ao exército, mas de minutos para atender o chamado das damas em perigo. Contudo pareceu justamente o contrário. Melissa, esperta nas horas vagas, chutou forte o tronco de uma árvore chorona, que logo fez cair água das folhas verdes. As asas encharcadas dos insetos aderiam a tudo que tocavam, como cortinas de tecido de banheiro que abraçam corpos nus quando, preferivelmente, um dos dois está molhado. Os insetos contorciam-se, mas isso era temporário. Logo estariam de pé. Tinham também a vantagem de atacar marchando. Corri o mais que pude e, mantendo o ímpeto abafado em meu peito, desejei não ter feito o que fiz. Gritei de longe às mulheres que se afastassem e me joguei contra a pobre árvore. Esmurrei-a, estrangulei-a, chutei seu tronco ensanguentado. A surra vinha de dentro de mim, da minha cabeça e saía dolorosa, potente e... mortal. Em menos de um minuto, a árvore tornou-se ramas famintas que esmagaram e devoraram os insetos. Longe de estar satisfeito lancei-me sobre os insetos rendidos, diante dos quais meu subconsciente resolveu escolher o que estava mais atado. Investi uma força irracional. Aquilo tudo me encheu de emoções ambíguas. Senti alívio por estar vencendo os insetos, mas tive raiva pela maneira que escolhi fazê-lo. O modo mais fácil e o primeiro que me veio à cabeça. Talvez o garoto tivesse mesmo razão, eu era um sapo forte e nojento. Lembrei-me disso com os lábios desenhando um retângulo que emolduravam meus dentes distintos, cerrados como prensa. Arfava mais do que meus pulmões podiam arcar e virei-me com tamanha rapidez e rudeza no movimento, que quis explodir na frente de minha avó.

"Viu só, vó Bella." - Eu quis parar aquela respiração ofegante, que difamava minha pose desaforada, e gritar o texto que escrevia com dificuldades em meu pensamento. Olhei-a de modo firme – "sou ou não capaz de me virar?" – nada de voz. Ao menos eu não piscaria, não antes dela. Também não limparia a saliva que pousou sobre meu lábio inferior após ser expelida pela força do sopro. E não daria a mínima para as lambidelas de tia Clô. Só manteria a rigidez de minha pose até que vó Bella lesse meus pensamentos. E ela conseguiu. Vi seus olhos e músculos do rosto desfazerem-se, criando uma expressão nova, que a princípio não me comunicava nada conhecido. Uma pequena aula didática seria necessária naquele momento.

– Tudo bem. Temos uma vaga para metido a herói – brincou vó Bella.

Demorei para dissolver minha brutalidade, talvez o mesmo tempo que levei para digerir seu gracejo. Mas finalmente a convenci de minha importância.

– A gente dava conta deles sem sua ajuda – e, a começar por Melissa, as mulheres precisavam desabafar. Eu fui mesmo um imbecil.

Apesar das brincadeiras pós estresse, não sabíamos o que fazer a seguir. Estávamos atolados de pensamentos conflitantes. Alguns nos levavam ao início de tudo, a proteger nossas melancias e voltar para casa. Outros nos faziam pensar a respeito da plantação e de como poderíamos salvar o maior número de melancias em perigo. O pior deles sugeria ficarmos naquele mundo e nos mantermos vivos com alguma ocupação, talvez desvendando os segredos milenares do cultivo de frutas sagradas.

– Eles não são nada na água – expeliu Melissa, chegando a nos assustar com tamanha distância de raciocínio. E continuou:

– Devia chover neste lugar um dia, não acham? Lembram-se dos leitos secos do rio?

– Passamos por vários deles – entrei no carrossel de raciocínio dela, permitindo-me andar em círculos.

– E se a gente encontrasse água? – disse vó Bella, surpreendendo-me ainda mais que Melissa. Ela nunca participaria de uma aventura, quanto mais em favor alheio. Pensando melhor, ela nunca se juntaria a qualquer jornada que fosse. Mas eu poderia estar errado. Afinal estávamos juntos ali, certo?

– Você quer encontrar água? – perguntei.

– Só não me faça pensar, senão desisto. E também não vamos mais nos separar.

– Como estão suas pernas? – perguntei.

– Ótimas. Por quê?

– Porque acho que sei onde encontrar água – disse eu sem conter a atuação alegórica com que olhei para a montanha. Tudo nos conduzia àquela montanha que parecia não querer ser perturbada.

O menino

Tínhamos esquecido que não comíamos há várias horas, embora as barrigas em pranto fizessem questão de nos lembrar. Essa era uma constante desde que chegamos àquele lugar inóspito, com escassez de tudo que pudesse nos manter vivos. Não sabíamos como identificar as árvores choronas, então batíamos nas que encontrávamos pelo caminho. Conseguimos água uma vez, não antes de a pobre árvore ser submetida a uma dolorosa surra. Isso, de certa forma, provocava em nós todos um choro contido. Para se conseguir algo naquele lugar, alguém tinha que ser penalizado. Enquanto isso tentávamos extrair de nós mesmos uma leve crosta de motivação para caminhar até o topo da montanha.

Sentíamos as passadas ficarem cada vez mais pesadas, embora nossas pernas trabalhassem independentemente de nossas vontades. Faltava muito para alcançar o pé da montanha. Enterrávamos as dúvidas daquela investida sob toneladas de certeza, adicionadas pouco a pouco. Dentre elas, a de que não pertencíamos àquela sociedade, ou sociedades. Nunca fui muito interessado em política – melhor dizer que não me interessava por nenhum tipo de estrutura social – mas nos aborrecia não haver uma forma de liderança mais conhecida, tipo um presidente ou um rei, já que ali parecia ser um território arcaico. Havia o exército de sapos, no qual a importância de cada indivíduo dava-se pelo tamanho. Talvez por isso aqueles pobres coitados magrelos não encontrassem lugar entre os parentes sapões. Nós (os estrangeiros) éramos párias como eles, portanto nos seguiam, talvez na intenção de estabelecerem ao menos uma margem periférica em seu próprio mundo. Olhávamos para trás de vez em quando e flagrávamos um grupo ainda maior, equivalente a uma marcha de protesto. Falando nisso, volta e meia eu divertia-me fingindo correr para seu lado urrando como um leão, o que os fazia se dispersarem de uma forma até engraçada. Mas isso logo perdeu a graça.

Não conhecíamos nada dos insetos. Devoravam as melancias e barravam os rios, mas todos pareciam insetos comuns. Não eram como abelhas ou formigas, que vivem dentro de uma sociedade pré-estabelecida no nascimento ou pelo tipo de nutrição que define seu destino. Estes eram mais um agrupamento de todos os tipos de insetos, grandes como avestruzes ou pequenos como larvas de frutas. Os soldados, até o momento, pareciam agir involuntariamente dentro de pequenos grupos, atacando invasores ou seus inimigos sapos. Mas como eu disse, não sabíamos nada destas criaturas ainda.

O velho fazia um tipo de corpo estranho bem no meio de tudo. Parecia não pertencer a nada, mesmo assim ninguém se importava com isso. Mas logo a trama deste assunto ficou confusa e chata.

Andávamos por uma trilha de chão alaranjado coberto por folhas secas de plátano. Os raios de sol, que conseguiam penetrar os pequenos espaços entre galhos e folhas, criavam extasiantes portais de uma luminescência tão acolhedora que momentaneamente retirava de nós os sentidos e os devolvia mais tarde, após darmos as costas. Logo adiante, uma abertura escurecida dispunha o único caminho, onde duas falsas seringueiras mantinham-se como guardiãs do túnel que elas mesmas criaram. Atravessamos o túnel juntando nossos corpos uns aos outros assim que vimos insetos ali. Mas estes eram ainda mais diferentes. Moravam no túnel e, até certo ponto, ficamos apaziguados ao vê-los como insetos comuns, inofensivos. A luz do outro lado, um tanto menos ofuscante, dava fim ao túnel. Tia Clô tomava a frente, sempre corajosa e determinada. Assim que deixamos o túnel sentimos nosso peito inflar. Aquele era o lugar mais belo que alguém jamais poderia imaginar. Tínhamos pressa, mas foi preciso entender primeiro que estávamos ali, de corpo e espírito. Só pudemos compreender isso após olhar cada detalhe, sentir o ar pesado e frio e desejar jamais partir. Raízes de algumas árvores chegavam a sair desde o meio do tronco. Para que a luz dispersasse-se, precisava antes tocar cada folha, não importando se era verde limão ou de trevo, se era vermelho-sangue ou alaranjada, se era triangular ou ovalada, ou se era afinada ou comprida. Nenhuma era privada de sua aura. Vimos árvores imensas amarradas umas às outras, com seus galhos fazendo um entrelaçado inumanamente artístico.

Melissa, adestrada na busca por água, insistiu em bater numa delas com uma vara.

– Ei, cuidado. Estas árvores não se submetem – disse o menino que há poucas horas tomara outro rumo.

– Você de novo! – disse Melissa, menos surpresa do que eu.

— Só as choronas soltam água — concluiu o garoto, agora mais perto a ponto de ser confundido com um integrante de nosso grupo.

— O que você quer aqui, menino? — perguntei e, ah... como gostei de tê-lo chamado assim.

— Não posso voltar para o moinho — disse ele. A tentativa de digerir um motivo nos calou por um tempo — Também não posso deixar que fiquem muito tempo nestas terras. Então vou com vocês.

— Ah, isso, não — retruquei de forma ofensiva.

— Talvez ele saiba o caminho melhor do que você — disse Melissa.

— Nunca subi a montanha — disse o rapaz, diminuindo ele mesmo a estatura de importância que Melissa lhe configurou.

— Deixa o menino. Pode vir, se quiser — consentiu vó Bella, que até então parecia fazer questão de não ser notada.

Na verdade eu não tinha motivos claros para expulsá-lo. Ele era inimigo confesso dos insetos e dos sapos. E, apesar da conturbada aproximação inicial, o velho, seu mentor (ou sei lá o quê), nos acolheu, oferecendo comida e água. Se houvesse algum fator negativo que impedisse sua aceitação, minha balança não era precisa o bastante para quantificar o resultado. Dessa forma, o silêncio consentiu sua presença até que o desconforto dissipasse-se.

A beleza exuberante do caminho exerceu um tipo de efeito diáfano em nossas personalidades. Agregávamo-nos àquele ambiente natural como quando o homem era amigo da natureza (e esperava que isso realmente tivesse acontecido um dia). Sendo assim, ela não poderia nos expulsar de seu domínio acolhedor.

— Somos tão maus com a natureza — disse Melissa em tom de desabafo.

Claro que ela não se referia a ela exatamente. Essa era uma culpa genética, se eu pudesse assim denominar. Embora nenhum de nós derrubasse árvores, poluísse rios ou o ar, ou atentasse contra qualquer tipo de vida, éramos do grupo que convivia com isso. Que reclamava sem grandes efeitos e que chegava a obter comodidades resultantes de tais abusos. Aquele lugar nos cobrava isso. Exigia nossa redenção. Só agora descobrimos o real significado do texto em latim apontado contra quem ousasse adentrar aquelas terras. Não precisávamos mais ser julgados pela natureza. Nós mesmos poderíamos fazer isso. Displicentemente, eu havia me esquecido de associar a natureza a um sistema político ideal.

— Se a gente tivesse nascido aqui, teríamos que nos encaixar numa destas sociedades – disse Melissa, que se interessava por estas coisas muito mais do que eu. Por isso, suas notas eram altas na escola. E agora ela poderia enfim por em prática, algo que eu sempre desprezei.

— Ai, não, eu não seria um inseto. Nem sapo – disse vó Bella.

— Ninguém escolhe o que quer ser – disse o rapaz, criando um laço que mais tarde o faria arrepender-se.

— Viu só? Só podemos distinguir os modelos de sociedade e política porque somos olhos de fora – continuou Melissa. – Imagina se uma destas criaturas visitasse nosso mundo. Ela também enxergaria coisas que não podemos ver graças ao nosso comodismo – até que ela chamou minha atenção com esse argumento.

— Mas nós vivemos numa sociedade melhor, onde tudo funciona – disse eu expondo talvez o máximo do meu conhecimento sobre estruturas sociais. Que, no fim de tudo, era só para mostrar superioridade em relação ao rapaz.

— Tem certeza? – retornou Melissa. – Digamos que estes pobres aqui estejam também habituados a seu modo de vida, que mal conseguem enxergar a política que rege seu pequeno mundo de uma montanha só. O que te faz pensar que nossa sociedade é melhor que a deles?

Essa me fez pensar calado. Em consequência, calei Melissa também. Contudo fiquei matutando não exatamente sobre a sociedade e a política do Brasil, ou de São Paulo, mas a lá de casa. Eu já havia me questionado sobre isso antes, mas agora tudo se ajeitava como num quebra-cabeças montado. Eu não era um pária na minha pequena sociedade de formigas. Era um aprendiz, como aquele garoto. Ele perdera a chance de se tornar alguém importante para aquela sociedade e, quem sabe, torná-la menos hostil. No meu caso, eu quis fugir da minha responsabilidade como aprendiz.

Distanciava-me um pouco dos demais, ritmado pelo intenso fluxo de pensamentos, ao mesmo tempo em que observava como o espaço físico entre Melissa e o garoto tornava-se menor. Jogavam conversa fora, como amigos de longa data. Reduzi as passadas, de modo a tê-los num grupo.

— E como você faz quando quer conversar com alguém igual a você? – ouvi Melissa perguntar.

— Não converso, fico quieto – disse o rapaz, pouco aproveitando a oportunidade de se ter alguém com quem falar.

Vó Bella, para piorar minha situação desconfortável, olhava-me com olhos de fogo, que queimavam meu peito sôfrego. Exibia um sorrisinho infame e duradouro de Monalisa, como se estivesse também pintado em seu rosto. Sua mente estava aberta como um livro infantil, eu podia lê-la com a ajuda de figuras ilustradas. Jogávamos um pingue-pongue mental. Ela ousava lançar sobre mim uma palavra odiosa e repulsiva, digna de um desprezo nauseante. E toda vez que eu a via, lá estava a maldita palavra, de letras diminuídas em sua mente. Na minha, destacada em título garrafal como logo de sabão em pó. Centralizada, sombreada e esculpida em pedra encontrava-se a palavra "ciúme".

– Tem algo que ainda não sei sobre você – Melissa dirigia ao rapaz uma conversa forçada, mas que buscava certa intimidade.

– O quê? – perguntou curioso o inocente garoto.

– Seu nome.

Embora nossos ouvidos mantivessem um foco seletivo para o que sairia da boca do garoto, ele não retornou o assunto. Se calou frente à pergunta em forma de isca de Melissa.

– Não vai me dizer? – insistiu ela.

– Me chamo Dom Pedro Primeiro.

Aquilo soou como um estouro em nossos ouvidos. Ficamos alguns segundos parados, vó Bella, Melissa, eu e até tia Clô, alvejando aquele menino com olhares potentemente rigorosos. E explodimos as maiores gargalhadas já presas na vida de alguém.

– Como assim? – solucei sem conter as lágrimas do riso.

– Você se chama Dom Pedro Primeiro? – quis se certificar vó Bella.

– Por que vocês estão rindo? – perguntou o menino, fazendo uma expressão primitiva de dor ao se mostrar ofendido.

– É um nome incomum, mas legal – era comum em Melissa amenizar qualquer coisa que pudesse caminhar para uma briga. Que desligada! Sem noção. Aquilo era legal e eu poderia rir por mais de meia hora, porém...

– Obrigada por nos acompanhar, pequeno Dom Pedro Primeiro – vó Bella cumprimentou o garoto com um batismo tão solene, que fiquei no vácuo.

– Tá bom – disse eu, inconformado. – Mas vou te chamar de "menino".

Tive a chance de ter um substituto que agora tinha um nome. Melissa e Dom... o menino mantiveram o curso fazendo companhia um ao outro, mas eu já não me importava. Se eles ousassem tentar algo mais próximo, bastaria falar o nome do menino bem alto e rir, como se faz ao se lembrar de uma piada velha. Mas um outro raciocínio começou a ruminar em minha mente. Dom Pedro, o verdadeiro, acabou tornando-se um tipo de herói. E o mais irônico, rompeu com sua família, sendo castigado ao ser rebaixado de príncipe a delegado, só por causa do Brasil. Quanta coragem! E a coisa só piorou. Dom Pedro, se bem me lembro, foi príncipe, tornou-se imperador do Brasil e, depois, de Portugal, só título parrudo! Maldita lembrança da escola! Como eu poderia lidar com isso? "Prazer, eu sou Josué. Tenho um nome bíblico, mas não sei do que se trata". Cocei a cabeça. Pelo que sabia até aquele momento, as coisas não iam bem para aquele Dom Pedro infante. O menino perdeu suas terras por ser inepto, pobrezinho. Maldade minha. Ele fora levianamente excluído de seu meio e agora representava apenas a extremidade de um fio rompido. Não tinha trono nenhum para herdar, muito menos direitos de um rei.

Levei tanto tempo olhando e pensando nisso, que não me permiti notar o quanto vó Bella e tia Clô caminhavam próximas. Vó Bella apontava coisas para o leão-marinho, que logo respondia correndo em volta dela. Brincando com o tempo que lhe era permitido viver.

– De onde vem este aguaceiro? – perguntou vó Bella.

Sem que percebêssemos – eu menos ainda – os troncos e galhos de árvores foram baixando e baixando, até que a vegetação toda formasse um manguezal. O chão desaparecia diante dos nossos pés. As árvores quase caminhavam por sobre uma água perene e endurecida, fazendo suas raízes dançarem continuamente para não adormecerem.

– Espera aí, gente. Agora passou dos limites – protestou Melissa, frente à aparente impossibilidade de continuar a rota.

– Não toquem na água, aconteça o que for – destacou o menin... Dom Pedro. (Tá, eu disse que o chamaria de menino, mas depois de entender seu papel de pária naquele mundo infeliz, chamá-lo pelo nome era o mínimo que eu podia fazer.)

– Mas tá tudo se mexendo! O que quer que a gente faça? – vó Bella dirigiu a pergunta a Dom Pedro, o menino, não a mim. E eu precisava retomar meu posto, momentaneamente em perigo.

– Agora você vai com a gente? – E, buscando fazer com que os outros vissem nele o mesmo fujão que vi no exército de sapos e o mesmo desertor que as abandonou antes do ataque dos insetos, o inquiri. Sua resposta, meu triunfo, fora completamente ofuscada por Melissa, ao ver animais e criaturas submersas.

– Ai, não! O rio que congela!

– Não tem outro caminho? – perguntou vó Bella, confinando-me ao jazigo de assuntos enterrados.

Só me restou antecipar os movimentos e iniciar a escalada por entre galhos e raízes do mangue, que se confundiam numa trama difícil. Dom Pedro fez o mesmo, agarrando-se meio desajeitado, deselegante como trapos num varal. Mas logo ele tomou vantagem ao esticar sua mão de criança para que Melissa grudasse a dela antes de ser içada. Novamente, em razão dos "enlaces" das atuais ocorrências, demorei a atender vó Bella e tia Clô. Elas já se dependuravam nos galhos como moleques.

A confusão de galhos escondia nosso futuro caminho, mas avançávamos bem. Sentíamos a exaustão dos esforços, hora mais, hora menos, a ponto de querermos desistir e voltar. Mas isso só nos tentava quando parávamos para descansar um músculo em estado de câimbras. Nada que os conhecimentos de vó Bella sobre alongamentos não resolvessem em minutos. Era incomum ver o quanto ela estava calma e motivada. Só perdendo a paciência ao ver os sapos magros nos seguindo.

– Como eles conseguem? – perguntou de forma retórica.

– Quem sabe não precisem de uma avó durona? – brincou Melissa desequilibrando-se em seguida, mas logo deixou de sacolejar o corpo de borracha ao ser firmemente segurada pelas mãos ossudas de vó Bella. Esta não tardou a revidar o sarcasmo.

– Quem sabe você não precise de uma avó durona?

No decorrer do percurso, despojei-me das preocupações com as mulheres. Isso porque Dom Pedro avançava mais do que eu. Não que ele soubesse, mas eu precisava vencer a disputa. Como fazer isso sem que ele parecesse ser mais maduro? Coloquei-me à frente, vencendo caminhos ainda mais tortuosos. Ofegava e grunhia só para demonstrar esforço, seguido de superação. Vitória. Não foi difícil me distanciar. Até que Melissa atraiu a atenção.

– Me diz, seu Dom Pedro, por que é tão calado assim?

A resposta dada foi o próprio motivo da pergunta, o que estimulou ainda mais a curiosidade de Melissa.

– Me conta alguma coisa estranha que você já fez, quero dizer, fora viver com aquele velho e morar neste mundo sombrio – inquiriu Melissa majestosamente. Tanto que arrastei os pés só para atrasar o passo. Eu precisava ouvir o que quer que o verdadeiro menino tivesse para contar.

– Vai. Fala – se dependesse de Melissa, ele ia derramar os segredos mais íntimos à força.

– Não estou entendendo. Não sei responder a isso.

– É simples. Diz alguma "pisada na bola" que você tenha dado.

– Uma mancha suja que tenha na sua reputação de imperador – brinquei tentando ajudar Melissa. E continuei. – Vou te dar um exemplo. Esses dias eu fui socorrer um homem que estava em perigo. Só depois notei que ele estava roubando uma televisão – Risos. – E ainda por cima o deixei escapar.

– E você ainda acha que esconde a vida dupla de mim? – vó Bella invadiu a brincadeira.

– É. Por que você não revela algo mais sujo? – completou Melissa. Passei a ser o alvo fácil. Talvez eu não escondesse tanta sujeira assim.

– Uma vez – iniciou Melissa – eu perdi a data da prova e não estudei. Então fiz uma cola, e pro professor não desconfiar errei duas questões de propósito.

– Isso é sujeira? – zombei sorrindo sarcasticamente.

– E também roubei um perfume que eu queria, mas minha mãe não comprou porque eu tirei uma nota menor – dessa vez, foi Melissa quem sorriu do próprio conto. Satisfeita, ela virou-se para Dom Pedro, que parecia orbitar ao redor do assunto.

– Eu sequestrei Clotilde – disse vó Bella, atraindo uma silenciosa atenção.

Eu já sabia do ocorrido, mas os eventos posteriores tornaram o caso menos importante até então. Acredito que nossos olhos arregalados a tenham feito continuar.

O hospital estava superlotado, coitada da Clotilde. Os portões de cargas, tanto de materiais quanto de doentes estavam fechados. Acontecia algo escamoteado lá dentro. Quem caminhava do lado de fora afastava-se ainda mais do hospital logo que ouvia aqueles rugidos de deixar qualquer um surdo. Não era um rugido comum. Desconfiei que os leões-marinhos estivessem tramando. Por isso entrei. A equipe de enfermeiros enfiava agulha em ampolas, e enchiam dezenas de seringas postas lado a lado sobre o balcão. A mesa já estava lotada de tranquilizantes. Os bichos não poderiam fugir. Imaginem o desastre se aqueles bichos todos ganhassem as ruas e atacassem as peixarias e os mercados. Os enfermeiros armaram-se pra uma guerra. Tinha vassoura, balde, rodo, móveis e até cortina, tudo pra conter os animais no saguão. Pelo corredor principal cada enfermeiro e enfermeira carregava dois baldes pesados de seringas, andando rápido na direção da tocaia. Para evitar uma picada acidental, os enfermeiros usavam luvas ou simplesmente amarraram panos com esparadrapos nas mãos. O que aconteceu depois é até difícil de contar, tamanha a crueldade. Os enfermeiros arremessavam as seringas cheias de tranquilizante contra os leões-marinhos. Miravam no lombo, mas a ponta da agulha só precisava atingir uma parte qualquer do corpo dos bichos. Vi aquelas pessoas divertindo-se, fazendo apostas pra ver quem alvejava mais. Apressei-me em achar Clotilde. A equipe do hospital estava devidamente entretida. Olhei pelas janelas de vidros empoeirados até que avistei a tatuagem dela.

– Que loucura, vó, por que você não me chamou para ir junto?

– Deixa ela contar – conteve-me Melissa.

– Ah, é? Minha vó dando uma de herói e você preocupada com o fim da história.

– Eu não era herói coisa nenhuma. Era o próprio lobo mau.

Vó Bella repeliu a palavra herói como quem se ofende de verdade. Consenti com meu silêncio. Para ela foi mesmo uma caça. O hospital era gigantesco, sem falar que os leões-marinhos eram todos parecidos, quer dizer, o macho tem uma juba que nem leão. A fêmea não tem. Mas no que essa informação poderia ajudar quando havia quase 40 leões-marinhos fêmeas espalhados pelo prédio?

– Tive que dar a volta para entrar naquela ala do hospital – continuou vó Bella. – Mas, como não parecia haver ninguém por perto, decidi entrar pelo corredor da frente mesmo. Lá no saguão, um leão-marinho enorme conseguiu manter-se furioso mesmo após três agulhadas no lombo e abateu com a nadadeira o balde ainda cheio. Havia seringas espalhadas no chão. Os enfermeiros e seguranças erguiam suas nádegas e baixavam o tronco fazendo as mãos recolherem as injeções o quanto antes. Momento exato em que eu empurrei a porta dupla com toda a força. O coice nos traseiros lançou os funcionários às pencas em cima das agulhas. Não tinha pano que isolasse. De repente, eu era a única pessoa de pé acordada entre gente e bicho. Difícil foi levar os quase 100 quilos da Clotilde pro carro. Ainda que houvesse um sujeito forte acordado, eu não podia contar com a ajuda de ninguém.

– Nossa! Gostei dessa, hein, vovó! – exclamou Melissa. – Só que não parece uma "pisada na bola". Tá mais pra história de resgate, tipo a da Bela Adormecida – Melissa ria com a própria piada.

– Caramba, vó, a gente podia ter sido preso por causa disso!

– Talvez, mas não fomos – disse vó Bella exibindo uma autoconfiança invejável.

Uma vez eu perguntei a mesma coisa sobre o vizinho e o que ela faria se ele descobrisse sobre o jornal. Do mesmo modo ela respondeu, "talvez, mas-não-descobriu".

Digerimos aquele assunto por mais cinco minutos. Tempo suficiente para que outros temas surgissem naturalmente em nossos desejos de conversa.

– Eu comi melancias – disse Dom Pedro.

Ficamos atônitos no raciocínio e inertes no corpo. De repente, nosso sangue parecia correr com dificuldade, quase como se criasse veias novas para fluir melhor. Calamo-nos totalmente. Um menino de superficialidade ingênua e de coragem nobre tombou sua reputação para à altura da de assassinos seriais. Poderíamos ter sido vítimas de sua fome ou, quem sabe, sua vontade de provar o fruto proibido. Àquela altura, só ouvíamos o farfalhar de folhas, com as quais o vento brincava indiferente, seguido do arrastar de nossos pés sobre a terra fria, quando voltamos a caminhar quase esquecidos do motivo da peregrinação. Não sei quanto aos demais, mas a mim pulsava a dúvida sobre quem era aquele menino e o que ele fazia com aquele velho num lugar de infinitos. Coube a vó Bella nos tirar da deriva.

– Comeu? Por quê?

– Não acredito que você fez isso – segui vó Bella na inquisição, engolindo o choque inicial para gerar atitude. Mas não saí do lugar.

– Como você pôde? – Melissa perguntou com um tom suave e choroso. Isso, de certa forma, deu ao moleque (nem menino serviria agora) mais tempo para responder.

– Caminhei por estas terras por mais de uma semana. Nada se parecia com os ensinamentos. Não avistei sapos, e os insetos voavam desconsiderando perigo. Não havia água nem comida. Encontrei só a plantação abandonada. Eu sabia das melancias e evitei o quanto pude. Até que não importava mais. Sem escolher, tirei uma melancia pequena do chão. O que preenchia a minha mente naquele exato momento era morder cada fibra, dilacerar cada fiapo só pra não ter larvas vivas de inseto dentro de mim. Acordei horas mais tarde ainda sozinho. O velho assistia-me de longe. Fiquei envergonhado e fugi. Notei que ele deixava a porta aberta de propósito e, um dia, ofereceu-me comida e abrigo.

– E o que aconteceu com as pessoas... as donas das melancias? – perguntou Melissa.

– Não sei – respondeu Dom Pedro baixando a cabeça.

Engolimos em seco. Se aquilo era algo impossível de nomear, imagina julgar. Mas logo desceu sobre nó a compreensão. Estivemos diante da mesma cena, do mesmo momento que o menino descrevera. Por pouco não comemos uma ou duas melancias. Estávamos famintos e com sede. Parte da nossa história seria igual a de Dom Pedro. A diferença, no final, foi uma mera casualidade. De qualquer forma, toda aquela revelação nos fez amornar o ânimo, mas o caminho em si tinha outra pretensão. Tornou-se complicado avançar quando chegamos num local onde as árvores sacudiam ainda mais. Até então, galhos e raízes forneceram um caminho conturbado, mas transponível, desde que tivéssemos paciência e um pouco de equilíbrio. Vó Bella, que poderia ter problemas nesses assuntos, mantivera-se firme e jovial, isso desde que adentramos aquele mundo simbólico. Enfim, passamos a nos preocupar conosco em substituição ao que aconteceu ao rapaz. Tia Clô, que ganhara um corpo nada aerodinâmico e nem adaptado para vencer superfícies suspensas, enfrentava as árvores com afinco. E ela não reclamaria. Se fosse antes, quando ainda era uma pessoa, mal sairia do carro e isso eu não quis nem imaginar. Contudo seu peso preocupava-nos. Se, com os demais, os galhos cediam quando pisados, imagina com tia Clô com seus quase 100 quilos compactados! Em dado momento, aconteceu o que tentávamos ignorar. Voltei minha atenção para trás ao ouvir o som do impacto. Tia Clô chocou-se contra as águas do rio. Corri o mais que pude, chegando a tempo de vê-la relaxar os movimentos de nado. Pendurei minhas pernas e estiquei os braços para alcançar sua cauda. Senti meus dedos adormecerem após submersos. A água era fria e espessa como gelatina. Meu corpo apertado era segurado por braços e falas de incentivo ou de cuidados que não eram meus. Mas minhas mãos pareciam tentadas a deixar de viver. Ficavam incertas ao controle do meu cérebro ditador. Talvez este tenha sido o momento em que os sapos magros mais tenham se aproximado de nós. Esticavam seus braços, queriam, de certa forma, ajudar. Embora não entendêssemos com clareza e seu medo instintivo os impedisse de fazer uma aproximação efetiva.

Com a mesma dificuldade de arrancar do chão uma árvore apenas com os braços nus, alcancei tia Clô e a puxei para fora. Bastava prendê-la com as mãos, pois a força vinha dos demais que me acudiam. E foi só a nadadeira ser regurgitada pelas águas sonolentas para que todos se pusessem a içá-la e, esgotando toda a força pré-histórica aprisionada no ventre, reintegramos o corpo abatido de tia Clô sobre os galhos retorcidos. Vó Bella, única talvez com conhecimentos básicos de primeiros socorros, pôs-se a buscar sinais de vida. Mas tia Clô não respondia. Melissa voltou-se para o infante.

– Você disse que animais aquáticos não ficavam presos no Rio dos Sonhos.

– Eu disse que o rio aprisionava animais que não são da água. Ela era uma pessoa como você, mas agora é um animal marinho. Isso nunca aconteceu antes por aqui, pelo que sei.

Eu estava atordoado. Fiquei tanto tempo esforçando-me de cabeça para baixo que demorei a sentir os membros acordados novamente. Meus dedos ainda mantinham a dureza de uma ferramenta. Mas voltavam ao normal aos poucos, assim como tia Clô. Poderia haver uma ligação entre aquilo tudo. Se as melancias eram as pessoas e quando atacadas transformavam seus donos em leões-marinhos, por que duvidar que estes animais não sobrevivessem aos encantos do Rio dos Sonhos? Quem sabe não seria uma reviravolta evolutiva a fim de estabelecer ordem na bagunça criada pelos seres humanos?

A despeito do tempo transcorrido com o acidente, seguimos adiante passando pelos trechos que eu já conhecia.

– Façam exatamente o que eu fizer – alertei antes de iniciar o percurso.

Corremos com os pés quase grudados uns nos outros, pendíamos os corpos e nos demos as mãos. Dessa vez fizemos tudo juntos, numa só massa. Em determinado ponto, apoiávamos os pés por sobre galhos enfraquecidos a fim de contrabalançar o volume de tia Clô, enquanto nos pendurávamos pelas mãos noutro acima, de forma a dividir os pesos. Tia Clô ia à frente e, ao pular para um amontoado de tranças que permitia sustentá-la, exerceu tamanha força na impulsão que fez parte dos galhos inferiores cederem e despencarem dentro do rio. Tia Clô estava salva, correndo de um lado para o outro. Eu estava logo atrás para auxiliá-la, caso houvesse outro episódio acidental. Quando os galhos deixaram de dar sustentação às pernas, tentei o mais que pude olhar para trás, embora a forma que eu havia me dependurado impedisse voltar a cabeça para os lados.

– Estão todos aí? – gritei.

– Você não disse para fazer exatamente o que você fizesse? – ouvi Melissa responder.

Curiosamente ela estava logo atrás de mim, seguida por vó Bella. Dom Pedro terminava a fila, cuidando da retaguarda. Com um pouco mais de esforço chegamos a um pedaço de terra. Vencemos o mangue. Deitamos nossos corpos pesados sobre a terra úmida com indícios de grama. Não saberia dizer o quanto aquilo nos tornou humanos, talvez, até mesmo a tia Clô.

Fechei os olhos por alguns instantes. Ainda habitava em mim um vazio. Eu estava suspenso entre toneladas de pensamentos e sensações desconexas. Tudo que rondava minha cabeça buscava obter significado ao mesmo tempo. Sentia isso com relação a minha avó, a Melissa e, principalmente a Dom Pedro Primeiro. Só me sentia verdadeiramente livre com relação à tia Clô.

De súbito, o pequeno regente levantou-se ao ver algo familiar.

– Silvâneas! – disse ele explodindo uma empolgação nada compartilhada.

Dom Pedro correu para longe gastando o resíduo de energia que devia ter sobrado. Momento este em que Melissa era acometida de um surto nervoso.

– Onde você vai? Péssima ideia fugir assim! Vai nos abandonar de novo neste lugar, seu moleque? Lugar horrível, cheio de insetos gigantes, águas congelantes e sapos nojentos.

A atitude nova de Melissa instalou-se bem no fundo de nossa prudência. De alguma maneira, ela retornava ao estado infantil e melindroso de quando chegamos àquele lugar. Isso nos chateou bastante, pois aquela pessoa mimada havia se despido, revelando-se solidária e cativante. Melissa era de novo maior do que eu e numa área que eu jamais teria qualquer domínio, a empatia. Ou seria a pobre garota sob seus óculos? Quem sabe não era ela também uma Bela Adormecida manifestando-se ao tentar deixar de vez os óculos-prisão? Poderia ser um embate que Melissa se mostrava mais forte e dominava a pobre coitada bem no último instante utilizando-se do seu bafo de labaredas flamejantes. O destino da garota misteriosa era mesmo o de ficar confinada dentro do rio de sonhos de minha mente, apenas com o propósito de alimentar minha imaginação.

– Decidi vender a casa – disse vó Bella, a despeito de tudo o que acontecia ao redor.

– Decidiu assim? Sem mais nem menos? – questionei sem precisar.

– Foi.

– Que ótimo, vó. Agora a gente só precisa sair deste lugar pra você poder anunciar a venda. –

Não quis ser sarcástico com uma decisão que pode ter sido a mais importante da vida dela. Afinal, alguém ali estava aprendendo alguma coisa com aquela jornada. Só que sua decisão não parecia importar mais frente às camadas adicionais de coisas significantes despejadas sobre nós. Eu esperava que nossa conversa durasse para sempre. Assim não precisaria voltar a ouvir o lamento de Melissa.

– Tá tudo errado. Sabia que você me puxou com tanta força que rasgou minha roupa, vovó? – Melissa olhava vó Bella, enquanto eu, fortuitamente, buscava o local do rasgo.

– Calma, menina. Você deve estar com muita fome pra agir assim.

– Quer que eu me acalme? Então me leva embora! – Melissa chegou a cuspir saliva ao gritar tamanha sandice. Ficamos preocupados de verdade. Ela parecia enlouquecida. Justamente agora que estávamos em segurança! E foi minha vez de ser julgado. Ela apontou o dedo contra mim e vociferou para todos ouvirem, certa de que houvesse uma multidão.

– Quem você pensa que é? Mal fala comigo e, quando me olha, parece estar descartando uma fruta sem gosto. Acha que é grande coisa? Até que foi muito bom ficar um tempo ao seu lado para ver que você não passa de um egoísta metido e boçal, seu moleque sexista criado por mulheres.

"Boçal?". Existe essa palavra? Sobre o que ela falou depois, eu não sabia o que pensar. Não naquele momento. De maneira a não mais nos surpreender, tia Clô corria em torno de Melissa, rosnando e fazendo uma dança estranha. Até que, sem forças ou sem a mesma estrutura óssea, Melissa desmanchou-se até cair. Sob suas roupas sujas emanou um pequeno e calado leão-marinho, dócil como um filhote de labrador, o que fez encher nossos olhos de um brilho protuberante.

– Eu juro que não desejei isso – disse vó Bella, realmente sentindo-se culpada, ao que entendi como uma sátira bem compassada.

E acabei ficando num estado suspenso, como um candidato sem réplica num debate. Engoli forçadamente todo aquele vômito de desaforos sem questionar, mas, embora me sentisse inocentado, eu parecia culpado diante de todos e até de mim mesmo. Desde a sorveteria, Melissa e eu estávamos quase sempre juntos, claro que minha vó também, contudo, eu havia realmente desperdiçado a chance de ser alguém mais legal. Certo que ela irritava-me com seu jeitinho superior em tudo, mas... Ah, qual é, gente! Por que eu tinha que aturá-la? Para ser legal com ela e não comigo? A menina não parava de falar de si mesma. Como ser legal se a gente mal tem a chance de se expor? De alguma forma, eu tranquilizei-me, talvez por ter entendido que o "lance" entre Melissa e Dom Pedro terminava ali e que ela poderia voltar ao normal assim que retornássemos ao moinho. O bônus seria a ausência de Melissa pelo resto da jornada. Nem ela, nem a donzela, só o agradável leãozinho-marinho. Recolhi seus óculos e levei comigo. Vó Bella recolheu suas roupas. A antiga Melissa não passava de vestimentas que carregávamos nos braços.

Agora tínhamos dois leões-marinhos e nenhuma sardinha. Estávamos todos atolados na fome, se pudéssemos personificá-la, e pouca esperança de sairmos daquele lugar.

Em pouco tempo, Dom Pedro, o imperador da colônia, retornou carregando os frutos colhidos no sossego da distância, satisfazendo a voracidade canina dos leões-marinhos, dignos de trucidar em poucas abocanhadas várias silvâneas. O rapaz mal pode expressar surpresa diante da nova condição de Melissa. Ousaria dizer que foi para ele um alívio, mas seria uma presunção desnecessária. Já vó Bella e eu tivemos que reunir toda nossa experiência de vida para mordiscar um pedaço daquela fruta. Eu, que sempre acreditei ser forte, fui vergonhosamente derrotado, mais uma vez, por minha avó, que chegou a consumir duas frutas. Eu mal descascara a primeira. Ao baixo preço de uma mutilação de conceito arraigado – que certamente duraria a vida toda –, a fruta providenciou quantidade suficiente de proteína, açúcar e carboidrato para repor o gasto do dia e garantir o resto da viagem. Tanto que desejamos encontrar mais árvores como aquela. Na próxima, eu comeria umas quatro, com certeza, e, dessa vez, sem vomitar.

*

– Chegamos ao pé da montanha – avisou Dom Pedro, terceiro na história, talvez. Momento em que o exército dos sapos estaria a menos de um quilômetro da plantação. Sob ordens do comandante, os sapos soldados entrincheiravam-se atrás de arbustos, acima de uma pequena elevação feita de uma composição incomum de rochas, que pareciam ter vindo do céu e se partido como vidro, tão logo se chocaram contra o solo. O exército retinha no tempo a ação que lhes permitiria vencer a guerra. No entanto, a invasão sorrateira dos sapos não incluiu um silêncio da surpresa. A respiração pesarosa, o coaxar involuntário e o tamanho repentino – resultado de um esforço evolutivo que, sob condições favoráveis, duraria séculos ou milênios – não foram devidamente desenvolvidos, indicando que mal se acostumaram a dominar a força física. Para os insetos com a percepção aumentada tanto quanto sua estatura, enxergar pequenas alterações no ambiente era tão fácil quanto distinguir um ponto branco num fundo preto. Mas os sapos contavam com uma vantagem importante. O suco da melancia provocava nos insetos um estado de estupor similar à embriaguez. Não fosse a letargia, os sapos seriam dizimados em questão de minutos. Dado esse fato, era difícil contestar a decisão dos anfíbios de fazer a guerra entre as melancias valiosas para os humanos. E como não podíamos negociar nem com os sapos e nem com os insetos que, de acordo com Dom Pedro, eram incapazes de exercer uma comunicação fora do seu meio, esperávamos dar fim àquele mosto feito de rixas, venenos de flechas e ferrões como se fazia em nossa cidade, com um banho. Claro que a ideia não era fazer chover, mas talvez pudéssemos ajudar a encher os rios de alguma forma. Não sabíamos como isso ajudaria a plantação de melancias de uma forma eficaz, mas éramos frágeis demais perante sapos e insetos. Cheguei a vencer alguns insetos valendo-me de sorte e de alguma ajuda alheia. Seria muito diferente contra um exército. Com isso em mente, nos pusemos a tentar o que estava a nosso alcance de humanos.

Através de uma clareira entre as árvores pudemos enxergar nossa evolução. O vale surgia limpo e ensolarado bem abaixo de nossos pés. Vimos o rio resoluto e dormente, fazendo jus ao nome. Como um buraco negro, o rio atraía os pensamentos apenas ao se olhar para ele. Adiante, destacavam-se as terras secas e estéreis, onde os sapos permitiram-se descansar antes do enfrentamento. As árvores negras, não tão espessas, olhando dali, mantinham-se calmas. Parte de suas folhas e galhos estava a poucos metros de nós, vencendo a trilha rompante com a pouca destreza herdada dos sapos comuns. No entanto, nossos olhos procuravam algo mais. Escalamos algumas raízes altas como muros até obtermos a vista ampla e reveladora da região da batalha, a plantação de melancias. Antes, porém, de termos os olhos devidamente apontados para os brilhosos pontos verdes costurados na epiderme daquele solo frágil, vimos um enorme tumulto de figuras disformes em movimento continuamente. Demoramos a perceber que parte das figuras estavam imóveis, deitadas no chão enuviado por poeira. Quase em seguida, avistamos parte do que parecia ser o exército de sapos distanciar-se para o lado oposto à batalha. Mesmo assim, continuavam a ser atacados, até que um a um se tornasse parte do chão logo que atingido por três ou quatro formas aladas.

– Foram massacrados – anunciei, após interpretar o episódio. Vó Bella não esteve entre os sapos, ou mesmo soube seus motivos para tal malfadada guerra. Contudo eles eram o mais próximo de seres humanos em suas trágicas empreitadas naquele mundo quase incompreensível que, aos poucos, desatava-se frente ao nosso entendimento. Sem mencionar o fato de que vó Bella começava a manifestar uma simpatia lenitiva com relação aos sapos atrapalhados que nos seguiam. Ela viu neles um sofrimento íntimo, de comoção suprimida pela covardia que os afastara dos brutamontes, aproximando-os de nós. Queriam ser gente e, quem sabe, cultivar o poder de modificar seu mundo como nós mudamos o nosso. Idolatravam-nos, invejavam nossos pertences, aprendiam a cometer nossos erros.

– Parece que está tudo bem com o moinho – disse vó Bella, que, com uma única frase, demonstrou preocupação com o velho e ofereceu conforto a Dom Pedro.

– Ao menos não destruíram a plantação – disse o Dom Pedro indiferente, nos transportando de volta ao caminho por ora esquecido.

– Temos que ir – disse eu, tomando a dianteira naquela competição engendrada em minha cabeça.

As árvores de formas exóticas nos desconcentravam da caminhada, até que a estranheza constante tornou-se comum. Pouco falávamos a fim de poupar fôlego para as duras subidas de mais de 40 graus de inclinação. Como não era lugar para seres humanos, duvido que alguém ali tenha pensado em criar uma trilha branda. Vó Bella parou, admirando uma brecha entre as copas que algumas árvores esqueceram-se de cobrir.

– Nuvens de chuva – alertou ela.

– Impossível – retrucou o Dom Pedro. – Nunca chove.

Um hálito pútrido reduziu de imediato o encantamento que prestávamos à pureza do ar. Um vulto excêntrico fez-se quase visível. Vó Bella o confundiu com um dos sapos magros, que, se mal-intencionados, poderiam a qualquer instante revelar sua verdadeira intenção de nos seguir. Mas esses se mantinham firmes ao juramento de atrapalhações e covardia, desde que estivessem sob nossos cuidados. E também pareciam desconfiados com alguma coisa que circundava nosso ar puro. Caminhávamos de forma cautelosa, comprimindo os músculos e atentos mais ao redor do que para a frente. Os leões-marinhos davam ritmo às passadas, já que poderiam ser deixados para trás se nos puséssemos adiante.

O chão enlameado engolia e regurgitava nossos calçados. Já quase no topo, nos deparamos com uma visão aterradora e desconcertante. Teias de aranha amarravam árvores, criando cortinas de véus que retinham a umidade do ar. Ao serem filtradas pelas teias, as nuvens as nutriam com gotículas que escorriam até um córrego escavado para roubar água. Tia Clô e Melissa pularam no córrego e banharam-se sem pudor. Senti um pouco de inveja, que logo se transformou em repulsa ao lembrar que aqueles animais eram as mulheres com quem repartia minha vida dias antes disso tudo. Acho que era exatamente isso que vó Bella superou. Só pude entender vó Bella ao ver Melissa na mesma situação de tia Clô.

– Tem aranhas – disse vó Bella.

– E devem ser gigantes – completou Dom Pedro.

No entanto, algo novo e realmente assustador apresentava-se. Vimos algumas abelhas mortas pelo caminho, nada demais até então. A partir dali, pisávamos sem querer em centenas de corpos de abelhas amontoados pelo chão. Não bastasse isso, havia colmeias destroçadas espalhadas por uma extensa área.

– Será que foram os sapos? – perguntei contemplativo.

– Não – respondeu Dom Pedro, o infante, apontando contra mim uma certeza afiada.

– Foram as aranhas – vó Bella fez seu voto.

– Não sei quem fez. Só sei que os sapos não podem vir aqui – disse Dom Pedro convicto como uma seta, mas eu tinha um argumento perfeito para derrubá-lo.

– E estes sapos aí atrás. Como você explica isso?

– Eles acreditam em você – disse o menino apontando para vó Bella.

Eu poderia ter ficado orgulhoso dela, mas aquilo só me lembrou do quanto eu havia trabalhado para me tornar uma figura de visibilidade quando alguém se sentisse em perigo... Não conseguia superar minha vó em questão de heroísmo. Ela com seus 60 e tantos anos de experiência e o cansaço pleno da velhice. Por que não tia Clô? Se vissem como era a vida dela antes disso tudo, com certeza a escolheriam. Talvez escolhessem até Melissa, considerando que eu mesmo fui derrotado diversas vezes ao duvidar que ela sobreviveria neste mundo cruel. Mas tudo bem. O que mais eu poderia esperar de um grupo de sapos abestalhados. Duvidava que fossem mesmo capazes de elaborar um julgamento coeso na hora de escolher um líder. Não foram eles que se acovardaram, deixando de se tornarem soldados destemidos para se moldarem aos seres humanos? Quanta capacidade, não? Enfim, eu estava artificialmente aliviado. Um pouco ferido, mas aceitava a goles ardidos a escolha da superioridade de minha vó em relação a minha, já que os eleitores não passavam de criaturas repugnantes.

O assunto da abelha, digo, da escolha dos sapos sabujos nos fez chegar ao topo da montanha sem que eu desse-me conta. Também o contexto ao redor mantinha-se no mesmo rumo dos acontecimentos que nos acompanhava desde o prelúdio, encenado pelas teias de aranhas. Barradas por entulhos, as nascentes de águas límpidas transformaram-se num lago lamacento de águas escuras, canalizadas por trincheiras. Diversos tipos de ovos de insetos nojentos protegiam as larvas em sono profundo e inocente, antes de se tornarem criaturas grotescas que, não fosse o tamanho, seriam postas ao fim sob a sola de chinelos. Havia também casulos aveludados comuns e outros ninhos feitos de um tipo de algodão devidamente espalhados até onde nossas vistas pudessem alcançar. Aquela devastação tornava o lugar um tanto familiar para nós, humanos. Árvores destruídas, outras simplesmente deitadas em pilhas e muita degradação. Uma umidade quente havia se espalhado sem que percebêssemos. Aquele hálito que a pouco nos incomodou parecia agora habitual. O cume da montanha era, sem dúvida, o redil dos insetos.

– Vamos embora deste lugar – disse vó Bella, com uma aflição no olhar digna de compaixão.

– Cadê os insetos? – indaguei.

– Foram chamados para a guerra – respondeu Dom Pedro, exalando uma sabedoria ordinária, porém lógica.

– Então... não tem nenhum? – perguntou vó Bella, olhando por entre os troncos de árvore.

– Não o suficiente – respondeu o menino.

A criatura-monstro-coisa

Tia Clô e Melissa estavam adiante, fazendo algo que julguei ser para chamar nossa atenção. Corri, seguido por vó Bella e o príncipe regente. De súbito, tudo se mostrou claro e límpido. Três enormes chaminés erguiam-se por sobre as árvores. Mais além pudemos contemplar uma enorme caldeira que ardia em chamas vivas, alimentadas pela grande fornalha de carvão e madeiras oriundas das inocentes árvores que pranteamos. Túmulos entrecortados criavam uma malha de escoamento, levando água fria para serem sugadas por tubulações de tijolos de barro aquecidos. Toda a água do cume da montanha, ou melhor, daquelas terras estéreis, era vaporizada diante de nossos olhos. O vapor d'água, exalado pelas chaminés fumarentas, era condensado e transformado em nuvens espessas. Do alto da montanha pudemos enxergar um verdadeiro tapete de nuvens que mais lembrava neve ou algodão doce. Seu destino era certeiro. Já que não podiam seguir até muito longe sem antes descarregar seu conteúdo líquido, as nuvens juntavam-se nas terras baixas e despejavam água nas cidades em forma de chuvas torrenciais. Abaixo de tudo aquilo estavam a nossa e outras cidades escurecidas. Só então tivemos certeza, vó Bella e eu, do significado de tudo aquilo. Na cidade, sofríamos os efeitos maléficos de um jogo de disputas iniciado após o sumiço do tal cultivador. E precisava mesmo ser muito cético para compreender a ardilosa trama de eventos, matematicamente enredada por tão sutis detalhes do próprio capricho.

– Por isso chove tanto lá em casa – concluiu de uma forma eficazmente simplória, vó Bella.

– E por isso não chove aqui – retribuiu Dom Pedro, da mesma forma.

– Temos que destruir isso tudo antes que os insetos retornem – disse eu de forma espontânea, dessa vez.

Rodeamos as traquitanas em busca de pontos fracos. Curiosamente tudo parecia funcionar de acordo com a engenharia humana. E, de modo a afirmar isso, a caldeira era feita de metal com emendas soldadas e parafusadas. As chaminés ganhavam o céu num corpo feito de tijolos sobre tijolos montados num determinado ângulo para formar um tubo cilíndrico de diâmetro um pouco menor no topo do que na base. A manifestação oculta de mão com quatro dedos e um polegar opositor tornou-se ainda mais evidente assim que notei rastros de pneus que pareciam ser de moto.

– Caldeira sozinha assim é perigoso. Já ouvi falar de uma que explodiu – disse vó Bella, insinuando algo que nos deu uma ideia.

Pusemo-nos imediatamente a alimentar de madeira e carvão a fornalha, já há muito satisfeita. Os leões-marinhos, melhor dizendo tia Clô e Melissa, de modo a nos acompanhar, enfrentavam os madeiramentos de apoio, intentando desestabilizar parte da sustentação da caldeira e também alguns canais suspensos. Estes últimos subordinavam a água de uma nascente, cujo fim era o mesmo das outras, deixar o espírito transcender em nuvens.

Obter o total controle da água era perfeito. Nenhum outro ser vivo poderia subjugar os insetos sem uma devida negociação, que trazia grandes vantagens para os insetos e pouco retorno para o negociador. Já os sapos, explorados como serviçais, rebelaram-se ao conseguir água de outras fontes, como das árvores choronas, por exemplo. No topo da montanha, os insetos podiam procriar, despachar a água excedente e ainda exercer autoridade sobre os demais. Ainda ficava em dívida a participação do velho e do menino naquele consórcio. De todo jeito, Dom Pedro parecia buscar uma alternativa frente ao atual regime de ditadura que o segregava. E poderia ser esse o motivo que o fez aproximar-se de nós, especialmente de Melissa.

Avançávamos pouco na bancarrota e sabíamos que os insetos estariam de volta infestando o topo da montanha a qualquer momento. Precisávamos de novos recrutas, e, então, tentei comunicar-me com os sapos magros. Aproximei-me pedindo ajuda, mais gesticulando do que falando. Só obtive uma resposta enfática ao vê-los, mais uma vez, correrem amedrontados para longe. Preferiram ser sapos. Mergulharam nas águas inéditas e sumiram num banho que poderia ser eterno, se quisessem recuperar o tempo perdido. Ao voltar-me para a caldeira, avistei uma criatura verdadeiramente anormal, grotesca, selvagem, voraz e predadora, a julgar pelos ferrões espalhados pelo corpo e a boca arrepiante. Parecia um inseto e provavelmente era. Só que deveria ter sofrido uma mutação que o transformara num monstro mal feito da mistura de barata, escorpião, gafanhoto, aranha e provavelmente um alienígena. Corri para perto dos demais, logo seguido pela criatura. Olhar para aquele monstro assustava até nossos pesadelos, e isso fazia paralisar de vez os músculos que pretendiam ajudar numa possível fuga.

A História de Cima

Tínhamos, até então, encarado as coisas daquele outro mundo com bastante abertura em nossas mentes. Por causa disso, conseguimos avançar até o limiar do que seria o verdadeiro desfecho daquele sonho físico-material. Era hora de vencer o jogo ou acordar do pesadelo. A criatura determinara um ponto final em nossa causa, bem como em nossas vidas. Não haveria modo de sobreviver àquela coisa inumana e sobrenatural. A despeito, o pequeníssimo Dom Pedro quis conquistar minha reverência. Armou-se de um porrete e fez carranca, método ineficaz de combate, se nos valermos do exemplo dos sapos. Sua ameaça, no entanto, desconcentrou-me do medo. Apanhei pedras e lancei-as contra a coisa. Não saberia dizer se acertei alguma. Só pude constatar o quanto eu era frágil ao sentir as garras de caranguejo apertando meu pescoço – esqueci-me de mencionar essa parte da característica do monstro. Nem Dom Pedro, nem ninguém que nos acompanhava poderia fazer algo. Fora vó Bella, todos os demais estavam cobertos de grossas teias pegajosas, enrolados como presas de aranha. A criatura nem precisou se preocupar com minha avó que, imobilizada de pavor, tornara-se parte da composição estática da paisagem. Enquanto eu sentia o ar ser interrompido pelas garras, dispostas a se encontrarem logo que se livrassem do obstáculo – meu pescoço, por sinal –, torcia para que vó Bella despertasse do sono profundo e se revelasse. Poderia até usar uma máscara, eu não me importaria. "Só, por favor, seja a mulher durona que eu sempre achei que fosse", desejei profundamente. "Revele-se de uma vez a tal messias tão esperada pelos sapos". Sentia a pressão do sangue preso em minha cabeça. Outra vez o sintoma de morte ameaçou tirar de mim o esforço de luta. Quando, de repente, o motor falho de motocicleta que fazia berrar um escapamento ruidoso cessou, numa proximidade que não podíamos enxergar. Correu pelo cume da montanha um silêncio pavoroso assim que a moto calou-se. Parte de nós queria apenas saber quem vinha, enquanto a outra parte esperava, inconsciente, um comando de alguém mais alto. "Apontar! Fogo!". A garra segurava firme meu pescoço, mas já não o apertava, embora a pressão do aperto, a dormência no corpo e a dor sufocante teimassem em permanecer. De súbito, como que banhada de água fria, vó Bella rompeu o sono paralisante e quebrou o silêncio ditador.

– Ajude meu neto – disse ela com a voz tão falha quanto o ruído daquele escapamento odioso.

– Eu disse para pegarem suas melancias e irem embora, não disse? – logo reconheci a voz trazida pela motocicleta.

Era o velho, o mesmo que eu desconfiava no início e que me seduziu com palavras envenenadas. Ele trazia consigo algumas melancias.

– Escolheram ficar e, agora, me forçam a fazer uma coisa ruim. Aqui em cima vocês não servem nem como leões-marinhos. Seriam corajosos e brincalhões demais para estas terras. Só não sei ainda o que fazer com você – disse ele olhando para Dom Pedro.

– Deixe a gente ir embora e nunca mais vai ver nenhum de nós aqui de novo – quis negociar vó Bella.

Eu tinha certeza de que ela fazia esse papel suplicante por minha causa, para me proteger. Dessa forma, eu viveria longos anos como um exemplar vivo da família, cuja maior parte morrera jovem e outra envelhecera sem aproveitar a vida. Se eu pudesse ali, naquele momento, escolher qual dos grupos seguir...

– Por que não cuida da plantação como deveria? – gritou Dom Pedro interrompendo temporariamente minha escolha de vida. E continuou: – Você fez a promessa, como todos os outros.

– Sua insolência mostra o quanto você sabe da vida. Nada. Vou te dizer, garoto ingrato, que nunca concordei em viver longos anos só para manter sob vigilância uma espécie ordinária e egoísta. Fiz o juramento porque não tinha escolha.

– Você é o cultivador! – disse eu liberando a energia presa na parte inferior da garganta.

– Ora, você? É mesmo muito incompetente! Como pôde deixar as frutas quase apodrecerem daquele jeito? – disse vó Bella, usando as sobras de coragem ali estraçalhadas para curar sua aflição.

Isso irritou o velho sobremaneira. Ele caminhou furiosamente em direção a minha avó e apontou seu dedo nojento contra seu peito frágil de idosa.

– Enquanto eu trabalhava protegendo melancias de pessoas como vocês, minha mulher adoeceu... e se foi... Comi sementes deixando a polpa para a vontade dos outros. Digo vontade, porque depois de comprada a altos preços, a parte boa da fruta apodrece nas despensas, já que a compra é o suficiente para saciar a vontade.

Aquele discurso do velho era tão simbólico quanto o que ocorria. Mas também era real, uma sabedoria dolorida consumida até se tornar cinzas.

A História de Cima

– Nunca deveria ter se casado. Violou todas as regras fiduciárias – Dom Pedro exalava queixas. De todos, ele era o mais traído. E continuou: – Nunca deveria ter ido para as terras inferiores.

Inferiores? pensei.

Tudo ficou mais claro. Não eram só os sapos que invejavam os modelos complexos da vida humana. Também o velho deixou-se levar. Abandonou a terra de Cima e casou-se com uma mulher humana que faleceu. Ele não contava com isso. Se, por um lado, conquistamos a superfície de um planeta inteiro com o propósito limitado de nos propagar, de alcançar os objetivos mais ambiciosos, pagamos o preço natural do efêmero período de organização celular, cujas condições favoráveis permitem a vida. Isso o velho não suportou como um verdadeiro ser humano e teve que retornar ao seu mundo vazio de ambições.

Num movimento de rapidez inimaginável, o inseto-monstro-coisa soltou suas garras do meu pescoço ferido e prendeu-me numa árvore com sua teia ainda mais eficiente.

– Tinha tudo nas mãos, a vida de todas as pessoas e resolveu entregar-se. Poderia ser uma grande personalidade. Um grande herói – disse eu, de uma forma até infantil – ainda estava sob o efeito da pressão em minha cabeça, então, por favor, reconsiderem qualquer julgamento mais severo.

– Herói de quem? Herói pra quê? Aprendi a ver sozinho. Aprendi que a mesma pedra que faz igreja faz cemitério. A mesma madeira que faz caixão faz berço. Um pode virar o outro. Pois há morto que renasce no caixão e há recém-parido que morre no berço. Não há protagonista. Somos também feitos da mesma matéria, vocês, humanos, e nós, cultivadores. Não fui eu que me rebaixei ao seu mundo. Vocês é que deixaram de ser humanos. Nos perseguem com suas vontades. O homem abandonou a natureza como um filho sem pais abandona a memória da infância. Quis ser maior, quis evoluir olhando para os céus. Eu não olhei para baixo, vocês olharam para cima.

O homem cuspia loucuras que queimavam além do alcance do seu bafo. E enquanto o fazia, encompridava os olhos para alcançar o infinito, onde apenas jazia uma imagem que se apagava.

– Mas o que vocês podem saber? As regras não são para vocês, viventes de baixo. Somente para quem vive nestas terras superiores. "Nenhum vivente das terras inferiores deve saber da real existência de um cultivador nem da existência das terras de Cima", regra décima quinta, página 522.

Já me sentia mal pelo velho derramar todo seu manual de cultivador sobre nós. Por que a demora? Se ele mantivesse esse curso aquela ladainha duraria o tempo que ele levou para aprender seu ofício. Por que a falação sem fim?

– E essa foi a parte boa. Ter o mundo nas mãos me tornou um excelente negociante – o velho buscava finalmente uma conclusão.

A criatura que se ausentara sem que percebêssemos retornou à cena das revelações trazendo para o velho as melancias protegidas nas redomas.

– Estes frutos... Não preciso caminhar ao redor deles antes do sol aparecer, nem me aborrecer cobrindo-os para não se queimarem. Posso desfrutar do fim do dia ainda em pleno vigor. Uma vida inteira só para proteger melancias não é mais tarefa minha.

– É minha – disse Dom Pedro. – Por que não me deixa continuar?

– Você não aprendeu o ofício. Não conhece o exato ponto entre a juventude e a maturação dos frutos para que os insetos tomem proveito. As frutas podem viver por muito tempo se os parasitas forem introduzidos na idade correta da casca.

– Então, você deixou de trabalhar para os humanos para ser escravo dos insetos – disse eu notando em mim um potencial ganho de energia, muito bem empregado ao me livrar de parte da teia.

Mas o velho se aproximou de mim, a uma distância de incomodar.

– Como você soube? Quem te convidou? – perguntou ele em voz baixa.

Ergui meus olhos, mas não pude responder. Não saberia responder.

– Não vê? Este mundo não se corrompe. Não se corrompe – o velho babava como um touro. Isso me fez lembrar de como são realmente os touros.

– Pensa que veio tomar meu lugar? Acha que veio tirar o ofício do garoto? Eu não vou permitir.

– O quê? – perguntei, ainda sem saber o que dizer.

– Viu agora? Eu sei de tudo. As terras de Cima resolveram julgar-me. Abriram as portas para você, outro moleque indomável. Querem devolver a normalidade ao mundo. Só que, se estas terras condenaram a mim e ao garoto por ter comido melancias, quem elas mandaram pra tomar nosso lugar? Você.

– Não – e finalmente entendi o motivo do longo discurso. Faltava a verdadeira acusação. De todos os futuros que me prometeram, este era o mais improvável e o que menos me interessava. Ser um cultivador para proteger frutas ligadas intimamente às pessoas? Viver numa realidade distorcida e monótona? Num mundo hostil e vulnerável? Por que eu seria escolhido? E então entendi. Apesar da palavra "cultivador" transtornar a linha de raciocínio que eu empregava, minhas atitudes como herói margeavam este território (eu já não mais conseguia usar a palavra super-herói por completo).

– Se as terras de Cima não se corrompem, ao menos tirarei sua escolha – disse o velho, sentenciando-me algo que eu ainda não compreendia.

Foi então que ele retirou da redoma uma melancia nova, de um verde saturado, reconhecível se não fosse a influência da luz natural.

– Desta eu conheço o dono – disse o velho, exibindo seu troféu.

Moldava de forma deliberada sua expressão ríspida para uma careta de sujeito desavergonhado, inescrupuloso e covarde.

Era ela, sem dúvida. A minha melancia. Corri na direção dele, ainda limpando os fiapos pegajosos de teia e a tempo de ver aquele inseto-monstro horrendo aproximar-se da minha melancia. Como que um integrante secundário de um verdadeiro show de horrores, o monstro elevou um repulsivo canudo sugador, extraindo-o de um protótipo de boca de aparência ainda mais sinistra... e o injetou na pobre fruta. Senti de imediato uma dor no peito.

Desde que chegamos àquele mundo, eu tinha a sensação de que algo nos estava sendo cobrado, pior, extraído aos poucos. Não era nosso sangue ou nossas energias, nem nada fisiológico. Não saberia descrever, mas nos sentíamos mais livres do que antes. Quem éramos de verdade flutuava dentro de nossos corpos pesados. Estes sim se arrastavam para sobreviver. Era como se nossas mentes fossem mais livres do que nossos corpos, e mais independentes. Muita gente diz isso quando relata a experiência de uma segunda chance logo que passam por um trauma, mas não era a mesma coisa. Ali não tínhamos compromissos sociais, não tínhamos dívidas nem credo algum. As regras não eram estabelecidas, se é que eram regras ou apenas adaptações àquele tipo de habitat. Sentia-me às vezes realmente lavado pelo banho de chuva que incomoda no início, mas que faz com que a gente pouco se importe quando já está bem molhado. Eu poderia retomar a hipótese de termos morrido, quando adentramos aquele lugar de fantasias.

Não porque me sentisse incapacitado ou condenado a uma vida eterna de andanças dentro de um labirinto sem início nem fim. Mas porque nos livramos de nossos antigos hábitos. Mantivemos nossos temores e certezas apenas para servir de ponte para aquele mundo. Se fôssemos jogados lá como novos personagens de um jogo, ainda limpos de personalidade, não poderíamos seguir a diante. Não haveria porque lutar.

– Não! – ouço o grito prolongado de vó Bella dissipar-se. Meu corpo parecia derreter-se em calafrios. Vi-me desintegrar numa tontura agradável e apertada, que começa nas pernas e eleva-se até o topo da cabeça. Era como ser levado pelos braços de uma mãe carinhosa para um lugar seguro. Ser retirado de tudo que significava o nome Josué, título de um corpo denso, marcado fisicamente, resignado e decidido a vencer. Nunca saberia dizer se o que aconteceu comigo foi mesmo tontura ou apenas um mergulho para fora daquele mundo fantástico. De qualquer maneira, os sentidos perderam o sentido.

A grave gripe da foca

Minha consciência sumira com todas as preocupações. As manchas desbotadas que eu via em redor eram lindas e estimulantes. Uma desordem na pressão interna mudara drasticamente minhas pulsações de lugar. Sentia força concentrada nos ombros, mais do que no resto do corpo. Manchas orgânicas, disformes e dançantes rondavam-me, mas eu não podia identificá-las. Poderiam ser predadores e eu sentia-me vulnerável. O mundo parecia pequeno e instigante resumindo-se apenas ao que vinha de encontro as minhas percepções. Uma sequidão áspera tomou conta do interior de minha boca. Precisava encontrar água, mas algo me segurava fortemente. Um tipo de laço forte. A água estava perto, podia sentir, mas foi se distanciando contra minha vontade. Eu estava sendo arrastado, guiado, até que uma jaula de tramas confinava-me a um espaço de prisão. Outras prisões avizinhavam-me, mas enjaulavam fantasmas. Havia dois semelhantes, o cheiro era inegável. Quis brincar, fazer contato, ir embora para um lugar mais agradável. De repente, o esforço tornou-se custoso e deixei-me coibir. Deitei-me sem esperança, e a frustração baixou minha cabeça ao chão. Eu poderia dormir. Por que não?

Vó Bella substituiu o choro do desgosto pelo choro do fracasso, que é mais pessoal, mais íntimo. Ela olhava em volta cada um de seus companheiros em suas devidas privações. Melissa e Clotilde nas gosmas enrijecidas de teias de aranha; eu transformado em leão-marinho, preso numa gaiola de tranças de galhos ressecados; Dom Pedro Primeiro subjugado por uma teia úmida e pesada. Somente ela não precisava de um artefato aprisionador. Não com aquele inseto por perto. Seus grilhões eram mais fortes e eficazes. Estavam em sua mente prejudicada por alguma experiência antiga com insetos. E eu apostaria tratar-se de um bicho tão pequeno e inofensivo que só mesmo um medo irracional daria ao pobre coitado um tamanho maior que sua hostilidade.

– Vocês são mais sortudos do que imaginam. Tiveram mais de uma chance – disse o velho, preparando-se para deixar o local. A uma distância segura do monstrão, exigiu:

– Os sapos restantes não vão incomodar. Mantenha a ordem por aqui.

Antes de tudo, a grotesca besta-monstro deixou nossas melancias sobre ninhos de insetos, onde os ovos estavam prontos para eclodir. Larvas adentrariam as cascas suculentas e se alojariam na polpa açucarada, como fizeram na melancia de tia Clô. Seríamos forçados a viver como leões-marinhos para sempre.

Os poucos recursos que estimulariam nossos desejos de liberdade foram destroçados. Vó Bella fora lançada dentro de uma jaula de tramas, exatamente igual a que eu estava. Finalmente os sapos magros decidiram mostrar a que vieram. Logo que a criatura ausentou-se, eles ganharam confiança. Deixaram as águas serenas e tentaram libertar vó Bella usando uma força que não lhes foi dada na parca evolução. Vê-los em ação era como ver uma fuga complexa arquitetada por palhaços de circo. Fugiam do ruído que eles próprios provocavam. Desses como salvadores, até Melissa se envergonharia. Mais adiante, Dom Pedro mantinha-se preso às desencorajadoras teias feitas pela parte aranha daquela criatura macabra. Ele repelia as amarras com tamanha ojeriza de pavor, que o esforço acentuado exauriu seus instintos de sobrevivência. Como no acampamento dos sapos, o garoto adormeceu, dessa vez usando a teia como cobertor.

Tia Clô e Melissa pareciam fingir serem animais de zoológico, que se deitam e adormecem quando os visitantes, fazendo valer a entrada, esperam assistir a um espetaculoso show da vida selvagem.

De repente, o teto frágil de minha jaula pulsava. Algo o arremetia, causando-me um pavor instintivo. Corri dentro do cercado como um cão perdido. Era vó Bella que, decidida a fazer bom uso de suas pernas fortalecidas, espancava minha jaula com chutes certeiros. Os buracos das armações permitiam que as pernas atravessassem para o lado de fora, mas eram estreitos o suficiente para segurar o resto do corpo. Sua atitude rebelde só fez confundir os sapos. Estes lutavam para libertá-la, e ela, a despeito, exercia força para me libertar. Nunca soube de nenhum estudo sobre inteligência dos sapos, mas eu poderia contribuir com algumas observações empíricas se coubessem numa teoria científica adequada. Meu diagnóstico seria: são "faísca-atrasada". Passada a confusão sobre quem deveria ajudar quem, os sapos começaram a agir em acordo com minha avó e puseram-se na tentativa de me libertar. A descoordenação e a falta de raciocínio lógico foram mais úteis do que a força. Pois os mesmos sapos que se escondiam de tudo não só ajudaram minha avó a empurrar a jaula como também, sem qualquer planejamento, cavaram um buraco onde meu corpo ovalado passaria fácil como um gole.

– Vai, menino. Está livre – disse vó Bella satisfeita. Ela só não contava comigo. Eu não era o menino, não era Josué e muito menos *JetPunch*. Mesmo fora do encarceramento, fiquei apreciando a paisagem assim que aquela tremedeira cessou. Poderia tomar sol não fosse a sombra arbórea envolvendo-me. Vislumbrei uma linda cor reluzente adiante. Aquilo me bastava para obter descanso e, do mesmo modo indiferente dentro da jaula, também fiquei fora dela, deitado a ponto de dormir.

– Levanta daí, praga inútil! – gritou Dom Pedro, assustado.

O tom imperativo era dirigido a mim. A razão de seu despertamento oportuno dava-se pelo fato de que insetos rastejantes escalavam seu corpo indefeso que, mesmo sem a ajuda dos braços, sacolejava no intuito de evitar as cócegas arrepiantes que os bichos faziam ao se aproximar de seu rosto encerado.

– Ele não ouve ninguém – disse vó Bella. – Não podemos contar com esse menino para mais nada.

– Eu fiz isso. É tudo culpa minha – disse o rapaz amolecendo o corpo, já se entregando às larvas que rastejavam por sua pele.

– Não. Aquele homem fez isso tudo. Você é só uma criança.

– Não... – e o silêncio que durou não parecia anormal, dada à tamanha falta de opções.

– Eu não queria isso. Recebi o título porque só eu tinha a idade certa. Cultivador número 3.413. Só quis fugir para longe.

Dom Pedro remoía algo que não parecia ter fim. Era como se ele traduzisse um livro antigo do grego para uma língua nova, enquanto o texto ainda era criado. Desabrochava em sua mente os tempos de sua existência sem conhecer liberdade. Experimentaria estar livre pela primeira vez quando subimos a montanha. Mas Dom Pedro via-se desconfortável sobre como lidar com a recém-descoberta liberdade. Desde cedo ele dedicou-se a manter aprisionadas suas decisões e suas vontades. E o cárcere tinha paredes tão lisas que faziam os braços apoiados nela escorregarem. Lá dentro o ar era tão pesado, que seu corpo era empurrado ao chão. E, apesar de Dom Pedro saber que era a vida que ele cursaria, sua mente, assim como a do velho, buscava frestas para escapar do corpo estático. Viajava mundo afora retornando ao corpo apenas para buscar ar, como fazem as baleias após profundo mergulho.

– Te deram responsabilidade demais. Ninguém pode julgar uma criança por errar quando finge ser adulta – vó Bella ficou pensativa, buscando palavras estereotipadas que selassem aquela exortação religiosa. Mas ela não estava habituada. Além do mais, algum tipo de sensação de orgulho ampliou sua compaixão por Dom Pedro. Que garoto nesta idade demonstraria tamanho senso de responsabilidade assumindo culpa?

– E eu estraguei tudo. Deixei o caminho aberto. Eu só precisava substituir ele...

Dom Pedro deixou suas palavras no ar, disponíveis a quem rebatesse com raquetes de consolo, mas ninguém o fez. Afinal, quantos culpados de algo se autocondenando haveria no mundo? Só ali, naquele espaço havia uma avó sentindo-se responsável pela perda do marido, da filha e, provavelmente, do neto. Um velho que se sentiu atraído pela vida ordinária humana, um adolescente incontrolável, uma menina que... (não sabia se Melissa sentia culpa por nada) e, enfim, um garotinho com nome de imperador que queria viver a infância um pouco mais antes de ser condenado ao trabalho extenuante pelo resto da vida.

Naquele clima soturno e desalentador, tive uma sensação longínqua de ter processado duas ou três palavras. Não devo precisar como ocorreu, mas algumas imagens tornaram-se familiares, embora distorcidas em razão do raciocínio opaco de leão-marinho. O colorido fez-se árvores iluminadas pelo sol, os fantasmas encarnaram-se nas formas de vó Bella e de Dom Pedro. Logo distingui os demais. Ainda não lembrava o que nos levou àquilo que parecia final de sonho. O despertar, neste caso, não fez nada mudar, apenas tornou tudo palpável. Olhei meu corpo pela primeira vez após a metamorfose. Vi em mim nadadeiras no lugar de mãos das quais não senti saudades. Eu estava doente. Num dos cantos da jaula, adormeciam minhas roupas, mais servindo como uma lembrança vaga de um episódio marcante de série de TV. Algo despontava no bolso da calça, cheguei com dificuldade. Era a prova que testemunhava meu fraco rendimento como aluno. Algo mais. Um rascunho da minha lista de herói. Do tempo em que eu tentava usar inábeis apropriações da Língua Portuguesa para escrever um texto elegante, que extinguisse qualquer pieguice ou rudeza, falsidade ou superficialidade, descuido e que fosse claro e objetivo no item:

"4. Derrotar um supervilão ou algo perigoso – que ainda não pensei".

Aquilo era algo muito além de qualquer imaginação. Desejei com tanta força que a realidade virou um sonho permanente. Fiquei preso dentro da minha própria lista de heroísmo. Poderíamos tentar voltar à realidade apertando nossos olhos ou batendo com os calcanhares... ou dando pancadinhas na cabeça – com certeza vó Bella, que ainda podia usar suas mãos ossudas. Só não contava com as consequências. Não durou para que meus pensamentos voltassem a me aprisionar. Era a parte humana dominando o animal. Ao menos agora eu entendia como tia Clô mantinha-se viva no corpo daquele leão-marinho. E tudo voltou a ficar estático novamente. Na verdade, tudo ficou determinado conforme o velho queria que fosse. Fui acordado com o acender de um rojão, que explode e cai apagado.

O velho retornou ao topo da montanha trazendo consigo um ar de determinação. Ele desceu da moto como quem desce um degrau de escada e avançou a largas passadas para onde Dom Pedro estava.

– Você vai ficar comigo, queira ou não.

O velho levou ao ar um galho comprido feito cabo de vassoura e, sem qualquer noção que fosse de castigo, tortura ou mesmo dor, desceu o galho com a força do braço contra as costas do pobre rapaz. Na primeira, Dom Pedro prendeu os dentes e os olhos para não chorar. Mas o que se ouviu em seguida foram os gritos, o pranto e os rugidos de um inocente, castigado não por ter errado, mas por não ter se corrompido com os demais.

Vó Bella ficou consternada a ponto de tapar os ouvidos frente à tamanha incapacidade de ajudar. O menino não dependia dela, nem de seus cuidados. Ele era domínio daquele mundo hostil e daquele homem condenado pela própria história. Nós, os leões-marinhos brincalhões, não pudemos fazer nada de útil dada a surpresa da punição. Mesmo o entendimento do que acontecia era algo difícil de definir. A criatura monstruosa aproximou-se do velho. Ela quis proteger os ovos de insetos. Nem estes foram poupados da violência que o velho quis desafogar sobre o menino. Até que ele parou.

– A caldeira precisa ser consertada. Esta água não pode descer a montanha. – e esta frase encerrou a participação do velho naquele ato.

Dom Pedro projetava o corpo quase sem vida sobre os cadáveres de insetos pegajosos. Nem tudo que escorria de seu corpo era dele. Um misto de sangue com baba aglutinada dos ovos e das entranhas das larvas parecia demonstrar, de maneira metafórica, o que preenchia as pessoas se as abrisse. O que a pele sempre quis esconder. E aquele líquido grosso e de cores indecisas escorria lentamente, amontoando-se no chão sob Dom Pedro, tornando-se sua própria sombra.

De relance, avistei as frutas e identifiquei seus donos, um a um. Uma delas, a maior e mais amarela, continuava intacta na redoma. Aquela só poderia ser de vó Bella, já que ela continuava gente como antes. Eu só precisava agora que o entendimento desse-me dicas do que fazer.

Bella e Oscar

Ao chover, saia, brinque na lama, dance à vontade. Ao sol, fique em casa, feche as cortinas, espere passar. Não seja levado por seu encanto.

– É só por um mês. Depois...

– Depois, vai ser depois. E depois.

– Você prefere que eu fique? Que desista?

– Dessa vez, prefiro que vá. Sua certeza tá lá. Na verdade, não sei. Já tô tão acostumada a ter medo de guerra que não conheço outra coisa.

– Não é guerra, é paz. É missão de observação. E guerra é muito nome pra aquele levante.

– Promete... – Bella pensou em mil ideias construídas de palavras difíceis de encontrar. – Que se cuida?

– De que vale roçar o traseiro no banco duro do avião por horas de ida e de volta, senão pra voltar pra casa inteiro e ser agradado pela única mulher do mundo?

Única mulher do mundo era como Oscar costumava chamá-la. Embora parecesse genérico, este termo servia somente para Oscar ou somente para Bella. Se fosse para ele, era uma afirmação de que Oscar a protegia e que valia a pena viver ao lado dela. Sendo somente para ela, serviria apenas para que Bella sentisse-se assim e acostumasse-se a ser única, sozinha.

Bella sorriu. Seu olhar procurava escapar para onde havia esperança. Em Oscar parecia não haver este apoio. Algo afugentava sua presença tanto quanto o ar morno do ventilador.

O carro chegou. Levou seu marido, que a beijou, abraçou, fez juras de amor, como todo ímpar ao se afastar do par. Ela mal falou. Apenas se deixou guiar pelos movimentos de Oscar, como fazia quando dançavam. O ímpar que fica sente-se mais ímpar que o que vai, pensou. Ela que tanto o ocupou, mais até que os deveres oficiais. Ele que tanto a atendia sempre que a vontade intervisse, quer estivesse no trabalho ou em qualquer outro lugar. Para ele, o tempo ao lado dela fazia valer estar vivo. Garantia estar vivo. Mas esta missão ele não tinha como recusar. Foram tantos meses de mimo. Tantos giros de ponteiros de dias e semanas, modelando com cuidado os dois, como se mãos articuladas e carinhosas fundissem massinhas de modelar de cores diferentes. Obtinham um novo colorido, distante das cores que os originou. Um novo matiz por vezes difícil de nomear. Não pouco, Bella o questionava sobre a obrigação com os deveres. Sobre estar presente nos treinamentos militares.

– Acha mesmo que seu Oscar esteja fora de forma? – respondia ele com intenções segundas, que transcorriam em ato de sexo. Não serviria como prova de autonomia nos assuntos da profissão, mas a aquietava por um tempo.

Mas de tempos em tempos Bella insistia, certa de que um militar deveria estar sempre preparado para agir em caso de necessidade. Deveria ser um herói como as estátuas. Para ela, os monumentos espalhados nas praças eram um lembrete de como tais celebridades da história realmente se comportavam. Oscar não se parecia com um herói, nem se mostrava querer ser um. Cumpria suas tarefas como quem carimba documentos.

A partida de Oscar levou consigo o conforto que deveria ser rotina. Restava a ela separar os tons dos climas adversos que rondavam a casa. Desagregar a massa pegajosa até obter as formas originais de suas vidas. Bella forçava lembrar com detalhes do tempo que esteve junto a Oscar antes de ele ter que ir embora. Era algo tão fácil de lidar quando ainda não eram um casal completo.

A televisão tornou-se sua única confidente, já que trazia notícias de onde ela não poderia ir. Bella prendia suas vistas à tela curvada de modo a sugar toda a luz. Em mente falava com os repórteres, irritava-se com a programação que vinha preencher os espaços vazios entre um jornal e outro. Buscava acalmar-se para, enfim, acalmar também o feto, projeto de bebê que se construía no útero. Este ela não podia moldar. Ela jamais poderia desfiar em palavras o que sua mente costurava. Sorte tinha de poder tornar suas aspirações em conformidade, ao modelar aquele minúsculo organismo.

Quando o telefone tocou, ela não quis se levantar. As notícias na TV eram frescas e cheias de intenção de falar de seu marido, ela podia jurar. Ele se levantaria, desfilaria por entre ambos os lados do conflito e seria ovacionado. Cumprimentado por logo se tornar pai. Bella aproximou o telefone insistente no ouvido, ainda olhando para trás, para a caixa de esperanças. Mas a voz apresentou-se séria em demasia. Mais solene do que séria. Por causa da também seriedade do conflito, pensou. Em forma de cumprimento veio a notícia fora de tempo e de contexto. Não era sobre a guerra. Era sobre o marido. Oscar estava fraco...

– Fraco como?

E a voz disse que ele não resistiu.

– Resistiu a quê?

E que estavam preparando o funeral, que ela não precisava se preocupar com nada.

– Funeral...

A reportagem na TV mostrava um breve histórico de guerra, nas quais houve a participação do Brasil. Não foram muitas, mas logo cenas de bombardeios, somadas ao som alto das explosões tomaram a tela completamente, para ilustrar melhor o tema. E essas imagens e sons se tornariam memórias vívidas que Bella guardaria até o fim de sua existência.

Bella lembrava-se da flor que ganhou naquele almoço à beira-mar. Do quanto sobrou da flor e do quanto sobrava dela mesma. Uma pétala sozinha não é flor; é feia. Mal cria que havia abandonado a beleza para restar apenas duas coisas, uma pétala e uma flor danificada. Nenhuma é flor por completo. E como água gelada, estas palavras batiam no fundo de seu peito.

Mais tarde, ela soube que Oscar adoecera e teve um mal súbito ainda no voo para Manaus. Que partiu vivo e pousou morto. De tantos motivos cabíveis para o acontecido, um ela podia deter, já que estava a seu alcance. Oscar havia deixado de se preparar para os embates por causa dela. Se ele não tivesse dedicado tanto tempo para estar com ela, ainda estaria vivo. De doença se cura, de morte não. Um soldado deve estar preparado para ser soldado. Deve ser destemido como são as estátuas. Deve ser forte como um touro. Para isso deve ser disciplinado no treinamento físico e mental.

Foi aí que algo talhou em nós e entre nós. Tal constatação ficou latente até meu surgimento, quando Bella, a minha vó Bella acreditava que eu deveria cumprir com meu dever de ser humano, independentemente do que pudesse acontecer com ela no futuro. vó Bella viu-se desacreditada de sentimentalismos, afagos e carinhos. Só uma mente limpa de afetos é capaz de se desvencilhar das armadilhas da vida, dizia ela.

O pequeno Josué contra o monstro fenomenal

Embora nu, trago coisas do passado que não me pertencem. Para o futuro deixo meu corpo imune e minha mente derramada em solo fértil.

Lançava eu meu corpo reforçado pela metamorfose contra a armação de galhos que encarcerava vó Bella. Se havia alguém capaz de acertar aquele inseto-monstro com chinelo, era ela. Usei-me de aríete, de alavanca e de alicate, mas nem cabeçada nem mordida funcionavam contra aquilo. Comecei a sentir dores. Resolvi então ajudar Melissa e tia Clô para nos tornar maioria. Extrair as ataduras de teias de aranha não foi nada fácil, já que eu só podia contar com a boca e minhas presas compridas. Mesmo em corpo de animal, sentir aquele emaranhado de fios moles e umedecidos – extraídos do organismo de um inseto tornado monstro – enchia-me o estômago vazio de nojo. Ao serem soltas, as meninas, digo, as fêmeas, afastaram-se. Abandonaram-me ali cheio de ideias frustradas de salvamento. Elas pareciam só querer restabelecer o que faziam antes de serem imobilizadas. Melissa e tia Clô retornaram a atenção e a força contra as pilastras de madeira que sustentavam os canais de água. Melissa, brilhante por sinal, reconheceu uma árvore chorona e deu-se a puni-la com o corpanzil, embora ela fosse a menor dos leões-marinhos. Como esperado, a árvore fez o choro, e o choro fez a lama que engoliu a árvore. Uma autofagia que consumia também o que se encontrava em volta. O pequeno banhado não chegou a engolir uma das pilastras totalmente, esta ficou entalada na garganta. Mas o pé deslocado fez o canal desviar-se o suficiente para que a água encontrasse uma saída e despencasse em forma de uma estreita cachoeira, que logo se expandiu. E a própria água fez o resto. Abriu espaço e escorreu pelo chão de um solo que, de tão réu, havia se tornado árido. Que, condenado pelos insetos, fizera-se apenas chão de se pisar em cima. E lá vinham os sapos magros aproveitarem-se da água. Esta que mal aprendera a andar. O antigo jeito patético e inábil dos anfíbios dava lugar a uma espetaculosa demonstração de liberdade inexplorada. Abusavam da sorte e de nossa paciência, pois não mais queriam saber de ajudar.

Como sangramento de uma artéria rompida, a água escorria por sobre a montanha ainda tímida buscando declives. Ela também comemorava sua liberdade com seus pulos piruetados e jatos dançantes no ar. Em quantidade tamanha que, até encontrar saída, formavam-se pequenos banhados, e eu torcia para que fossem mais profundos. Eu me aproveitaria do novo organismo. Correr sobre terra firme era demasiadamente penoso na região das costas. E fui até Dom Pedro Primeiro, o infante perdido, e mais uma vez ele havia sido mutilado pelo velho no oco da sabedoria. Se o medo o dominasse, ele seria escravo para sempre. Nunca mais questionaria, nunca ousaria e não mais sentiria que sua vontade, seus critérios e seu julgamento teriam importância no enfrentamento contra o corruptor. Ele não seria diferente de muitas pessoas da cidade. Da maioria até.

Eu atrasei-me. Por algum motivo, eu demorei tempo demais. Lá estava Melissa desatando o príncipe regente. Como quem perde algo importante, fiquei olhando para lá e depois em volta, buscando o que não havia de ser encontrado. Vi vó Bella novamente cercada por alguns sapos magros. Estes talvez mais carentes de uma líder do que os sedentos. Vi tia Clô doando-se à tarefa de se lançar contra as pilastras. E avistei o inseto-monstro-nojento fazendo uma espécie de ritual macabro. Suas asas batiam num ritmo descompassado. Ele erguia e baixava algo que pareciam antenas. Entendi que se comunicava com os demais insetos. Chamava-os de volta à montanha. Seríamos dizimados, consumidos por insetos em corpo vivo.

A gaiola de vó Bella enchia-se d'água, o que a fez parecer um camarão em pesca de arrasto. Seus braços ossudos defloravam veias grossas que transitavam facilmente de um membro a outro, tamanho esforço para sustentar parte do corpo acima das águas – a parte que importava para respirar. Fora da jaula, dois ou três sapos destoantes autoflagelavam-se, lançando seus corpos sem desenvolvimento contra as tramas da gaiola. Isso aprenderam comigo. Algo mais estufava minha cabeça com preocupações. Corri para as melancias nas redomas e as lancei ao chão. Duas delas eram preciosas para mim e outras duas, para o velho. As atuais condições de animal que me definiam não me permitiram distinguir com clareza quem eram os donos de quais. Portanto separei as quatro melancias intactas, arrastando-as com o focinho. Pelo menos achei que eu as separava, mas quem fazia era a água. Certa de que não precisava de nada além do chão para se espalhar, as águas torrenciais livravam-se das sobras. Entre os rejeitos, estavam as melancias. Braços enormes alcançaram uma delas. Era o velho que retornava por ter feito o máximo pelas caldeiras estando sozinho. Para aliviar a pressão, ele precisava da ajuda do monstro. O enxame de insetos avizinhava-se, e os frutos estavam desprotegidos. Dominado por fúria, desprezo e cansaço, o velho tirou da água a melancia. Fazia isso como que salvando um bebê do afogamento. Sem diferenciar melancia de gente, o velho olhou para mim com um olhar tão profundo que eu parecia não ter fundo. Seus olhos suados e avermelhados não mais enxergavam. Expressavam abertamente as entranhas amargadas de uma vida desejosa de outra vida. Ergueu também uma pedra, dessas pontiagudas, dessas de acabar com a raiva, de acabar com a vida. Seus olhos em mim, não precisava deles para o que ia fazer. Segurou firme o pedaço de rocha – por mais tempo do que necessário. E o baixou com força e rapidez – mais do que precisava – contra a melancia, que se abriu em dezenas de pedaços. O coração vermelho era do tamanho do fruto. Coração forrado de pele, de casca. Coração que não mais batia, que batia antes em outro lugar, em outro ser. As águas encarregaram-se dos pedaços, espalhando o sangue avermelhado e pranteando o corpo aberto enquanto o cortejava diante de todos, inclusive do monstro. Mas os olhos do velho mudaram o aspecto de seu rosto. Afinal, nada me aconteceu, nem aos demais que estavam comigo. O formigueiro que trouxemos não fora remexido com graveto. O velho despencou o corpo sobre seus joelhos enfraquecidos e esquecidos. Ambos irmãos gêmeos que se afogavam nas águas que lavam a alma.

– Eu... – deixou o velho um suspiro em forma de fala no ar, suspenso, imóvel, solitário.

E lá ficou, apoiando o corpo sobre um lamento de eternidade.

Ainda não sabíamos exatamente o que aconteceria com alguém se sua melancia fosse destruída. Nem tínhamos como saber naquele momento, já que todos estávamos do mesmo jeito. Lembramos que o velho tinha duas melancias protegidas dentro de redomas. Uma era dele com certeza, mas a outra...

Terminado o derrubamento dos canais, tia Clô, cansada e cheia de dores, retornava para a irmã indefesa; ambas em suas próprias prisões individuais. Mas tia Clô, em vantagem, estava aprisionada em liberdade. Por isso ela conseguiu. Ajudada pelos sapos, destravou as bases da gaiola e deu a vó Bella um espaço para fugir. Um espaço maior que tivemos no carro ao chegar àquele mundo. Assim nascera de novo vó Bella. Mas não para se salvar. Ela ganhou liberdade apenas para me resgatar daquele monstro selvagem e, de quebra, livrar-me do animal aquático que me dava força, como uma máscara de super-herói.

    O inseto-monstro vinha até mim, buscando meu pescoço. De precaução, pus-me onde um riacho recém-nascido nos separaria. Mas o monstrão não interrompeu os passos de barata. Andei de costas saltando a traseira dois ou três pulos. E a cada avançada que ele dava, ficava menos vistoso. Suas pernas e partes inferiorizadas submergiam. Senti o frescor da água banhar-me também. Estávamos quase a nadar. Veio o golpe da aberração, um lançamento de teias que a água só fez espalhar. E ele tentou de novo e de novo até desistir ou faltar matéria-prima. Os fios, como cabelos flutuantes na superfície, maldizendo o próprio genitor o agarraram, buscando salvamento. Alguns se enrolaram no meu corpo, que perdia os movimentos encantadores de bicho da água. E a garra fechou-se em meu pescoço. Mais forte do que antes. E ela virava-me e torcia. Tia Clô e Melissa mordiscavam o bicho feio, pude ver. Até que a água fez-se mais forte, lançando-nos caminho abaixo. Os canais de leito seco matavam saudades das águas desnaturadas, libertadas por um encantamento. Era um encontro de antigos amores. Beijavam-se, beliscavam-se, espancavam-se com carinho até se fundirem num só rio.

    Atarefado com outros afins, Dom Pedro reconquistou duas melancias que a água havia levado. Mas ainda faltava um dos frutos que ninguém sabia a quem pertencia. E isso fora antes do golpe de tia Clô contra as pilastras, que deu mais água às corredeiras. Melissa e tia Clô, por sinal, alcançaram a margem e saíram do rio. As águas levaram a melancia faltante, a mim e a aberração do inseto-monstro para os confins da montanha. Éramos apenas os três, subindo e descendo, como num carrossel. Desalinhávamos os nós infinitos daqueles fios pegajosos a tempo para morrer de outro jeito. Tempo que não nos foi dado, pois o rio partiu-se em dois irmãos de temperamentos distintos, um sereno e aprazível, o outro irritadiço e sadista. À frente, uma rocha cortava os irmãos ao meio. Diante daquela situação, uma certeza eu tinha, não morreria pelas águas. Sendo assim, aproveitei minha vantagem para atacar o monstro. Como eu não era forte como um touro, fiz-me forte como um leão-marinho. Afinal, ambos são animais. Mas me faltou a força do touro. Vi a garra do inseto-monstro dentro de meu corpo, invadindo, perfurando. Outro golpe acertou-me a cabeça. Não nos afligíamos na mesma proporção, e a dor que eu não sentia fazia adormecer meu corpo. Forçado a ter um fim naquele dia, escolhi o lado do rio que salvaria a melancia e a lancei para lá. E se, por um lado, eu pude dar sorte à melancia, a minha própria o rio foi quem escolheu. Fui conduzido para o lado trágico sem qualquer força de decisão. Um brinquedo qualquer para a extasiante diversão das águas. Julgado indigno e recusado pelos dois lados do rio, o inseto-monstro chocou-se contra a rocha que bifurcava a ambos, deitando lá seu corpo machucado. A rocha, que apartava os irmãos, desunia o monstro, destituindo-o da posse de seus próprios membros. Sua garra mortal que ameaçou minha vida por duas vezes estava livre, desconectada do corpo daquele verme.

    Na parte mais acima chegavam os insetos, já certos do que deveriam fazer. Eram tão numerosos que escureceram o céu. Reverberava no ar um zunido de cornetas que abafou nossos ouvidos, aquilo derrubaria muralhas. Até que os sapos, que mal deram as caras depois de demorado mergulho, fizeram-se surgir. Estavam maiores e famintos. Lançavam-se fora d'água como arpões de caminho invertido e atingiam os insetos com suas línguas de abraço. Engoliam os bichos e mergulhavam novamente. Assim davam menos chance de os insetos revidarem. E levaram marimbondos, gafanhotos, baratas, percevejos, aranhas, escaravelhos, moscas e mosquitos, louva-a-deus, besouros, escorpiões, lacraias, libélulas, todos os insetos, asquerosos ou não, para o fundo das águas estreantes, que se acostumaram rápido no ofício do afogamento. Os que sobraram viam-se sem comando. Insetos que andam sem destino e que se mata com uma bela de uma pisada. Mas ninguém se ocupou disso.

A velha mais corajosa de todos os viventes

A infindável preocupação com o neto selvagem (essa deveria ser a palavra certa para mim desde o começo) trouxe vó Bella até quase a mim. Parou onde o inseto-monstro estava. Ironicamente ele fazia a ponte entre mim e minha avó. Os demais a seguiram. De forma a demonstrar vocação para o ofício, Dom Pedro alcançou a melancia que boiava. Vó Bella a tirou dele e a levou até o bicho como quem dá uma oferenda.

– Vamos! Sugue! – ordenou ela sem muitas palavras. – Não é o que vocês querem?

O monstro mal se mexia. Mas os demais, sim. Tentaram contê-la, puxá-la com mãos e dentes, mas vó Bella decidira-se há tempos. E quando ela decidia-se, não haveria quem ou o que a fizesse mudar a mente. Tocou a grotesca criatura com suas mãos delicadas de gente, procurou nas entranhas o tubo de sugar. Remexeu cascas quebradas, carne mole e fluidos peganhosos até encontrar algo firme como osso. Vó Bella deu reação ao bicho. Ela enfiou o tubo do abjeto em sua própria melancia, bastava ele sugar. E o monstro o fez, o pouco que conseguiu antes de desfalecer. Inseto quando morre não morre completamente. Fica mexendo-se por muito tempo antes de secar. Mas ali ele não secaria. O rio não permitiu que ele partisse totalmente.

– A senhora fez uma grosseria contra seu próprio corpo – protestou Dom Pedro.

Vó Bella não podia mais responder. Ela esperava o efeito de se tornar animal. Talvez quisesse controlar aquilo também. Olhava Melissa e tia Clô, como quem pede para aguardar. Em breve, se juntaria às meninas, enfim. De humanos só restariam dois, Dom Pedro Primeiro, o infante de nome descabido, e o velho. De modo a ligar duas pontas de um mesmo fio, um se lembrou do outro, e Dom Pedro voltava lá para cima. Ali ele não tinha mais o que fazer. Dom Pedro carregava os corpos das melancias abandonadas. Seus donos pareciam não mais se importar com os frutos. Nem mesmo o velho. Este mal importava-se com a própria vida. Continuava caído com o peso do corpo sobre os joelhos na água cada vez mais profunda. A água já não estava limpa. Ela havia cobrado dos insetos suas almas, ao lavá-los por fora e por dentro. Uma superfície de criaturas mortas deslizava morro abaixo. A montanha não os queria mais. "O que acontecia com os cultivadores quando se aposentavam? Para onde iam?", perguntava Dom Pedro em pensamento. Ele aproximou-se do velho querendo saber as respostas sem, no entanto, interesse em perguntar.

– A ordem foi restabelecida, não foi? As terras de Cima selaram meu destino sob suas mãos sem calos – o velho antecipou.

– O que acontece agora? – Dom Pedro retornou ao velho com uma pergunta que revelava o quanto ele sabia daquela situação.

– Você assume e dá a sentença, como eu fiz com meu antecessor e com meu sucessor.

– Eu devo escolher o que recai sobre você? Eu poderia desde o começo?

– Como eu já disse, eu escolhi sobre você. Infringi a legalidade da natureza de nossa linhagem. Só é considerada certa a escolha do destino do que vai.

– Eu não... eu não soube sobre isso, eu devo ter... – Dom Pedro manifestava a culpa pela falta de interesse no futuro, antes de tudo aquilo. Foi também graças a ele que aquele nó instalou-se na tão longa e harmoniosa linha dependente de gerações de cultivadores. Alguns sapos aproximavam-se de Dom Pedro, de modo a dar suporte ao seu novo posto de líder.

– Não posso ficar aqui. Serei deixado quase morto pelas criaturas desta terra. E mantido vivo para não morrer por motivo de ensinamento. Se não souber, eu decido, mas se você não imprimir ordem, do que vale o que eu disser agora?

– Qual seu desejo, homem desviado? – Dom Pedro realmente não sabia o que fazer, mas ao mesmo tempo tinha em mente algo que compadecia do velho.

– Deixe-me entre os homens da terra. Estes não saberão quem fui e não intrometerei meus assuntos a nenhum outro ser vivo fora deste reino. Comerei do que as pessoas não necessitam, beberei da água que encontrar no caminho. Vagarei em busca de uma paz que me foge desde cedo. Ela deve estar me esperando em algum lugar. Nenhum ser vivente morre sem ver a paz diante dos olhos quase cegados. Mesmo que não a alcance, ela se mostrará enfim.

– E qual o intento de viver entre os quais você quase condenou?

– Desejo saber da minha filha – o velho falou com o espírito, revelando em segredo de quem era a melancia que tanto resguardou. A melancia de casca verde reluzente e brilhante cujo destino ele mesmo cerrou.

Escorregava na mente de Dom Pedro a dúvida sobre a primeira situação pegajosa que ele teria que enfrentar. E, de alguma forma, seu curto entendimento de vida deu sentido à aflição do homem, pois entendeu que o homem só se tornou louco porque achou que tinha perdido a razão. Na loucura, ele procurava pela razão em toda parte, mas foi incapaz de encontrá-la fora de sua cabeça.

– Vá ter com os homens de outras terras e para cá não apareças a custo de punição. Sua história deixou cicatrizes sobre a carne infectada destas terras, as terras de Cima. Uma carne morta que levará séculos para ser enterrada até que o cheiro não mais incomode.

Dom Pedro não entendeu aquilo como castigo. Mas também não encontrava em suas lembranças algo que justificasse um castigo. Ele era um menino distante de valores negativos. Sofrido, bem verdade, mas de um sofrimento que só ajudou a lhe fazer intolerante às atrocidades cometidas por outros. A existência do velho, do cultivador corrupto, fez dele uma pessoa ciente de algo que ele desconhecia, que ele provavelmente estaria à mercê, mas que agora entendia como algo ruim a ponto de ser evitado. Em Cima não havia pensamento futuro nem passado. Só presente. O velho quis conhecer o futuro, mas obteve o passado como efeito colateral.

Os anos dedicados a terra, à labuta extenuante somados ao peso da idade que um dia também alcançariam Dom Pedro, provavelmente vulnerável, poderiam torná-lo um alvo diante de inoportunas tentações. E foi então que Dom Pedro Primeiro iniciou uma nova tarefa que cultivadores futuros seriam obrigados a executar. No começo foi um livro de anotações de coisas que poderiam ser controversas ou perigosas no ofício do cultivador. Mais tarde, no entanto, já no pôr do sol da idade, o escrito tornou-se um guia que seria herdado e continuado pelos demais cultivadores, até que a leitura pudesse levar uma vida. Mas os que se preparavam para o ofício já vinham sabidos do conteúdo. A estes, só se cobraria a continuação dos escritos. Outros cultivadores enfrentariam novos desafios. Cairiam e levantariam.

Sofreriam com os desejos e as desmotivações tipicamente humanas. Também outras doenças alcançariam as pessoas, reivindicando suas origens, a prova do quanto somos parte da mesma natureza que cria vida, sem eleger uma espécie como dominante. Essas doenças atacariam numa escala menor, indicando que poucos insetos haviam transtornado Cima, ou mesmo que sapos descontentes amotinaram-se, ou qualquer outra coisa. No entanto, as doenças surgiriam numa escala menor que a gripe da foca e num tempo tão curto que seria fácil esquecer que existiram. No fim de tudo, a linhagem de cultivadores avançaria e recobraria o que lhes foi ensinado.

Dom Pedro viu o homem afastar-se, arrastando as pernas pesadas como torres, carregando dentro de si uma alma tão pequena que nunca mais seria encontrada.

*

Em corpo de leão-marinho, vó Bella adaptava-se à alegria que os recém-transformados emprestavam a crédito das pessoas que eram antes. Tiravam um vigor inicial que parecia ser enxugado de 20 anos da parte humana. Só durava até que o leão-marinho começasse a enxergar como a pessoa que era pouco antes da transformação. Ao recobrar a consciência, batia no cérebro fragilizado a seriedade do absurdo que acontecia. E então vó Bella pulou nas corredeiras, certa de que o itinerário do rio a levaria onde eu estava. Tia Clô e Melissa não a seguiram por julgarem a turbulência do rio de causar transtorno nas entranhas menos reforçadas de leão-marinho. Se se chocasse contra uma pedra ou árvore que ainda dormisse no caminho, seria o fim.

Montado num sapo e aparentando algo como um príncipe errante, surgia desajeitado Dom Pedro, como quem sobe numa bicicleta pela primeira vez. Trazia as melancias reluzentes que lavara e polira com a própria roupa. Tia Clô aproximou-se para saudá-lo, mas Melissa não estava ali. Seus olhos que buscaram descobri-la involuntariamente encontraram apenas tufos de cabelos rebelados sobre um arbusto baixo. Atrás da folhagem, estava Melissa novamente humanizada e sem roupas. Parecia sentir saudades de ser animal. Arrastava-se na lama, cobria-se de lodo. Vestia-se de terra. Usava pedras ordinárias como ornamento. A nova roupa lhe caiu tão bem, que Melissa se permitiria até ser pisada. Lá no fundo da alma, ela sentia vergonha de voltar a ser gente. Aquela mesma vergonha que temos ao constatar o quanto somos diferentes quando vistos pelos olhos dos outros, se é que isso é possível.

– Fique aí! Não se aproxime. Viu minhas roupas? – Melissa estava realmente embaraçada. – Viu meus óculos? – e, enfim, a menina sob seus óculos estava livre. Eu estava livre, e poderia dizer com certa precisão que aquelas águas puras e raivosas de um mundo inimaginável dissolveram as crostas duras de opiniões e desejos que juntamos pela vida. Passamos por uma experiência que só as pessoas que dão adeus aos seus corpos saberiam explicar. A porta que abriu para nós aquele mundo era a mesma que tirava as pessoas de suas vidas. Talvez numa escala menor. Deixamos para trás uma parte do que éramos, a parte ordinária e fútil. Desgarramo-nos do que nos fazia perder tempo ao viver nossas vidas, do que nos forçava criar uma conexão superficial com outras pessoas. Tivemos a chance de descascar a lama que cobria nossos corpos de preocupações inúteis ao nos lavarmos com uma água nostálgica, dos tempos das cavernas. Um banho que nenhuma água de chuveiro com sabão consegue lavar. A mesma água que faz animais da savana percorrerem quilômetros para saciar uma sede tão pesada que é levada nas costas. Uma sede tão grande que as sobras são carregadas de volta apenas como lembrança do quão precioso é aquele momento. Uma sede que a água da torneira não pode curar.

As roupas de Melissa surgiam nas mãos de um sapo ainda magro. Ela as vestia como se preparando para ir a uma nova guerra. Melissa deixou o arbusto e acariciou tia Clô. Esta permaneceria animal. Dom Pedro apresentou Melissa a seu sapo de montaria. Ela subiu no dorso do bicho com destreza. E os sapos desciam a montanha aos pulos, lançando-se como flechas apressadas em alvejar o chão plano. Tia Clô seguiu caminho a seu modo. Pulava na água e saltava fora se suspeitasse de perigo.

Já no final das corredeiras, quando a água vertical encontrou o rio horizontal banhando o pé da montanha, vó Bella permitiu-se brincar, ao mergulhar profundamente, deixando seu corpo de animal ser torcido, enrolado, encolhido e esticado num elegante balé aquático. Quem a visse, não acreditaria que ela estava preocupada, buscando o neto órfão. No fundo, ela sabia onde me encontrar, embora mantivesse uma inapropriada esperança de me ver antes que eu chegasse ao Rio dos Sonhos. E isso a fez demorar ainda mais.

Acima só o que é de Cima

Adormeci um sono de milênios num lugar onde o sonho não existe. Se sonhasse estragaria aquele descanso profundo. Não sei como cheguei àquele rio, mas estar nele foi a melhor coisa que já me aconteceu. Senti que um descanso merecido era destinado às pessoas como se por medida, dosada por um médico detalhista. Ou por algum químico demasiadamente cuidadoso, que utiliza medidores precisos por diversas vezes a fim de evitar miligramas a mais ou a menos na dosagem perfeita. Quantas mortes aquele mundo poderia nos reservar? Talvez esta fosse a última. Uma morte sem despedida. Uma vida condenada à morte eterna. Até a sepultura era digna de memorável espanto. Viver imóvel num invólucro líquido que preservaria viva a feição do morto.

Senti algo como um puxão. A luz parca, que entrava pelos meus olhos estáticos, tornava-se ofuscante.

– Forte como um touro – ouvi no som do vento.

Sombras dançantes cercaram-me. Vi meu braço humano pender frente ao meu corpo. Ouvi vozes, gritos, sons abafados que tentavam penetrar meu crânio amolecido. Resquícios de pensamentos capacitaram meus ossos. O rio que nos destituía de sonhos devolvia-me os meus antes de me libertar. Meus amigos cercavam-me. Eu já não era adolescente, nem leão-marinho, nem *JetPuch* eu era. Eu era apenas Josué. Aos poucos, pude ver os sapos gigantes, tia Clô lambendo meu rosto, Dom Pedro mostrando minha melancia, os sapos magros mais adiante e Melissa, com sua voz estridente, tentando fazer com que eu abandonasse os sonhos. E eu estava nu. Após duas tossidas que queimaram minha garganta, lembrei-me de não ter avistado vó Bella. Levantei-me, mas caí buscando o chão para me apoiar. Todos se preocupavam comigo e não com ela. Se eu conseguisse falar alguma coisa... Outro impulso e pus-me de pé, dessa vez, amparado por braços.

– Vó? – a única sílaba que cuspi deu ação aos demais. Periscopiavam suas cabeças buscando alvejar vó Bella com os olhos comprimidos. Eram tantos olhos procurando uma senhora. Mesmo assim não a encontraram. Ela sozinha havia me encontrado no parque uma vez, mas todos juntos éramos incapazes de encontrá-la naquele lugar.

– Ali! – gritou Dom Pedro. E lancei-me ao Rio dos Sonhos. Braços e mãos fizeram-se de rede para me impedir. Mas a corajosa tia Clô pulou. Alguns sapos também foram. Vó Bella ainda era leão-marinho, e a força que os resgatadores usavam para trazê-la à margem foi extinguindo-se. Todos seriam eternizados nas águas. Os que permaneciam em terra fizeram um cordão vivo de corpos presos por braços. Até que alcançamos os demais a tempo de evitar que se tornassem fósseis. Tia Clô e os sapos respiravam. Eu respirava, mas vó Bella não. Apavorei-me sem saber o que fazer. Não sabia reanimar ninguém, não aprendíamos isso na escola. Vi em alguns filmes, mas o desespero confundiu minha mente, e afogamento, ataque cardíaco ou pressão no cérebro pareciam tudo a mesma coisa. Melissa tentou respiração boca a boca. Ela pediu minha ajuda para a massagem torácica. Eu não questionei, nem fiquei surpreso com a tentativa de heroísmo da menina de quem tanto duvidei. Ela estava no comando e eu já estava grato. A via tocar seus lábios contra os de minha vó sem que absolutamente nada passasse em minha cabeça. Eu pressionava as costelas frágeis de uma idosa até quase se partirem ao meio. Perdi a noção de força e do tempo. Pois Melissa já havia desistido. Não desistido, ela a deixara descansar. Eu não. Por que ela descansaria? Por que eu permitiria? O que eu faria de mim sem minha avó? Por que ela trocou de lugar comigo? Essa pergunta eu saberia responder. Estava com a resposta tatuada no meu corpo e impressa em minha memória permanente. Foi apenas para isso que ela decidiu transformar-me num touro. Num animal diferente de leão-marinho, porém, num animal que, por um engano no seu entendimento, é criado para ser servido. Sua existência não se dá por sua força e nem por sua predisposição para viver longos anos em vantagens. O touro é criado para fornecer sua carne para consumo, sua pele para se tornar couro. Vó Bella deve ter percebido o quanto significava ser livre ao se tornar um leão-marinho. Viveu ela por mais de 60 anos como uma pessoa de vida marcada por infelicidades. Mas deixou a vida como um animal alegre, e talvez o mais importante – livre.

– Ela faz parte do Rio dos Sonhos agora – disse Dom Pedro.

– Não – retruquei bravamente. – Não. Ela vai embora com a gente.

– Você não entende. A mente dela foi tomada pelo rio. O corpo não pode se separar da mente. Ela não terá descanso.

– Descanso? Acha que vou deixar ela ficar exposta nessa água maldita?

– Me diz você. Quando estava lá, se sentiu amaldiçoado? – perguntou Dom Pedro de uma forma muito serena para um menino de 10 ou 11 anos.

– O que aconteceu quando você ficou preso no Rio? – quis saber Melissa.

– Eu... – minha resposta ficou sem palavras. Percebi novamente que estava nu. Um sapo magro cedeu-me suas próprias roupas. Trapos. Não mais ousaria ser humano.

Abaixei-me para contemplar minha avó. A última vez que a vi como pessoa foi quando ela enfrentou aquele homem. Olhei demoradamente sua face de animal, enxergando nela a antiga vó Bella. A mulher de olhos penetrantes, de cabelos acinzentados, de corpo magro e enrijecido pela dureza da vida. Só então eu compreendi o que Melissa quis dizer quando me chamou de sexista. Eu estava cercado de mulheres fortes e cheias de personalidade. No entanto eu imaginava que precisava protegê-las de algum mal. Resquício das histórias de super-heróis, talvez. Ou seria algo resultante da relação entre mim e vó Bella? Ela queria fazer de mim uma criatura forte como um touro, que repelisse as artimanhas da vida para sobressair. E funcionou até certo ponto. Contudo isso apenas me segregou. Tornou-me um adolescente solitário e desejoso de uma vida alternativa, que preenchia as dezenas de lacunas inexplicadas de sua trajetória com cenas imaginativas e irreais. Eu não poderia dar espaço a Melissa porque, se o fizesse, daria espaço para minha avó. De forma irônica, vó Bella antecipou minhas tentativas de socializar com meninas e fez com que eu a visse toda vez que eu me aproximasse de uma garota. Era comum eu sentir medo e confusão ao chegar perto de meninas. Então eu criava alegorias mentais e aventuras fantásticas para amenizar o pânico e restituir o controle. E foi dessa forma que eu lidei com elas desde então. Mas aquele mundo levou isso embora. Foi preciso deixar de ser humano para entender as complexas relações interpessoais.

O dia era empurrado pela noite, mas eu não me importava. Ficaria ali para ver o filme de nossas vidas até entender o final. Até enxergar que o que levou vó Bella de mim não foi o destino ou uma fatalidade. Foi a cobrança pelo débito que a fez ao prometer cuidar de mim. Minha avó cumpriu a promessa e, naquele lugar irreal, foi ela ainda mais longe do que qualquer um poderia ter ido. Vó Bella completou todas as mortes simbólicas que aquele mundo estranhamente oferecia. De todas, ficar no Rio dos Sonhos era a mais terna. Ela teria uma morte só para ela, feita sob medida. Fizemos uma despedida solene, deixando seu corpo num lugar de estupenda beleza dentro do rio. Tantas vezes as águas quiseram levá-la. Ela mesma quase se deixou ser levada pelas águas de um rio sujo quando fraquejou, achando que nossas vidas se perderam juntamente com o dinheiro. Enfim, tornaram-se apenas uma, água e vó Bella. A dor que eu sentia era diferente. Mais amena. Eu olhava-a sem sentir pena, ou culpa por não ter dado a ela dias melhorados em conforto. Só pude contemplá-la, certo de que ela tornara sua vida repleta de preocupações e cuidados porque de outra forma ela não suportaria. Vó Bella vivera exatamente como desejou viver.

Dormimos no moinho do velho, ou melhor, dos cultivadores. Era a vez de Dom Pedro dar espessura às paredes do moinho. Quem sabe um dia o acumulado de coisas seja tamanho a ponto de não mais haver espaço no interior. Aquela noite uma sensação finita pousou sobre nossos corpos. Sentíamos como se as coisas estivessem em ordem e, juntamente com essa ordem, uma conformidade instalava-se. A paz parecia tediosa e demorada, que faz um dia parecer tão longo quanto o mês. E esta era a definição do tempo naquele mundo paralelo. Não éramos mais bem-vindos. Precisávamos partir.

Onde o começo termina

Logo cedo fomos levados para onde estava o carro. Não vimos Dom Pedro. Este já se ocupava das necessidades eternas da plantação. Estávamos cercados de sapos satisfeitos. Eles retomaram o posto de dominantes, não daqueles que matam, esbanjam, oprimem. Os anfíbios eram tolerantes e amigáveis, motivos que lhes permitiram ser subjugados tão facilmente pelo velho e os insetos. Uma dezena deles desenterrou o carro. Depois alguns sapos com conhecimento mecânico puseram-se a fazer o motor funcionar. Na espera Melissa, tia Clô e eu admirávamos aquele lugar como se fosse uma pintura. Era o cenário de um filme que ainda não existia. Sentamos naquele chão que nossas mentes julgavam falso, embora fosse tão real quanto nós mesmos. No azul inconstante do céu pincelavam-se algumas nuvens.

– Será que as coisas voltaram ao normal lá embaixo? – perguntou Melissa, quase num suspiro de encantamento.

– Acho que sim – respondi sem ter a resposta. Mas pensar naquilo trouxe à mente meu passado conturbado, certo, no entanto, de que minha vida a partir de agora estava resumida.

Uma forma marchante se despontava ao longe. Sem identificarmos a feição tínhamos certeza de que era Dom Pedro. Levantamo-nos pouco antes de ele aproximar-se.

– Vou ter tempo de realinhar a plantação, mas não posso escolher outro ambiente – disse ele. – Acostumei-me às melancias.

– Cuida bem delas e... – Melissa demorou para encontrar palavras que não transtornassem a conversa. – Não vacila com esses insetos.

Dom Pedro assentiu com a cabeça. Seus olhos de menino amadureceram e tornaram-se sóbrios, dignos de confiança. Ele olhou-me profundamente, mas parecia me encontrar de súbito, sem os esforços de antes.

– Agradeço a você por ter enfrentado o cultivador. Eu tive medo e não sabia como fazer isso – disse Dom Pedro.

Pensei e pensei em reverberar algo que completasse aquele comentário. De súbito, veio à mente a lembrança do que o velho disse, sobre eu tornar-me um cultivador. Mas minhas entranhas seguraram o raciocínio, interrompendo meus pensamentos. Eu não era totalmente adequado à função, felizmente. Também me rebelei. No entanto, a mesma rebeldia que me acompanhou a vida toda serviu de exemplo ao pequeno infante. Coisa que eu não tinha orgulho nem motivo para lembrar, já que o alvo mais visível de tamanha revolta fora sempre minha vó.

– Adeus – despediu-se Dom Pedro oficialmente. Melissa avançou sobre ele e abraçou-o com um devido aperto demorado. Após soltá-lo tonteado encerrou a cerimônia com um beijo. Aproximei-me e apertei sua mão pequena, adequadamente suja de terra.

Tia Clô corria em volta de todos como um cão bem-disposto. Melissa a acompanhou enquanto se despedia de cada sapo, tartaruga e lagarto. A prudência impediu que ela encurtasse distância com os crocodilos. Mas despediu-se deles mesmo assim.

– Vou cuidar da sua melancia. Ela ficará exposta aos insetos de forma controlada na redoma – disse Dom Pedro a tia Clô, que o encarou até que cada palavra fosse ouvida e assimilada.

De súbito, ouvimos o motor do carro funcionar. Só então me lembrei de que não sabia dirigir.

– Eu dirijo – disse Melissa desvendando a expressão no meu rosto.

– Você sabe dirigir?

– Meu pai me ensinou. Vamos?

Entramos no carro e nos demoramos a partir, esperando que algo mais fosse restabelecido. Alguma coisa não estava presente. Mas não era apenas vó Bella. Éramos nós. Saíamos daquele mundo sem nós, as mesmas pessoas que o adentraram. Só agora eu percebia o quanto a palavra menino definia-me perfeitamente. Eu revoltava-me apenas contra o significado diminutivo do menino, da falta de experiência, das fantasias, do desconhecimento das atitudes. Era isso o que eu deixava naquele mundo, tanto o menino quanto à insubordinação contra quem me chamasse de menino. E de forma a cobrir com uma pá de terra minhas últimas reflexões sobre aquele mundo incoerente, Melissa fez o carro andar. No início, aos solavancos, que ela atribuía ao fato de não conhecer aquele modelo de carro. Em seguida, partimos suave como uma bolha de sabão que não sabe o caminho a percorrer. Despencaríamos o abismo que o carro escalou na chegada, quanto a isso tínhamos certeza. Mas não aconteceu. Percorremos uma estrada constante e tranquila. No caminho, avistei o velho a uma distância de longa corrida e, dependendo para onde ia, uma distância ainda maior até a chegada. Perambulava ele em direção ao nosso mundo. A terra onde os humanos são senhores. Ele decidira conviver conosco em vez dos insetos, o que eu entendi como vantajoso, já que ele poderia esconder-se sem que ninguém suspeitasse de sua história.

Melissa parou o carro bruscamente. Ela saltou seguida por tia Clô. Fiquei sentado, apreciando o estado adormecido de uma longa viagem, mas pude vê-las saltitantes e felizes ao encontrarem uma bola de praia vagabundeando pelo caminho. A bola dançava de forma desengonçada frente às duas exibidas que riam e corriam como se o tempo não existisse; como se a diversão pudesse durar a vida toda. Suspirei fundo sem me preocupar. Não pensava no futuro e não tinha mais medo da vida. Avistei algo de cores lavadas caído entre o banco de trás e a porta do carro. Reconheci de imediato. Era minha máscara. Estiquei o braço até conseguir alcançá-la. Parecia fazer parte de um passado tão distante, do tempo da minha gestação, de quando eu ainda não podia falar.

Escutei o suspirar de cansaço das duas meninas. Retornavam enfim para o carro. Melissa ainda deixou a porta aberta, parecendo devolver o ar adicional que emprestou para fazer as brincadeiras. Depois de outra sessão de solavancos, ela pôs o carro em movimento. Sorriu para mim para não ter que dizer a mesma desculpa. Virei-me para a janela, abri o vidro um pouco mais e lancei fora a máscara. Ela estaria melhor com a parte minha que ficou para traz.

Carta de Bellarmina

Meu caro neto Josué,

Num futuro quase presente meu vazio poderá encher seus pensamentos com indagações do passado. Antes de tudo, asseguro que fiz o que fiz apenas por amor. Ainda que não entenda o que resultará os meus constantes esforços de vó, ainda que não seja visível a seus olhos de aprendiz, meu querido neto, quero apenas que você progrida. Faço de mim o combustível que te moverá para além de seus próprios horizontes. Dedico a você hoje a força que me extingue o amanhã. Uma força que anseio ver crescer em você à medida que me deixa, como em qualquer investimento.

Vou explicar de forma sucinta e clara os motivos que me levaram a escolher seu futuro, aumentando a chance de um longo sopro de vida em vez de um lampejo duro e fugaz, que desaparece num piscar descuidado. Não quero que me perdoe, nem que me entenda se isso se tornar difícil. Quero apenas que esse espaço que ocupei em sua existência dirija seu caminho de forma retilínea e para longe em tempo. Um trajeto de existência de modo a evitar arestas, cujos calos fazem doer mesmo sem pensar neles.

Três oportunidades distantes em tempo de vida foram-me dadas. Cada uma delas na serventia certa. A primeira devia-me fazer experimentar o prazer, a segunda, o capricho da tristeza, e a terceira, uma dedicação ensaiada até o limite da vida. A duração de cada uma dessas se deu de acordo com a ordem cronológica. O prazer durou pouco como uma tarde morna de inverno; a tristeza perdurou por um tempo suficientemente longo que ainda não passou; só não sabia que este tempo seria superado pelo da dedicação. Entendi que a uma mulher como eu não é dado viver apenas por regalo. A experiência da velhice, que muitos se gabam, precisou ser introduzida em minha mente à força. Se tenho tanto passado é porque juntei muito futuro.

Se bem pensar, nada obtive de graça. O bom do bom senso mostrou-me que nada me foi dado que eu não de vontade tivesse escolhido. Isso não é ganho, é apenas mais fardo para carregar. Vivi me guiando da seguinte forma: para a primeira oportunidade, a fé; para a segunda, o destino; para a terceira, o objetivo, a meta. Mas não posso afirmar que a primeira foi uma escolha, de modo algum. Aprendi no caminho. Esta me foi presenteada como crédito inicial. Uma vantagem para que eu fosse motivada a continuar no jogo da vida.

 Não conheci outro homem antes ou depois de Oscar e sempre imaginava o meu percurso de vida ao lado dele. Foi assim desde o dia desde em que o conheci. Era um sentimento invisível, mas forte como uma rocha. Eu sabia que estaríamos juntos para sempre e, para isso, agarrei-me à fé. E quando digo fé não estou referindo-me a valores religiosos ou esperanças no futuro. Eu simplesmente confiava que viveríamos uma vida plena de alegrias, apenas estando um ao lado do outro. Alimentava uma esperança de ser salva do passado, do meu passado. Esperança de que o futuro traria uma vida nova, aberta diante dos meus olhos, em que bastava entrar e fechar a porta a minhas costas. Contudo Oscar foi-se e levou consigo minha fé. E com minha fé, outra porta se abriu, mas não dava para um lugar de desejo. Ainda sonho com aquela guerra. E, diga-me, meu neto, qual guerra não enlameia a terra de pranto e dor? E que chão, tocado de pés idos e vindos, não retribui a nós, humanos, as impurezas da guerra? Somos hospedeiros da dor, infectados pelos resultados de nossa própria maldição. Pranteei aquele fim com um lago de lágrimas que abriu espaço entre a ida de Oscar e meu futuro. Quem entrasse nesse lago, sairia metade eu. Falaria como eu. Teria poucos sonhos, mas sentiria uma tristeza menor, já que a minha o consumiria de antemão.

 Eu estava quase sozinha, quase como antes. Não fosse o bebê dentro de mim, seria apenas eu de novo. Entendi que o que me ensinava a permanecer em vida era o destino. O destino levou meu marido e deixou-me sua herança. Eu tinha que aceitar a troca. Ana era frágil e precisava de cuidados. Eu seria seu apoio, suas vontades e seu cárcere. Alimentava-a, a medicava, mas mantinha sua mente presa para que não conhecesse o mundo que mais tarde a levaria como o fez. Foi me permitido viver ao lado dela por um tempo curto, embora mais longo do que com Oscar. Mesmo assim, eu nunca descobri como lidar com aquele relacionamento. Ana rebelou-se contra mim, adoeceu ainda mais e morreu logo após dar à luz um filho que eu teria que criar. Que tipo de justiça era aquela afinal, que me mantinha presa à solidão, com o único propósito de dar a outro ser humano o que eu não podia ter? Talvez eu devesse encarar como uma nova chance. Chance de empurrar para o oceano outro barco que, dessa vez, teria uma estrutura mais sólida, mais eficaz.

Dediquei-me à tarefa não de mãe, nem de avó, mas de uma instrutora. Era o que você, uma pobre criança, precisava. Tornei-me uma projetista de vida, e faria daquele menino (você) um homem, um touro. Forte, saudável, inabalável. Não me ancoraria na fé, nem o destino me enganaria com a conformidade. Você é meu objetivo, minha meta. Os percalços serão esmagados, os buracos serão corrigidos, mas no fim, bem lá no final de tudo, você estará seguro e feliz com as próprias conquistas. Desta feita, eu posso conviver em paz, mesmo que amor e afeto sejam ocultados do pequeno aprendiz, do meu projeto. O que eu poderia fazer se esses sentimentos todos estiveram presentes nas antigas relações e só falharam em mantê-las vivas? Para você, Josué, meu neto, o amor seria morto porque você precisa viver. E eu serei culpada apenas de fazê-lo suceder como homem. Se houver outro tipo de culpa que não essa, eu não poderia assumi-la com tanto orgulho.

Só posso desejar que minha imagem o persiga, que minha cautela intolerante o mantenha forte, meu menino. E quando suas memórias revelarem-me em momentos de dúvida, esqueça as dores e o sofrimento. Lembre-se apenas de que está vivo e saudável. E fique atento para a felicidade, essa falsa ideia que sustenta as vontades. Quando surge com suas seduções, a felicidade desponta a isca que faz as pessoas envolverem-se em sua teia. Uma teia que apaga a memória do passado. Até quem somos ela apaga. Pois uma vez que ela ataca nossas fragilidades, seremos dela para sempre. Trocaremos tudo que temos por suas paixões efêmeras. Serão tantos tipos diferentes de minúsculos prazeres, que a própria vida se estancará. Não dê os olhos nem os ouvidos a ela, pois ela cobrará ainda mais de você. Não seja atraído por suas mentiras sedutoras. Estarei ao seu lado em pensamento, mesmo quando não estiver em corpo físico. Atente para minhas palavras como mandamentos.

Sua avó.